U0928123

珍藏本
纪念版

汉译世界学术名著丛书

法哲学原理

或自然法和国家学纲要

〔德〕黑格尔 著

范扬 张企泰 译

2017年·北京

Georg Wilhelm Friedrich Hegel

GRUNDLINIEN DER PHILOSOPHIE DES RECHTS

neu herausgegeben von

Georg Lasson

Zweite Aufiage

Leipzig 1921/Verlag von Felix Meiner

据莱比锡费利克斯·迈纳出版社 1921 年版译出

汉译世界学术名著丛书
（120年纪念版·珍藏本）
出版说明

2017年2月11日，商务印书馆迎来120岁的生日。120年前，商务印书馆前贤怀揣文化救国的理想，抱持“昌明教育，开启民智”的使命，立足本土，放眼寰宇，以出版为津梁，沟通中西，为中国、为世界提供最富智慧的思想文化成果。无论世事白云苍狗，潮流左右激荡，甚至战火硝烟弥漫，始终践行学术报国之志，无改初心。

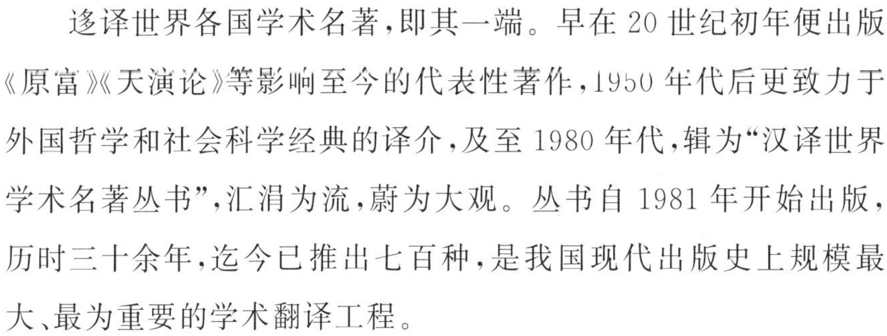

逐译世界各国学术名著，即其一端。早在20世纪初年便出版《原富》《天演论》等影响至今的代表性著作，1950年代后更致力于外国哲学和社会科学经典的译介，及至1980年代，辑为“汉译世界学术名著丛书”，汇涓为流，蔚为大观。丛书自1981年开始出版，历时三十余年，迄今已推出七百种，是我国现代出版史上规模最大、最为重要的学术翻译工程。

丛书所选之书，立场观点不囿于一派，学科领域不限于一门，皆为文明开启以来，各时代、各国家、各民族的思想与文化精粹，代表着人类已经到达过的精神境界。丛书系统译介世界学术经典，引领时代思想，为本土原创学术的发展提供丰富的文化滋养，为推动中国现代学术和现代化进程做出了突出的贡献。

为纪念商务印书馆成立120周年，我们整体推出“汉译世界学术名著丛书”120年纪念版的珍藏本，寄望既利于文化积累，又便于研读查考，同时向长期支持丛书出版的译者、编者和读者致以敬意。

两甲子后的今天，商务印书馆又站在了一个新的历史时间节点上。我们不仅要铭记先辈的身影和足迹，更须让我们的步伐充满新的时代精神。这是商务人代代相传的事业，更是与国家和民族的命运始终紧密相连的事业。我们责无旁贷，必须做好我们这代人的传承与创造，让我们的努力和成果不仅凝聚成民族文化的记忆，还能成为后来人可以接续的事业。唯此，才能不负前贤，无愧来者。

商务印书馆编辑部

2017年10月

黑格尔著《法哲学原理》一书评述

贺　麟

黑格尔的《法哲学原理》是他任柏林大学教授的第三年(1821年)出版的。据库诺·费舍报道,黑格尔自1818年到柏林大学任教以后直到1831年死时,总共讲授了《自然法与国家学或法哲学》六次,自1821年后,即以出版的《法哲学》一书作为教本[①]。这是他晚年在柏林任教期间所正式出版的唯一著作。此外他在这期间所发表的都只是一些短篇的论文,而他的许多重要的哲学讲演录,都是他死后才由门人整理出版的。

黑格尔《法哲学》的出版和在柏林大学的其他讲学活动使得他成为普鲁士王国的"官方哲学家"。他在这本书中,明确提出"哲学主要是或者纯粹是为国家服务的"看法。把哲学应用来替反动的普鲁士政府服务,这就使得他的"法哲学"成为表现他的政治观点和立场最保守的著作。

黑格尔政治上的根本立场,他自己讲得很清楚,就是主张"人民与贵族阶级的联合",[②]当然,他这里所谓的"人民"主要是指资产阶级,而不是指工人和农民。恩格斯指出,"当黑格尔在他的'法

---

① 参看库诺·费舍:《黑格尔的生平、著作和学说》,海得堡1911年版,第1卷,第147—149页。

② 黑格尔:《小逻辑》,商务印书馆1959年版,第45页。

哲学'中宣称君主立宪是最高最完善的政府形式时，德国的哲学……也已经宣言赞助中等阶级了。换言之，黑格尔就是宣称德国中等阶级取得政权的时候快要到了。"[①]《法哲学》一书充分表现了黑格尔的"资产阶级与贵族阶级联合"专政的根本政治立场，也就表现他在德国当时"半封建半官僚的专制政治"[②]的条件下，多少吸收了一点英国的君主立宪制度，来"赞助中等阶级"，亦即赞助当时德国新兴的、比较软弱的资产阶级的倾向。这书的保守之处主要表现在黑格尔是以君主、贵族为这个联合专政的君主立宪制的主导方面。

黑格尔在这本书中保守的政治见解、唯心主义的世界观受到马克思主义奠基人深刻系统的批判。但同时其中所包含的合理的东西也得到相应的肯定。这主要是书中所表现的辩证法，因为他一贯运用辩证法（当然是唯心的）来讨论政治、社会、伦理问题，这是有一定的启发性的。正如马克思在批判"法哲学"时所指出那样："黑格尔的深刻之处也正是在于他处处都从各种规定……的**对立**出发，并把这种对立加以强调。"[③]

谈到"法哲学"与"逻辑学"的关系，诚如马克思很恰当地指出的，黑格尔的"整个法哲学只不过是对逻辑学的补充"。[④] 黑格尔自己也承认，"自然哲学和精神哲学，似乎就是居于应用逻辑学的

① 参看恩格斯：《德国革命与反革命》，人民出版社1953年版，第19页。

② 恩格斯：《德国革命与反革命》，第17页。

③ 《黑格尔法哲学批判》，《马克思恩格斯全集》，第1卷，人民出版社1956年版，第312页。

④ 同上书，第264页。

地位”[1]因此法哲学作为客观精神的哲学只是他整个体系的一个环节，亦即只是他的逻辑学的应用与补充。

按照黑格尔的唯心主义体系，逻辑学是研究理念自在自为的科学，这是他体系的中心。自然哲学是研究理念的他在或外在化的科学，精神哲学是研究理念由他在而回复到自身的科学。两者他认为都可以叫做“应用逻辑学”。

黑格尔又把“精神哲学”分为三大部门：第一，主观精神，分灵魂、意识、心灵三个环节；第二，客观精神，分法、道德、伦理三个环节；第三，绝对精神，分艺术、天启宗教、哲学三个环节。我们可以看到，《法哲学》也分为：第一篇，抽象法；第二篇，道德；第三篇，伦理三大部门，而且其中的纲目也大致与“客观精神”相同。事实上黑格尔的《法哲学》基本上就是他的《哲学全书》中第三环节《精神哲学》一书中第二篇论“客观精神”部分的发展、发挥和补充。

法哲学既然是关于客观精神的哲学，而客观精神总的讲来，就是社会意识，包括群体意识、民族精神、时代精神等，其范围很广，不仅仅讲法、权利，也讲道德、法律和伦理，特别着重讲到社会和国家。最后还涉及“世界历史”，作为发展到“历史哲学”的准备。

（一）

黑格尔于 1820 年 6 月给这本书写了一篇序言，这篇序言相当重要，其中有几个常被引证的著名论点，首先应给以批评的考察。

一、黑格尔说，“我们不像希腊人那样把哲学当作私人艺术来

---

① 黑格尔：《小逻辑》，第 94 页。

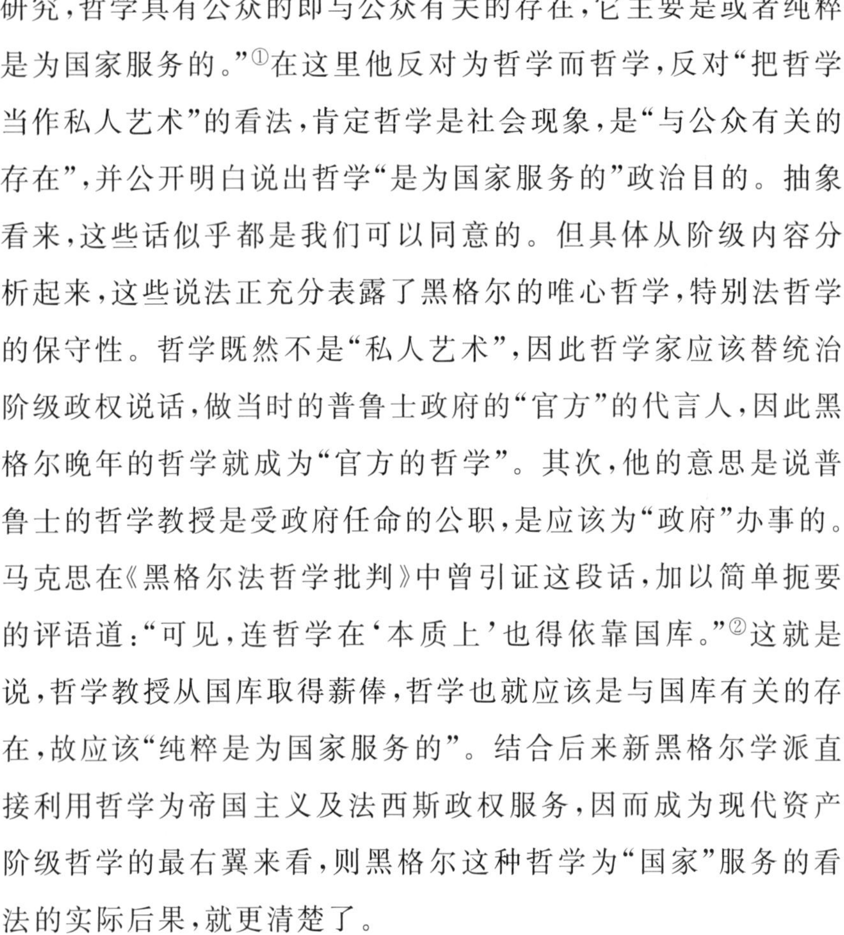

研究，哲学具有公众的即与公众有关的存在，它主要是或者纯粹是为国家服务的。”[①]在这里他反对为哲学而哲学，反对“把哲学当作私人艺术”的看法，肯定哲学是社会现象，是“与公众有关的存在”，并公开明白说出哲学“是为国家服务的”政治目的。抽象看来，这些话似乎都是我们可以同意的。但具体从阶级内容分析起来，这些说法正充分表露了黑格尔的唯心哲学，特别法哲学的保守性。哲学既然不是“私人艺术”，因此哲学家应该替统治阶级政权说话，做当时的普鲁士政府的“官方”的代言人，因此黑格尔晚年的哲学就成为“官方的哲学”。其次，他的意思是说普鲁士的哲学教授是受政府任命的公职，是应该为“政府”办事的。马克思在《黑格尔法哲学批判》中曾引证这段话，加以简单扼要的评语道：“可见，连哲学在‘本质上’也得依靠国库。”[②]这就是说，哲学教授从国库取得薪俸，哲学也就应该是与国库有关的存在，故应该“纯粹是为国家服务的”。结合后来新黑格尔学派直接利用哲学为帝国主义及法西斯政权服务，因而成为现代资产阶级哲学的最右翼来看，则黑格尔这种哲学为“国家”服务的看法的实际后果，就更清楚了。

二、合理性与现实性相等同的公式，即“凡是合乎理性的东西都是现实的，凡是现实的东西都是合乎理性的”[③]这一著名公式首先在这篇序言里着重地提出来。后来在《小逻辑》导言第六节里又

① 本书序言第 9 页。

② 《马克思恩格斯全集》，第 1 卷，第 367 页。

③ 本书第 12 页。另参看《小逻辑》，第 55 页。

曾加以发挥。[①] 我们必须遵照恩格斯关于这个公式的批判解释来理解它。如果把这个公式的后一命题作为主导,那么这个命题是保守主义的公式,是对旧的典章制度和政治设施加以美化,加以精神化、合理化的公式。黑格尔自己也明白说过:"国家应是一种**合理性**的表现、国家是精神为自己所创造的世界,……人们必须崇敬国家,把它看做地上神物。"[②]根据这些来看就可以说黑格尔这一公式是要想论证当时的普鲁士王国既是现实的,也是合理性的。所有新黑格尔派的保守主义,认为资本主义国家的典章制度、风俗仪文等都是伦理观念的体现、都是具有精神性等等滥调,都是从右边继承和发展黑格尔这一命题的。恩格斯指出:"这显然是把现存的一切神圣化,是在哲学上替专制制度、替警察国家、替王室司法、替书报检查制度祝福。"[③]这的确指出了这一命题是会受到许多反动派和保守主义的欢迎和赞许的。

至于从逻辑的范畴关系来说,则现实性乃是一个有必然性的范畴。诚如恩格斯所说,"在他〔黑格尔〕看来,现实的属性仅仅属于那同时是必然的东西;……但是必然的东西归根到底会表明自己也是合理的",[④]这里合理的东西应指有其发展过程,合乎规律的东西而言。照恩格斯这样从辩证唯物主义出发加以解释和改

① 按《小逻辑》出版于1817年,《法哲学》出版于1821年,《小逻辑》之提到这个公式那一段,大概是在1827年第二版中补进去的。

② 本书第324—325页。

③ 《路德维希·费尔巴哈与德国古典哲学的终结》,《马克思恩格斯选集》,人民出版社1972年版,第4卷,第211页。(重印时本引文据新版修订。——编者)

④ 《路德维希·费尔巴哈与德国古典哲学的终结》,《马克思恩格斯选集》,人民出版社1972年版,第4卷,第211页。(重印时本引文据新版修订。——编者)

造，则这个命题是有其合理因素的。

至于恩格斯所说："按照黑格尔的思维方法的一切规则，凡是现实的都是合理的这个命题，就变为另一个命题：凡是现存的，都是应当灭亡的。"[①]这乃是从左边去解释、批判、改造、扬弃黑格尔的公式所得出的革命的结论。这正是批判改造黑格尔的唯心辩证法的典范。

三、另一点值得注意的就是在"序言"中黑格尔对于哲学与时代的关系的看法。他说："每个人都是他那时代的产儿。哲学也是这样，它是被把握在思想中的它的时代。妄想一种哲学可以超出它那个时代，这与妄想个人可以跳出他的时代，跳出罗陀斯岛，是同样愚蠢的。"[②]这段话承认时代决定个人，个人是时代的产物，承认哲学是它的时代或时代精神在思想中的反映或把握，似乎有一定的唯物主义因素。但是联系到时代和阶级内容来看，他这段话的目的是说哲学要使人"对现在感到乐观"，并且说哲学的"这种理性的洞察，会使我们跟现实调和"。[③] 原来哲学的目的在黑格尔看来是给普鲁士王国的贵族与资产阶级统治的现在和现实祝福，对它表示乐观，崇奉它为历史发展的最高阶段，并与这种现实相妥协、调和，不要对现实作斗争。他对于进步的哲学对时代的反作用一面，即哲学指导时代、推动时代、改造世界一面则一点也没有提到。把"哲学不能超出它的时代"利用来作为与现实妥协，并替保

① 《路德维希·费尔巴哈与德国古典哲学的终结》，《马克思恩格斯选集》，人民出版社1972年版，第4卷，第212页。

② 本书序言第14页。

③ 本书序言第15页。

守主义辩护的借口，这就使得他有如恩格斯所说，“没有完全脱去德国的庸人气味。”[①]

从哲学不能超出它的时代，使人跟现实调和出发，黑格尔又进一步得出哲学之产生总是后于时代，因而不能给世界以任何教导或指导的错误的、悲观的看法。下面是常被研究黑格尔哲学的资产阶级学者引证的著名的一段话：

> “关于教导世界应该怎样，……无论如何哲学总是来得太迟。哲学作为有关世界的思想，要直到现实结束其形成过程并完成其自身之后，才会出现。……当哲学用灰色的颜料绘成灰色的图画的时候，这一生活形态就变老了。对灰色绘成灰色，不能使生活形态变得年青，而只能作为认识的对象。密纳发的猫头鹰要等黄昏到来，才会起飞。”[②]

他认为哲学的出现总是在时代潮流、世界事变已经结束完成之后，因此总是迟到，要黄昏时才出现。譬如希腊、罗马的哲学要到希腊、罗马衰落解体时期才出现，因此对希腊、罗马的世界已不能给予教导，挽回其青春。这显然表示黑格尔对哲学的任务的一种悲观情调。资产阶级哲学史家大都一致推崇黑格尔这个看法，库诺·费舍甚至称颂上面引证的这段话为“崇高而美丽的说话”，[③]这是完全没有根据的。

黑格尔只是片面地看到了哲学是时代、世界进程在思想中的表现、把握和总结，以及哲学作为思想意识落后于客观现实这一面，他根本看不到真正的或先进的哲学有预见、指导、推动、改造客

① 《路德维希·费尔巴哈与德国古典哲学的终结》，《马克思恩格斯选集》，人民出版社 1972 年版，第 4 卷，第 214 页。（重印时本引文据新版修订。——编者）

② 本书序言第 16 页。

③ 库诺·费舍：《黑格尔的牛平、著作和学说》第 1 卷，第 146 页。

观现实的一面，他也看不见哲学总结世界进程发展的规律正是依靠这些规律为改造世界铺平道路。在这里我们看见，黑格尔的保守主义，向后看不向前看的态度窒息了他的辩证法，使他陷于形而上学的片面性。

只有马克思主义奠基人才是一方面总结了旧社会特别是资本主义制度发展的规律；另一方面科学地预见到社会主义、共产主义社会发展的规律和远景，不断地通过实践认识世界，又通过实践改造世界。它自创立的年代起，即通过革命的实践斗争不断地发展丰富，永远保持青春和活力。

（二）

黑格尔的《法哲学》包含三大部门或环节，即（一）抽象的法，（二）道德，（三）伦理。这三个环节中每一个都是特种的法或权利，都在不同形式上和阶段上是自由的体现，较高的阶段比前一阶段更具体、更真实、更丰富。黑格尔从意志自由来谈法，认为在抽象法的阶段，只有抽象的形式的自由；在道德阶段就有了主观的自由；伦理阶段是前两个环节的真理和统一，也就是说，意志自由得到充分具体的实现。

黑格尔首先从唯心主义出发说："法的基地一般说来是精神的东西，它的确定的地位和出发点是意志。意志是自由的，所以自由就构成法的实体和规定性。"[①]他不从社会和历史出发，只是抽象地说，人有了意志自由，他就享有权利。黑格尔用抽象定义的方式

① 本书第12页。

指出，自由是意志的同义语，有意志必有自由。“自由是意志的根本规定，正如重量是物体的根本规定一样。……自由的东西就是意志。意志而没有自由，只是一句空话”[①]，亦即不是意志。既然人人都有意志，那么人人都有自由，也就人人都有其伴意志自由以俱来的权利。按照黑格尔自己的说法，法就是“自由意志的定在”[②]（“定在”这里作实现或体现解）。这种不经过矛盾斗争，人人都一般地、自在地享有的权利就叫做“抽象的法”。“法”字在这里主要应作“权利”解，因为德文原字 Recht，具有法、权利、正当三个不同的意思。这里“抽象的法”主要是抽象的权利的意思。

抽象法或形式的法有如下的特点：（一）因为抽象法基于人的意志自由，所以它的命令是：“成为一个人，并尊敬他人为人。”[③]（二）在抽象法中，“人格中的特殊性尚未作为自由而存在，所以关于特殊性的一切东西〔如我的特殊利益，我的意志的特殊动机、见解和意图等〕在这里都是无足轻重的。”[④]（三）“在抽象法中，只存在着禁令”，“即不得侵害人格。”[⑤]

抽象法作为自由的直接体现，也包含有三个环节：（一）对于物的占有或所有权，因为只有自由的人才有占有物的权利，而物是非精神的、不自由的，即被占有的。（二）转移所有权的自由或权利，这就是由于依据共同意志并在保持双方权利的条件下将所有权由

① 本书第 13 页。

② 参看本书第 29 节。

③ 本书第 53 页。

④ 本书第 54 页。

⑤ 同上。

一方移转于他方而获得实存。这就是契约。(三)自由意志作为特殊意志与自身本来的意愿相殊异、相反对,而侵犯了他人的权利。这就是不法和犯罪。[①]

黑格尔从永恒化合理化私有财产出发,大肆宣扬"所有权〔即财产,按德文 Eigentum 一字有所有权及财产二义〕所以合乎理性不在于满足需要,而在于扬弃人格的纯粹主观性。人唯有在所有权〔或财产〕中才是作为理性而存在的。"[②]他并且强调"财产是自由最初的定在〔或实现〕,它本身是本质的目的"。[③] 他斥责柏拉图的理想国"侵犯了人格的权利",因为"它以人格没有能力取得私有财产为普遍原则。"[④]这些话充分表明他看不见私有财产本身所包含的矛盾,反以"理性"、"自由"、"人格"等美名去替私有财产制度辩护的资产阶级的观点和立场。

谈到所有权的转让问题,他只承认物品、财产通过契约,可以转让,他强调"我的整个人格、我的普遍的意志自由、伦理和宗教","是不可转让的。"[⑤]他指出,"割让人格的实例有奴隶制,农奴制……割让理智的合理性、道德、伦理、宗教则表现在迷信方面"。[⑥] 他看不到,资产阶级永恒化私有财产、迷信私有财产也正是割让了真正的道德和伦理。

照黑格尔看来,婚姻不是契约行为。同样国家也不是建筑在

① 参看本书第 40 节。
② 本书第 57 页。
③ 本书第 61—62 页。
④ 本书第 62 页。
⑤ 参看本书第 66 节。
⑥ 本书第 84 页。

契约上面的。因为契约主要是从任性出发,契约是可以订立,也是可以解除的,而婚姻与国家则是建立在道德和理性的基础上,是不可以任意解除的。[①] 在我们看来,说婚姻不是契约关系,而是什么道德的理性的关系,完全是为旧社会粉饰,而看不见千百万贫穷妇女之被奴役、被买卖,更看不见“无产者的被迫独居生活和公娼制”(“共产党宣言”)的不合理现象。说国家不是建筑在契约上面虽比旧的民约说进了一步,但是从唯心主义出发肯定国家以道德和理性为基础,就是替资产阶级专政的国家擦粉,借以掩饰国家是一个阶级压迫另一个阶级的统治机关。

黑格尔关于不法和犯罪的辩证分析特别值得注意。他把不法分为:(一)无犯意的不法,这是在承认法、希求法、盼望得到法的基础上而做出的不法行为,一般是不规定处罚的。(二)欺诈,即假借法的名义而做不法的事,在这里特殊意志虽被重视,而普遍的法却没有被尊重。对欺诈就得处以刑罚,因为这里问题是法遭到了破坏。(三)犯罪,即进而丢掉了法的名义或假象,公开用暴力犯罪,不仅是“犯法”,而乃是根本上否定了法。

黑格尔从刑罚是法和正义这一概念的自身回复,亦即法或正义之恢复与维护的唯心主义观点出发,他否定关于刑罚的预防说、儆戒说、威吓说、矫正说等,显然是有片面性的。他从唯心辩证法出发来分析,认为不法是法的否定,刑罚是对于不法(否定法的东西)的否定。同样,犯罪是一种暴力的强制(他叫做第一种强制),刑罚就是对强制之强制(他叫做第二种强制)。所以刑罚是一种否

① 参看本书第75节。

定之否定。通过刑罚对于不法和犯罪的否定，法、正义就得到恢复和维护。由法的建立而过渡到不法、犯罪，再过渡到对不法、犯罪的否定或刑罚，这就是他所谓作为自由之定在的法的自我辩证运动。他只是从唯心辩证法来说明罪名，处罚不是外加给的，而是自作自受，基于内因，我们知道，这些问题如果不从社会和阶级根源来分析，是只会有利于反动统治，而得不到解决的。

黑格尔还认为施用刑罚不是个人主观上从外面去处罚犯人，而是按照犯人行为自己的逻辑，或他自己的法的观念，他就应该得到处罚。所以他说："刑罚既被包含着犯人自己的法，所以处罚他，正是尊敬他是理性的存在。"[①]换言之，在处罚犯人的过程中，同时也唤醒了他自己原来的意志和自由。所以黑格尔不仅赞成"对犯人处刑必须得他的同意"，而且进一步指出，"犯人自己的意志都要求自己所实施的侵害应予扬弃。"[②]因此黑格尔断言，"犯罪的扬弃是报复，因为从概念说〔按即从辩证法说〕，报复是对侵害的侵害"。[③] "报复只是指犯罪所采取的形态回头来反对它自己。"[④]从刑罚的报复说出发，他不主张废除死刑。他说，"报复虽然不能讲究种的等同，但在杀人的场合则不同，必然要处死刑"，因为"生命是无价之宝"，"刑罚……只能在于剥夺杀人者的生命。"[⑤]不过黑

① 本书第 119 页。恩格斯在《反杜林论》(人民出版社 1956 年版，第 104 页)中曾引证了黑格尔这句话，并反对杜林对黑格尔这一学说的歪曲。

② 本书第 119 页。

③ 本书第 120 页。

④ 本书第 123 页。

⑤ 本书第 123 页。

格尔也承认,“死刑变得愈来愈少见了;作为极刑,它应该如此。”[①]

黑格尔虽然主张刑罚是一种报复,但他却把报复(Vergeltung)与复仇(Rache)区别开,要求避免无休止的复仇。他认为在法的最初步最原始的表现中,“犯罪的扬弃首先是复仇,由于复仇就是报复。”但是“复仇由于它是特殊意志的肯定行为,所以是一种新的侵害。作为这种矛盾,它陷于无限进程,世代相传以至无穷。”[②]他并且指出,“在无法官和无法律的社会状态中,刑罚经常具有复仇的形式,……在未开化民族,复仇永不止息”。[③] 他认为这不是表现法和正义的真正形式。要解决这个矛盾就“要求从主观利益和主观形态下,以及从威力的偶然性下解放出来的正义,这就是说,不是要求复仇的而是刑罚的正义。”[④]如果用黑格尔辩证法的术语来说,复仇就会陷于永无休止的“坏的无限”,而刑罚所表现的正义的报复,乃是否定之否定,是“自食其果”,是犯罪行为自身的辩证法,是真正的法,亦即代表普遍意志的公正或正义的体现。这样,就由法的辩证发展,由法到犯罪,由犯罪到得到惩罚,正义伸张,这一否定之否定的过程,于是就由“法”的阶段进展到“道德”的阶段了。

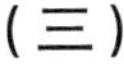

(三)

在黑格尔看来,道德是由扬弃抽象形式的法发展而来的成果,

① 本书第 120 页。

② 本书第 123 页。

③ 本书第 123—124 页。

④ 本书第 124 页。

道德是法的真理，居于较高阶段，道德是自由之体现在人的主观内心里。因此“道德的观点就是自为地存在的自由”，[①]因为他认为道德意志是他人所不能过问的，而人的价值是应按照他的内部行为、自我规定或道德意志来评价的。道德，在黑格尔看来，也是法的一种，一种具有特殊规定的内心的法，亦即“主观意志的法”。

自由意志借外物（特别是财产）以实现其自身，就是抽象法。自由意志在内心中实现，就是道德。自由意志既通过外物，又通过内心，得到充分的现实性，就是伦理。

只有主观的道德意志的表现才算是真正的行为。始终贯彻在行为中的就叫做目的，目的要通过一系列的道德行为或阶段才能最后达到。目的是主观意志和自由观念的统一。当然只有在伦理阶段目的才能真正完成。因此在道德这一阶段包含一种不断的要求，包含着一种不断的应然，因而在道德意志与外部世界之间就存在着不断的紧张状态和一定的距离。

道德意志只承认对出于它的意向或故意的行为负责任。因此道德责任基于意识着的意向或故意。[②] 例如在希腊悲剧中欧狄普斯事实上杀了他的父亲；但因他完全不知道他所杀的人是他的父亲，所以在道德上他就没有责任，也就不能控诉他的杀父罪，因为他还没有超出天真境界，达到反思，区别开一般行为与道德行为、外部事件的发生与出于故意和对情况的知识，也没有对后果的分析。[③]

---

① 本书第128页。

② 参看本书第117节。

③ 参看本书第138—139页。

一个思维着、意愿着的主体决不能故意做一件事或设想一个目的，而不把他的故意和目的普遍化并因而加以提高。因为要设想一个目的就不能不考虑到手段和后果，也不能不考虑到这行为对自己的福利、对别人的福利，最后对一切人的福利，这样故意就成为“意图”(Absicht，也有译作“动机”的)。

于是道德就由“故意与责任”的阶段，发展到黑格尔认为较高的第二阶段“意图与福利”。这也就是由多少还涉及法律的故意与责任问题进展到纯道德上的动机(意图)与后果(福利)问题。在这个问题上，黑格尔比康德进了一步，他否定了片面的主观唯心论的动机说，而主张动机与结果的统一。黑格尔特别强调动机与结果、主观内部的意志与客观外部的行为的统一，他说：“主体就等于它的一连串的行为。如果这些行为是一连串无价值的作品，那么他的意志的主观性也同样是无价值的；反之，如果他的一连串的行为是具有实体性质的，那么个人的内部意志也是具有实体性质的。”[①]

从动机与行为、后果的统一出发，黑格尔一方面批判了以单纯的动机纯洁来为罪恶行为辩护的看法；另一方面批判了所谓“心理史观”。这种心理史观用揣测“行为主要意图和有效动机”去“鄙视和贬低一切伟大事业和伟大人物”。[②] 例如说，马丁·路德之倡导宗教改革，其动机是为了想要与尼姑结婚，或者说某一历史事件或一场大战之发生，是由于某些伟大人物之好荣誉或有野心等。黑

① 本书第145页。

② 本书第146页。

格尔认为像这种所谓“心理史观”,“就是佣仆的心理”,而对佣仆说来,“根本没有英雄,其实不是真的没有英雄,而是因为他们只是一些佣仆罢了。”[①]这是黑格尔常常谈到的题目,他否定单纯的主观动机或意志,肯定:“人就是他的一串行为所构成的”,[②]“单纯志向的桂冠就等于从不发绿的枯叶。”[③]并且根据“内外统一”的原则,宣称“伟大人物曾志其所行,亦曾行其所志。”[④]黑格尔这里所提出的“内外统一”,动机与行为、后果统一的原则是有其合理因素的。但是由于他从客观唯心主义出发,认为伟大人物的行为是世界精神的体现,把伟大人物当作世界精神的代言人,而不从社会存在决定个人意识,不从个人行为对社会、对人民的利益和后果去评判历史人物,因而仍然是根本与历史唯物主义的看法正相反对,是不能根本解决内与外、主观与客观统一的问题的。

道德发展的第三阶段,黑格尔叫做“良心与善”。在这个阶段道德不是达到别的目的的手段,道德自身即是目的。它所追求的不是福利,而是善。从主观方面说,道德意志已不表现为故意和良好动机,而是作为具有普遍性和无限性的道德的自我意识或良心。黑格尔在这里批评了康德的纯义务的良心观。他反对康德那种为义务而义务的道德形式主义,他认为不能把福利或欲望的满足与尽义务对立起来。他说,如果完全反对为了满足欲望而尽义务,难道人们就要否定一切欲望而尽义务才对吗？所以他驳斥那种认善

① 本书第 146 页。

② 《小逻辑》,第 301 页。并参看本书第 145 页。

③ 本书第 147 页。

④ 《小逻辑》,第 302 页。

之实现为彼岸、为不可能，把善当作不断的“应然”，亦即不断的“未然”的说法，因而他说，“善就是被实现了的自由，世界的绝对最终目的。”[①]

黑格尔把良心区分为“形式的良心”与“真实的良心”，前者只是主观的普遍性，是“内部的绝对自我确信，是特殊性的设定者、规定者和决定者”，而后者则是主观与客观的统一，特殊与普遍的统一。前者属于道德范围，后者属于较高的伦理范围。因此真实良心已不复单纯是个人主观独自的良心，而是客观精神的体现，已进入伦理范围。把道德与伦理严格分开，这是黑格尔伦理思想的特色。优点在于强调良心不纯是直接的，而有其中介的社会因素。

抽象的、形式的良心一方面把主观、抽象的普遍性作为原则；另一方面即把自己的任性和特殊情欲当作是有普遍性的东西，这样良心就会转化为恶。所以他说，“良心如果仅仅是形式的主观性，那简直就是处于转向作恶的待发点上的东西”。[②] 这里他批判了康德的形式主义的良心观，但重要的，是要分析出良心的社会和阶级的内容。

黑格尔随即谈到善与恶的辩证关系。照黑格尔看来，自由是与意志和知识不可分的东西。人有了自由意志，他能自由为善，也就能自由作恶。这叫做“恶的根源一般存在于自由的神秘性中”[③]（“神秘性”可作唯心意义的“辩证性”了解）。所以他说：“唯有人是

① 本书第 151 页。

② 本书第 163 页。

③ 同上。

善的，只因为他也可能是恶的。善与恶是不可分割的。”[①]他又说，“恶也同善一样，都是导源于意志的，而意志在它的概念中既是善的又是恶的。”[②]善恶相互依存，有对立统一的辩证关系，这是合理因素。但是只抽象地在意志中去寻求，而不寻求善与恶的社会历史的根源，这就是从唯心主义的观点出发，使人模糊善与恶的阶级性。

（四）

抽象的、形式的法是客观的，道德是主观的，只有伦理才是主观与客观的统一，才是客观精神的真实体现。黑格尔这种说法其意思在于表明个人的权利、个人的道德自由，均以社会性的、客观的伦理实体为归宿、为真理。所以他说，“善和主观意志的这一具体统一以及两者的真理就是伦理”，[③]“主观的善和客观的、自在自为地存在着的善的统一就是伦理”。[④] 他认为，法和道德单就本身来说是没有现实性的，它们必须以伦理为基础，作为伦理的体现者而存在。他不懂得法、道德、伦理作为上层建筑，都应从经济基础、社会阶级根源来说明。

就个人与伦理的关系来说，伦理作为客观精神是自由的具体实现。伦理的规定就是个人的实体性或普遍本质。伦理是个人的第二天性。个人对伦理的规定或伦理的力量说乃是偶性与实体的

① 本书第 165 页。
② 本书第 166 页。
③ 本书第 184 页。
④ 本书第 185 页。

关系。“个人存在与否，对客观伦理说来是无所谓的，唯有客观伦理才是永恒的，并且是调整个人生活的力量。”[①]另一方面，个人之所以有自由，之所以具有真实性，即因为他体现了伦理的实体。

就伦理与民族的关系来说，他认为，伦理是各个民族风俗习惯的结晶，是“不成文的法律”，具有神圣的性质，被认作永远正当的东西。对于后辈的熏陶、教育，都是伦理的功用。

就伦理与国家的关系来说，黑格尔突出地表明了他脱离经济、社会和阶级来谈国家的唯心主义观点。他认为“国家是自觉的伦理的实体”，或者说“国家是具体自由的现实性”。

脱离了伦理之物质和社会的基础，黑格尔从客观唯心主义出发，把伦理看成一个精神性的、活生生的、有机的世界，认为它有其自己生长发展的过程。并把它的矛盾发展过程分为三个阶段：第一，直接的，或自然的伦理精神——家庭，第二，市民社会——这是伦理精神丧失了直接的统一，进行分化，而达于相对性的观点。市民社会是各个成员作为独立的单个人的联合，因而也就是在形式普遍性中的联合，这种联合是通过成员的需要，通过保障人身和财产的法律制度，和通过维护他们特殊利益和公共利益的外部秩序而建立起来的。第三，伦理精神通过分化、中介而完成的统一就是国家。[②] 市民社会表示直接或原始伦理精神的解体，靠法律来维持市民个人需要的满足，人身和财产的保障，以及特殊利益和公共福利和秩序的维持，这种“市民社会”只能算是“外部国家”。必定

① 本书第189页。

② 参看本书第197—198页。

要伦理精神或实体充分实现、完成并回复到它自身的辩证统一，这才是国家。

家庭的基础是婚姻。婚姻既不仅只是两性的关系，也不仅只是市民契约的关系，而是一种“精神的统一”，“实质是一种伦理的关系。”这种自我意识的统一就是爱，而这种爱是“具有法的意义的伦理性的爱，这样就可以消除爱中一切倏忽即逝的、反复无常的和赤裸裸的主观的因素。”[①]从法的意义说，家庭是一个人格，作为人格来说，家庭就在财产中有其外部的实在性。这财产是作为家庭的遗产而延续下去，但通过遗产延续下去的不是家庭，而乃是宗族。家庭的生命必然是有时间性的，不仅是由于父母的死亡，而且也为儿女的长大成为独立的人格所决定。在教育子女中家庭完成了它的使命。这样也就正好解除它自己的工作，而过渡到市民社会。

市民社会是诸个人、诸家庭的聚集，是作为特殊性与差别性的阶段，所以首先显得为伦理的丧失。即使着重伦理和普遍，也是为了作为满足特殊利益的手段。但伦理性、普遍性归根到底是支配着市民社会的，所以最后在国家中又回到伦理的充分体现。

市民社会的发展又分为三个环节：第一为“需要的体系”，在这个范围内，有劳动及分工的方式；与此相联系就形成了各个等级。第二为司法。在市民社会中，财产关系和契约关系都有法律来规定和维系。市民的财产和人格都得到法律的承认，并具有法律的效力，所以犯罪不再是侵犯了个人主观的东西，而是侵犯了社会公

① 本书第 201—202 页。

共的东西。于是犯罪的行为就被看成具有社会危险性。一方面这种看法增加了犯罪的严重性；另一方面，由于社会本身的稳定性，罪行的损害就获得了较轻微的地位，而刑罚也就成为较轻微。① 第三为警察和同业公会，这是一种预防社会危险和保护生命财产的措施。黑格尔指出，在市民社会中，"好的法律可以使国家昌盛，而自由所有制是国家繁荣的基本条件。但是，因为我是完全交织在特殊性中的，我就有权要求，在这种联系中我的特殊福利也应该增进。我的福利、我的特殊性应该被考虑到，而这是通过警察和同业公会做到的。"②

黑格尔于讨论资产阶级的市民社会时，并进一步论证了资本主义的发展——殖民主义。黑格尔首先指出："市民社会的这种辩证法，把它……推出于自身之外，而向外方的其他民族去寻求消费者，从而寻求必需的生活资料。"③

他尽力替德国的民族扩张和称霸海上鼓吹和打气。他以激励德国资产阶级的语气写道："对工业来说，激励它向外发展的自然因素是海"，"河流不是天然疆界，这是近代人对河流的看法；其实应该说，河流和湖海是联系人群的。""奋发有为的一切大民族，它们都是向海洋进取的。"④

他尽力替新兴资本主义国家的殖民政策辩护道：这种通过工业商业与遥远国家进行贸易的"扩大了的联系也提供了殖民事业

① 参看本书第 218 节及补充。

② 本书第 237 节。

③ 本书第 279—280 页。

④ 参看本书第 247 节。

的手段。成长了的市民社会都被驱使推进这种〔殖民〕事业——零散的或系统的”。“零散的殖民事业尤其见之于德国。殖民者移民美国或俄国，而与祖国一直没有联系，这种殖民对本国并无益处。第二种殖民事业与前一种完全不同，它是有系统的。它由国家主持，国家有意识地用适当办法来加以推进和调整。”[①]其实头一种只是自然的“移民”，第二种才是帝国主义性质的侵略性的殖民主义。黑格尔居然特别主张后一种，足见他的《法哲学》已经为德国转变成帝国主义预先铺平理论的道路。

（五）

现在进而谈黑格尔的国家观，首先要就如下几点加以批判：

一、“国家是伦理理念的现实”，[②]这就是说，国家是伦理精神的体现，这抹杀了剥削阶级的国家是残酷地剥削本国人民、侵略压迫他国和其他民族的机器的大量事实。这种唯心主义的国家观与马克思列宁主义认国家为阶级统治的机关、为一个阶级压迫另一个阶级的机关的看法是根本相反的。

二、“国家是绝对自在自为的理性东西”，[③]这就是说，国家是独立自存、永恒的、绝对合理的东西。照这样说来，资产阶级国家也是神圣的东西，资产阶级国家作为阶级统治的机器和工具，也是不应该打破、推翻的东西，从而国家也就是永不会消亡的东西。很显然，黑格尔的国家学说，其目的在合理化、神圣化、永恒化资产阶

① 本书第281页。

② 本书第288页。

③ 同上。

级国家机器。

三、“由于国家是客观精神，所以个人本身只有成为国家成员才具有客观性、真理性和伦理性。”[①]这就是说，个人如果脱离国家，不接受资产阶级国家的统治，他就失掉了“客观性、真理性和伦理性”，换言之，他就丧失了自由和作为市民的种种权利。后来的新黑格尔主义者根据此说来反对天赋人权说，认为不接受资产阶级国家的统治，就没有人权。这种为法西斯统治辩护的理论，都是导源于黑格尔的国家观。

在谈到国家制度时，黑格尔从拥护君主立宪制度的保守立场和唯心辩证法三一格式出发，把孟德斯鸠所提出的立法、司法、行政三权鼎立的民主思想，予以加工改造成王权（单一）、行政权（特殊）和立法权（普遍）相结合的政治制度。他把司法划归行政范围，特赋予君权以独特重要的地位。在黑格尔看来，国家中的君主正是逻辑上的“绝对理念”，宗教上的“上帝”的体现。逻辑理念包含有单一、特殊、普遍三环节的统一，而国家制度既是逻辑理念的体现，所以也应包含君主权（表示单一）、行政权（表示特殊）和立法权（表示普遍）三环节的统一。这样的国家制度就是他要论证的君主立宪制。这正如马克思所批判那样：“国家制度的理性是抽象的逻辑，……不是思想适应于国家的本性，而是国家适应于现成的思想。”[②]这就是反对黑格尔把《法哲学》作为逻辑学的应用和体现。

黑格尔关于王权的理论完全是“朕即国家”说的逻辑的加工。

① 本书第289页。

② 《黑格尔法哲学批判》，《马克思恩格斯全集》，第1卷，第267页。

他认为王权是“意志最后决断的主观性的权力”，王权“把被区分出来的各种权力集中于统一的个人，因而它就是整体即君主立宪制的顶峰和起点”。[①] 王权因而成为黑格尔设计的政治制度中的主要环节。

他强调王权作最后决断的主观性，这显然以从主观出发的唯心主义为基础的。他看不到人民的意志、群众的意志，也看不见时代历史发展的客观规律，只好满足于把国家大事的最后裁决，寄托在君主个人意志的主观性上。他说，古代决定国家大事，常常采取求神谕、占卜的办法，这是缺乏主观性的，因此王权的决断就比神谕或占卜高明，因为它有了能体现现代精神的“主观性”。所以他认为君主的决断是最高的，最后的，是“没有根据的”，这就是说，他不提供理由和论证的。在这里，我们看见黑格尔理性主义的法哲学体系，却以一个非理性的、无根据的王权的主观性为根本。他认为国家的大臣或谘议机关应该提供材料、提供意见，展开辩论，为了使辩论不致相持不下，最后由君王作出主观性的最后决断(类似封建帝王的所谓“宸衷独断”)，这样廷争停止，一律服从王权。他所谓君王的决断并不是基于总结群众的意见，并予提高，而是基于个人独特的武断。最妙的是，黑格尔说，如果君王的决断作错了，君王不负错误的责任，因为“只有这些谘议机关及其成员才应该对此负责，而君主特有的尊严，即最后决断的主观性，则对政府的行动不负任何责任”。[②] 他为了照顾君王的面子或尊严，片面地以咨

① 本书第 326 页。

② 本书第 348 页。

议的机关和人员为替罪的羔羊，竟得出作最后决断的主观性对他的决断不负责任的离奇结论！

黑格尔主张君主世袭制，他认为君主世袭不单是可以“预防王位出缺时，发生派系的倾轧”，主要的哲学理由是，由于君主的来源是“没有根据的直接性”，是不能用选举的方法产生的。他说：“君主选举制倒不如说是各种制度中最坏的一种。”[①]

黑格尔特别强调君主有“赦免罪犯的权力”。在宗教上，上帝“可以在精神上化有罪为无罪”，而“在尘世中”，“只有这个主宰一切的权力才有权实现这种化有罪为无罪。”[②]这足见，他用上帝在宗教中的地位来比拟君主在政治上的地位，因而赋予政治以马克思所谓“精神的芳香”，这就是替剥削的统治者擦粉。君主有任免大臣的权力，本来就是这样的，但是黑格尔为了神秘化君主的这种特权，强调君主最后决断的主观性，他偏说，“任免负责这些事务的人员〔指国家最高咨议机关及其成员〕是君主无限任性的特权”。[③] 君主一般都有颁布国家的制度和法律的权力。然而黑格尔偏要说，“国家的制度和法律”是“自在自为的普遍物”，“从主观方面说，就是君主的良心”。[④] 这就把法律制度放在君主主观任性的基础上。

批判黑格尔论王权的章节特别重要，因为这不仅表明了他政治上的保守主义，尊君思想，也足以表明他的理性主义、泛逻辑主义的体系原来建筑在非理性的、无根据的、非逻辑的、任性的最后

① 本书第345页。

② 参看本书第282节。

③ 本书第348页。

④ 参看本书第285节。

的主观性之上。谨记马克思对于黑格尔王权说的批评是有教益的。马克思说,在黑格尔那里"**任性**就是王权"或"王权就是任性";[①]又说:"黑格尔力图在这里把君主说成真正的'神人',说成理念的**真正化身**。"[②]因为黑格尔自己也说:"国家是在地上的精神",[③]国家是"神〔上帝〕自身在地上的行进",[④]很显然,君主就是精神、上帝在地上、在国家中的化身。

王权属于政治制度中单一性环节,而行政权即属于特殊性环节。行政权使特殊从属于普遍,也就是"执行和实施国王的决定",亦即"贯彻和维护已经决定的东西,即现行的法律、制度和公益设施等等"。黑格尔论行政权的主要之点在于主张"行政权包括审判权和警察权"。[⑤] 这一点得到马克思的好评说:"黑格尔的**独到之处**只在于他使**行政**、警察、**审判三权协调一致**,而通常总是把行政权和审判权看成对立的东西。"[⑥]

黑格尔谈到国家行政人才的选拔问题,他认为"个人之担任公职,并不由本身的自然人格和出身来决定"(像君主那样),而是依靠"客观因素即知识和才能"来决定。这种对有知识和才能之人的选拔,一方面满足国家对行政人才的需要;另一方面也使每个市民都有可能担任公职,献身于国家事务。黑格尔承认担任公职所需的知识和才能并不是像在艺术里那样基于天才,例如一个大艺术

---

① 《黑格尔法哲学批判》,《马克思恩格斯全集》,第 1 卷,第 269 页。

② 同上书,第 273—274 页。

③ 本书第 294 页。

④ 本书第 294 页。

⑤ 本书第 350 页。

⑥ 《黑格尔法哲学批判》,《马克思恩格斯全集》,第 1 卷,第 295 页。

家、演员、歌手有其独特的天才，他的职务是不能随便代替更换的，而在选拔公职人才方面黑格尔认为则有其主观性与偶然性的一面，由于有才能、知识的人很多，国家的官职较少，任命选拔时不可能得到绝对准确、公平。为了解决争职位问题，黑格尔煞费苦心又抬出国王这一“做最后决定和主宰一切的国家权力的特权”[①]来解决困难。他最后还是归到君主的主观任性来裁决，再也找不到其他合理的办法。

黑格尔强调“担任公职不是一种契约关系”。也就是说，不是雇佣关系，而有其伦理和精神的意义。因为替公家服务是“内在的东西”，是有其“自在自为的价值”的，或者说是公民自己自由本性的实现，因此它要求个人的献身精神。[②]

黑格尔谆谆谈到“官吏的态度和教养”，关系到民众对政府满意与否、信任与否，以及政府计划的实施或削弱、破坏。因此他主张必须对官吏进行政治教育，这种政治教育可以减轻或抵消技术性的行政工作之机械性，而引起公职人员奉公守法，公而忘私的习惯和态度。他说：“为了使大公无私、奉公守法及温和敦厚成为一种习惯，就需要进行直接的伦理教育和思想教育，以便从精神上抵消因研究本部门行政业务的所谓科学、掌握必要的业务技能和进行实际工作等等而造成的机械性部分。”[③]

这些话都表示作为“官方哲学家”的黑格尔在替普鲁士王国教育公职人员，促其效忠国家。但是这只是替普鲁士的官僚统治搽

① 本书第 354 页。

② 参看本书第 294 节。

③ 本书第 357 页。

粉。马克思揭穿得好：事实上刚刚相反，“正是官僚的‘官场’知识和‘实际工作’的‘机械性’在‘抵消’他的‘道德和理智的教育’。”[①]我们可以再引证马克思一句话，作为黑格尔讨论行政权的主要章节的总评：“黑格尔关于‘行政权’所讲的一切都不配称为哲学的分析。这几节大部分都可以原封不动地载入普鲁士法。”[②]

黑格尔关于立法权的讨论，包含着他“法哲学”中最保守、最反动的成分。立法权本应是三权中比较最足以推进民主和改革的因素，诚如马克思所指出：“立法权在给叛乱**奠定基础**。”[③]然而黑格尔却以最保守的态度去处理立法权。马克思说，“正因为国家在立法权中获得了最高的发展，**政治国家**本身无法掩饰的矛盾才在立法权中表现出来。”[④]所以立法权应是揭露国家矛盾的地方，而黑格尔却强调立法权的中介作用，借以掩饰阶级矛盾。

马克思特别重视立法权，认为“国家在立法权中获得了最高的发展”，而黑格尔却尽量贬低立法权的地位。

黑格尔把立法权定义为“规定和确立普遍物的权力”。按照黑格尔自己的逻辑来讲，代表普遍性的立法权应该较优越于代表单一性和特殊性的王权与行政权。然而政治上的保守立场却使他处处在贬低立法权。

首先黑格尔认为，“立法权本身是国家制度的一部分，国家制度是立法权的前提”。“国家制度本身是立法权赖以建立的、公认

① 《黑格尔法哲学批判》，《马克思恩格斯全集》，第 1 卷，第 310 页。

② 同上书，第 298 页。

③ 同上书，第 358 页。

④ 同上书，第 360、361 页。

的、坚固的基础，所以它不应当由立法权产生。”[①]这样国家制度另有其超立法的独立自存的基础，不是立法权所能过问，反之，立法权必须以国家制度为前提、为基础。这样立法权就被剥夺掉建立国家根本大法——国家制度的最本质的任务，因而其地位和权限受到很大的贬抑和限制。

黑格尔所设计的立法权或议会包括三个等级:(一)贵族地主等级，他又叫做实体性的等级。(二)普遍等级，这就是行政官吏的代表，因为他赞成英国的制度，主张政府成员、内阁大臣同时任国会议员。(三)私人等级，即工商业的代表。在这三个等级中，他特别重视贵族地主等级，因为他们参加立法权“只是由于他们的出生，并非取决于选举的偶然性”，[②]可以做君王和市民社会的中介。他把贵族地主等级看成“王位和社会的支柱”。[③] 行政官吏等级黑格尔认为最“精明干练”，“就是不要各等级〔即是说，不要议会〕，他们同样能把事情办得很好。”[④]而工商业等级则被他贬斥为私人等级，认为“它们都是由单一性、私人观点和特殊利益产生的，所以它们总想利用自己的活动来达到牺牲普遍利益以维护特殊利益的目的。”[⑤]因此在黑格尔的立法权里不唯听不见工农劳动人民的呼声，甚至连工商业者也没有充分的发言权，这鲜明地反映了当时德国资产阶级的软弱性。

---

① 本书第358页。
② 本书第369页。
③ 同上。
④ 本书第363页。
⑤ 本书第363页。

黑格尔限制立法权或议会作用的另一个理论，就是他根本反对与政府相对立的党派，他要人民绝对信任统治阶级政权，绝对相信“国家权力的其他环节〔指王权和行政权〕从来就为国家着想，并献身于普遍目的。”[①]不许怀疑反动统治者的“善良意志”。他斥责说，“政府好像是受邪恶的或不大善良的意志所支配这一假设为出于贱民的见解和否定的观点。”[②]黑格尔要求资产阶级与贵族合作的君主立宪制，他又不允许议会代表人民说话，对统治阶级起监视和约束作用，而坚决认为“政府并不是与其他党派对立的党派”，说什么“政府对各等级〔即议会各阶层代表〕的关系，在本质上不应当是敌对的，相信这种敌对关系不可避免，是一种令人丧气的错误。”[③]黑格尔是煞费苦心在消除立法权中的革命因素和“叛乱基础”，但是这种唯心观点是违反现实的，因为普鲁士政府与各等级以及与人民的关系本质上是有阶级矛盾的，是敌对的，这种敌对关系不可避免地要反映到立法权中。所以马克思一语破的地批判了黑格尔，说政府与各等级的敌对关系之不可避免不是“一种令人丧气的错误”，“其实应该说：是‘一种令人丧气的真理’。”[④]马克思也指出，“事实却恰恰〔与黑格尔所说〕相反”，[⑤]反动的政府正是与其他党派对立的党派。

黑格尔似乎也意识到立法权的伸张与群众力量、人民力量以

① 本书第363页。

② 同上。

③ 本书第364页。

④ 《黑格尔法哲学批判》，《马克思恩格斯全集》，第1卷，第327页。

⑤ 同上。

及舆论力量的伸张有着密切的关系，所以他就在贬低立法权的同时发出了他反对人民群众、轻视舆论的最保守、最反动的言论。他首先否认人民，甚至否认人民自己了解什么对他们最为有利，什么是他们的真正需要，并否认人民自己有“实现这种最美好东西的不可动摇的意志”，说：“人民就是不知道自己需要什么的那一部分人。知道别人需要什么，尤其是知道自在自为的意志即理性需要什么，则是深刻的认识和判断的结果，这恰巧不是人民的事情。”[①]他诬蔑人民自己不知道他们自己的需要和利益，只有少数骑在人民头上的哲学王、资产阶级寡头、行政官吏才具有所谓“深刻的认识和判断”，真正知道人民的真意或黑格尔所谓“理性需要”。显然，他这里神秘化了人民的需要，也神秘化了少数统治者的“深刻的认识和判断”。其实人民要求土地、要求生活、要求革命、反对剥削，人民不特自己知道，且常表现为农民起义、工人罢工的行动，这是谁都知道的事情，就是黑格尔恭维为有“深刻的认识和判断”的反动统治阶级偏偏不知道，偏偏要反对。这就可以充分看出，黑格尔的政治立场不是站在人民一边，而是站在寡头的剥削阶级或贵族与资产阶级的联合一边，所以在黑格尔提到人民时，我们读到的都是他反人民、反群众、反民主的最保守、最反动的词句，说什么“作为单个人的多数人（人们往往喜欢称之为‘人民’）的确是一种总体，但只是一种群体，只是一群无定形的东西。因此，他们的行动完全是自发的、无理性的、野蛮的、恐怖的。”[②]这的确反映了被

① 本书第362—363页。

② 本书第366—367页。

法国大革命吓坏了的德国资产阶级的意见。

最后黑格尔对于公共舆论的态度也一面表现了他崇拜伟大人物的唯心主义历史观，另一面也表示他轻视舆论和反民主的保守思想。他说："在公共舆论中真理和无穷错误直接混杂在一起，……可是实体性的东西是不能从公共舆论中找到的。"[①]他又说，"公共舆论又值得重视，又不值一顾。不值一顾的是它的具体意识和具体表达，值得重视的是在那具体表达中只是隐隐约约地映现着的本质基础。"[②]他认为，舆论本身不值得一顾，值得重视、恭维的乃是能够在同错误搅在一起的舆论中发现其真理的"伟大人物"。因为据他说，"公共舆论中有一切种类的错误和真理，找出其中的真理乃是伟大人物的事。谁道出了他那个时代的意志，把它告诉他那个时代并使之实现，他就是那个时代的伟大人物。"[③]须知伟大人物在舆论中发现的真理已不是舆论，而是伟大人物的天才睿智、"深刻的认识和判断"，在黑格尔看来，伟大人物不是从舆论中、从群众中逐渐成长起来的，他是高于群众，亦即脱离群众、站在群众之上的天才，所以黑格尔所了解的伟大人物就表现出轻蔑群众，藐视群众的一面。他以崇拜脱离群众的天才英雄的语气说："脱离公共舆论而独立乃是取得某种伟大的和合乎理性的成就(不论在现实生活或科学方面)的第一个形式上条件。"又说，"谁在这里和那里听到了公共舆论而不懂得去藐视它，这种人决做不出

① 本书第378页。
② 本书第379页。
③ 同上。

伟大的事业来。”[①]所以，黑格尔谈舆论，其目的不是教人尊重舆论，重视民主，而是教人藐视舆论，崇拜“伟大人物”；再则黑格尔谈立法权，不是教人重视立法权，发扬民主，而是教人更信任王权，更信任“精明干练”、“有深刻的认识和判断”的官吏和官僚集团。立法权只是在三位一体的逻辑上聊备一格，以资点缀而已。这里我们又读到马克思对黑格尔论立法权的精辟的总结式的批评。马克思说，在黑格尔那里，“各等级的代表〔即指议会代表〕只是一种纯粹的奢侈品。所以各等级的存在，究其实不过是一种**形式**而已。”[②]又说，“黑格尔之所以要等级要素〔议会、立法权〕这一奢侈品，只是为了迎合逻辑。”[③]

（六）

以上着重评述了黑格尔关于王权、行政权、立法权的论述，三权亦即“对内主权”，被认作属于“内部国家制度本身”。和国家对内主权相对应的他叫做“对外主权”。国家在诸国家之中也是一个个体。一个国家对别的国家的关系也是个体对个体的关系，都具有“排他性的自为存在”，都是“独立自主的”。国家的独立自主被他看成“现实精神的自为的存在在这种独立性中达到了它的定在，所以独立自主是一个民族最基本的自由和最高的荣誉。”[④]据此黑格尔论证爱国主义说，为了保卫国家的独立、自由和荣誉，牺牲个

① 本书第379页。

② 《黑格尔法哲学批判》，《马克思恩格斯全集》，第1卷，第323页。

③ 同上，第324页。

④ 本书第384页。

人的利益和权利，乃是“肯定个人的绝对个体性”（这他又叫做“实体性的个体性”），而所放弃的乃是“个人的偶然和易变的个体性”。因此个人对国家就“有义务接受危险和牺牲，无论生命财产方面，或是意见和一切天然属于日常生活的方面，以保存这种实体性的个体性，即国家的独立和主权”。[①]

黑格尔不唯从资产阶级保守主义的立场出发，来宣扬资产阶级的民族主义和爱国主义，他还进一步提出他著名的荒谬学说，所谓“战争的伦理性”，替资本主义世界的国际战争辩护。他大肆宣扬“战争的伦理性因素”。说“战争不应看成一种绝对的罪恶”。他论证了战争的必然性，认为战争不是基于“纯粹外在的偶然性”。他认为战争的发生不是偶然地出于“当权者或民族的激情，不公正的事由，或任何其他不应有的事”。[②] 换言之，战争，在他看来，不唯是必然的，而且是应然的。他不具体分析战争的社会根源、历史条件或种种基于客观条件的必然性，而唯心主义地从伦理出发去宣扬一般战争的必然性与应然性。他也不区别正义战争与非正义战争，而漫无差别地宣扬战争有保持民族伦理生活的健康、防止长期和平会使民族腐化堕落的作用，[③]这显然是替资本主义国家的军事冒险和殖民主义扩张提供理论的基础。当然，当黑格尔歌颂战争的伦理意义时，他心目中也许是想到拿破仑战争曾导致普鲁士王国的复兴，似乎增进了日耳曼民族的所谓“伦理的健康”。这显然表示黑格尔只是片面地、孤立地、表面地看问题，对拿破仑战

① 本书第385页。
② 本书第386页。
③ 参看本书第324节。

争缺乏科学的、历史的分析，才会得出这种唯心的错误的结论。我们看到，黑格尔的后人两次发动世界大战，为全世界、为欧洲人民，特别为德国人民带来重大灾殃，已讽刺地用历史事实驳斥了黑格尔认为战争有保持伦理健康和防腐作用的荒谬思想。

黑格尔绝对化了国家，把国家看成自在自为的东西。他强调："作为国家的民族，其实体性的合理性和直接的现实性就是精神，因而是地上的绝对权力。"[①]每一个国家因此都有其特殊意志，于是国与国的关系就"处在自然状态中"，亦即互相争战中，国与国的关系和权利，没有"超国家权力的普遍意志"来予以规定。所谓"国际法的那种普遍规定总是停留在应然上"，不能得到有效的实现。因此，照黑格尔看来，"如果特殊意志之间不能达成协议，国际争端只有通过战争来解决。"[②]足见他不唯论证了国际战争的不可避免性，他还指出战争是解决国际争端的唯一手段或唯一仲裁者。这种说法不仅表示黑格尔的国家哲学说没有出路，也反映了整个资本主义世界没有出路。

然而黑格尔绝不会承认自己的国家哲学没有出路。为了结束他的"法哲学"，为了粉饰除了用战争外，国际争端无法解决，最后提出他的唯心主义的抽象概念"世界精神"来拯救困难。于是他说："国与国之间的关系是摇摆不定的，也没有裁判官来调整这种关系，唯一最高裁判官是普遍的绝对精神，即世界精神。"[③]这就是说，把国际争执的解决，战争的胜负、和平的实现一概推到空洞遥

① 本书第393页。

② 本书第395页。

③ 本书第398页。

远的人类历史、世界精神那里去了。

他认为世界精神就是历史哲学研究的对象，世界精神就是贯穿在世界历史进程的理性力量。这样“法哲学”的结束就过渡到历史哲学的领域了。

（七）

以上我们按照原书次序简单地评述了黑格尔《法哲学》一书的主要内容。由于阶级的限制，由于时代的限制，特别是由于客观唯心主义体系和晚年特别保守的政治立场出发来论述《法哲学》，使得这本书成为他的保守的政治思想的集中表现，而他的唯心主义体系之应用来论证《法哲学》，其反动和危害的后果，尤其是显著地暴露出来。

马克思的《黑格尔法哲学批判》，却充满了批判的、革命的哲学的天才光芒，有深刻、丰富的内容值得我们深入学习挖掘。除了上文中已多处引证了马克思的批判观点外，现在简单综述一下马克思批判此书，由破而立的几个主要论点，以作结语。

第一，就政治上说，马克思从革命民主的立场，驳斥了黑格尔主张的君主制。

在批判黑格尔君主制的同时，马克思正面提出民主制的优越性说：“民主制是君主制的真理，君主制却不是民主制的真理。……从君主制本身不能了解君主制，但是从民主制本身可以了解君主制。”[①]又说：“正如同不是宗教创造人而是人创造宗教一

① 《黑格尔法哲学批判》，《马克思恩格斯全集》第1卷，第280页。

样，不是国家制度创造人民，而是人民创造国家制度”[①]针对黑格尔把宗教和君主制，把上帝和君王联系起来的看法，马克思是把反宗教与反君主制结合起来的。

第二，从经济上说，马克思从反对私有制的立场驳斥了黑格尔对私有财产的崇拜。

黑格尔尽管把国家说成是“伦理理念的现实”，但是结合到黑格尔对于财产的看法来分析，却揭露了“伦理理念的**现实**在这里成了**私有财产的宗教**”。[②] 马克思痛切指斥黑格尔之替私有财产制辩护，正是出卖伦理或“转让伦理”，抹杀人的意志自由。马克思说，在黑格尔那里“私有财产成了意志的**主体**，意志则成了私有财产的简单谓语。”[③]马克思又说：“凡私有财产**不可转让**的地方，‘普遍的意志自由’和**伦理**却可以转让。……**私有财产**的‘**不可转让**’同时就是**普遍**的**意志自由和伦理的**‘**可以转让**’。……在这里我的意志已经不在支配客体〔私有财产〕，而是意志本身在受客体的支配。”[④]这些话已经说明了在阶级社会的私有财产制度下，像黑格尔那样的唯心主义者大谈其“伦理实体”或“意志自由”完全是骗人的东西。

第三，在批判《法哲学》的过程中，马克思从根本上有力地摧毁了黑格尔的客观唯心主义体系。

马克思首先批判了黑格尔把“法哲学”当成“逻辑学”的补充与

① 《黑格尔法哲学批判》，《马克思恩格斯全集》第一卷，第281页。

② 同上书，第373页。

③ 同上书，第370页。

④ 参看同上书，第371页。

应用，或者把国家制度当成伦理理念的实现这一根本唯心主义出发点。马克思说："在这里，注意的中心不是法哲学，而是逻辑学。……在这里具有哲学意义的不是事物本身的逻辑，而是逻辑本身的事物。不是用逻辑来论证国家，而是用国家来论证逻辑。"[①]这里正好把黑格尔颠倒过来，我们认为第一性的东西是"事物本身的逻辑"即现实事物发展的规律，而黑格尔认为第一性的东西却是"逻辑本身的事物"，即理念、概念之类。我们要求用逻辑（唯物辩证法）来分析国家的矛盾，来研究、论证国家现实发展演变的规律，而黑格尔所要求的是完成自己的唯心主义体系，把国家的制度、现象当作说明、体现逻辑理念的谓语或工具。马克思更明确指出，黑格尔的"整个法哲学只不过是对逻辑学的补充。十分明显，这一补充只是对概念本身发展的〔某种附加的东西〕。"[②]马克思根本与黑格尔的客观唯心主义相反，认为"法哲学"不应是"逻辑学的补充"、"概念发展的附加"，反之，逻辑、概念应该是反映、说明、论证法律、政治、社会、国家的现实发展的东西。

马克思反复批判在黑格尔那里"理念变成了独立的主体"的客观唯心主义观点说，"现实性不是被看做这种现实性本身，而是被看做某种其他的现实性。"[③]这就批判了黑格尔不把现实性看做第一性的东西，而把它看做"某种其他的"即理念的现实这种本末倒置的唯心观点。譬如在马克思看来，"**政治情绪**是国家的主观**实**

① 《黑格尔法哲学批判》，《马克思恩格斯全集》第1卷，第263页。

② 同上书，第264页。

③ 同上书，第250页。

体，政治制度是国家的**客观实体**。”[①]但是诚如马克思所指出的那样，“黑格尔在任何地方都把理念当做主体〔实体〕，而把真正的现实的主体，例如‘政治情绪’〔或政治制度〕变成了谓语。”[②]这是马克思抓住了黑格尔颠倒主体或实体与谓语，亦即存在与思维的根本关系的唯心主义观点，而给予反复着重的批判，从而在破黑格尔客观唯心主义的同时，建立并发展了辩证唯物主义。

第四，关于辩证法问题，马克思指出了“黑格尔深刻之处正在于他处处都从各种规定的**对立**出发，并把这种对立加以强调。”[③]但是他对于黑格尔唯心辩证法的两点揭露和批判，对唯物辩证法的发展具有重要意义。

黑格尔在他早年1807年所写的较富于自由精神的《精神现象学》序言中，曾明确提出精神世界的变化，有“打断那单纯增长过程的渐变性”，而产生“质的飞跃”的说法，并且把飞跃过程描写成“这种并不曾改变全体的面貌的逐渐碾磨为日出所中断，这是一道闪电，在顷刻之间就表现出新世界的形象”。[④] 但是在他晚年较保守的《法哲学》中提到国家制度时，却只看见他强调“一种状态的不断发展从外表看来是一种平静的觉察不到的运动。久而久之国家制度就变得面目全非了。”[⑤]黑格尔这里显然模糊了“飞跃”、“连续性中断”的意义，而强调逐渐的量变。马克思针对这点，从坚定的革

① 《黑格尔法哲学批判》，《马克思恩格斯全集》第1卷，第254页。

② 同上书，第255页。

③ 参看《黑格尔法哲学批判》，《马克思恩格斯全集》，第1卷，第312页。

④ “十八世纪末—十九世纪初德国哲学”，商务印书馆1960年版，第203页。

⑤ 本书第359页。

命的唯物辩证法的立场予以批判道："诚然，在许许多多国家里，制度改变的方式总是新的要求逐渐产生，旧的东西瓦解等等，但是要建立**新的**国家制度，总要经过真正的革命。"又说，"**逐渐**推移这种范畴从历史上看来是不真实的，这是第一。第二，它也不能说明任何问题"。[①] 马克思这里不仅反对了改良主义，庸俗进化论，也有力地反对了黑格尔有保守意味的唯心辩证法。

其次，马克思还严肃地批判了黑格尔利用"中介"这一辩证法概念来调和国家制度中不可调和的矛盾的保守主义和唯心辩证法思想。黑格尔在 302 节的补充中说："国家制度在本质上是一种中介体系。"马克思除了讥讽这种中介体系"重演了夫妻吵架医生劝解的故事"外，又指出"这一中介体系还采取这样一种形式：一个人想打败自己的敌人，同时又不得不保护自己的敌人免遭别的敌人的打击；由于这种双重的地位，他的打算全部落空了。"[②]马克思尖锐地提出了资本主义国家制度中不可调和的矛盾说，反击了黑格尔所谓"中介体系"说。马克思还进一步指出，黑格尔"把这种中介作用说成是逻辑的**思辨奥秘**，是合乎理性的关系，是推论。真正的极端之所以不能被中介所调和，就因为它们是真正的极端。同时它们也不需要任何中介，因为它们在本质上是互相对立的。"[③]从这段深刻的批判里，我们体会到抹杀或调和阶级对立的唯心辩证法是与肯定"不能被中介所调和"的本质对立、阶级矛盾、坚持革命的唯物辩证法是根本相反的。

---

① 《黑格尔法哲学批判》，《马克思恩格斯全集》，第 1 卷，第 315 页。

② 《黑格尔法哲学批判》，《马克思恩格斯全集》，第 1 卷，第 354—355 页。

③ 同上书，第 355 页。

马克思在他的天才的经典著作《黑格尔法哲学批判》里，对于黑格尔政治上的保守思想、君主制、私有财产制思想，对于黑格尔的客观唯心主义和唯心辩证法，没有丝毫放松，以坚强的党性予以严肃的致命性的批判。这是我们批判资产阶级古典哲学的典范。在我们不断深入学习中可以吸取无穷的教益。黑格尔的《法哲学》是古典唯心哲学的重要著作。我们试运用马克思列宁主义作为武器去进一步批判研究黑格尔的著作，将不难获致新的收获。

1961 年 4 月

目　　次

序　　言

我的职务是担任讲授法哲学，需要发给听众讲授提纲，我把这部纲要出版，其直接动机就在于此。我以前写过一部《哲学全书》（海得尔堡，1817 年），作为我当时讲授之用；本教科书便是对于在那部书中已包含的关于同一哲学部门的基本概念所作更为详尽、尤其是更有系统的阐述。

本纲要是准备出版的，它将呈现于广大公众面前；这驱使我在这里对各项附释作进一步的阐述；这些附释当初只是些简短的论述，以指出与我的论点相近似或分歧的各种观念以及从其中所得出的进一步结论等等，在讲授中我还会予以应有的说明的。这里所以要作进一步阐述，为的是使正文中比较抽象的内容或能更臻明确；同时也为的是能更广泛地考虑到当前流行的一些浅显的观念。因此产生了许多比讲授提纲的目的和体裁通常所要求的更为详尽的附释。然而，一部适当的讲授提纲是以某一门科学的被认为业已圈定的范围为对象的，它的特点，除了好比散见各处的一些小小补充以外，主要在于概括和编列属于某一种历来被承认和熟悉的内容的那些本质的环节，同时在于其所采取的形式具有久已形成的那些规则和格式。但是，我们恐怕不能以这种体例来期待一部哲学纲要，因为，人们总以为哲学所完成的作品乃是一种暂时性的东西，就像沛内罗沛的织品那样是需要每天从头搞起的。

用不到说，本纲要首先是在起指导作用的方法上与普通的讲授提纲各有不同，本书的前提是：从一个论题进展到另一论题以及进行科学论证的那种哲学方法，即整套思辨的认识方法，跟其他任何认识方法有本质上的区别。只有洞察这种区别的必然性，才能把哲学从其现在所陷入的那可耻的颓废中挽救出来。人们完全认识到，旧时逻辑的种种形式和规则，以及下定义、作分类和进行推理的种种形式和规则，包含理智认识的各种规则在内，对思辨的科学说来都不中用了；或者应该说，人们不是认识到这一点，而多半只是感觉到这一点，于是他们把这些规则作为单纯的枷锁抛弃了，以便从心情、幻想和偶然直觉出发，恣意谈论。但是，因为反思和思想联系终于必然出现，于是在不知不觉中竟仍采用着遭到蔑视的那种通常推论和演绎方法。关于思辨认识的本性，我在我的《逻辑学》[①]中已予详尽阐述；所以在本纲要中我仅仅对进展和方法随时略加说明而已。由于对象具体，且其本身具有各色各样的性状，就无法在所有每个细节上证明并指出逻辑推演，所以从略。一方面，在对科学方法已经熟悉的前提下，再谈方法可能是多余的；另一方面，整体以及它各部分的形成都是依存于逻辑精神的，此亦不言而喻。我希望对本书主要从这方面予以理解和评价。其实本书所关涉的是科学，而在科学中内容和形式在本质上是结合着的。

① 指《大逻辑》，特别参阅该书导言和绝对理念一章。——译者

诚然，我们可以从那些似乎最彻底了解事物的人那里听到，形式是某种外表的东西，对事物说来殊属无关重要，只有事物才是重要的；其次，我们可以说，著作家特别是哲学家的任务是发现真理，阐述真理，传播真理和正确的概念。但是，如果考察一下这种任务在实际上通常是怎样进行的，首先我们会发见，老是原来的一盆冷饭，一炒再炒，重新端出，以飨大众。这种工作的确对于世道教化和人心警醒，不无裨益，但是毋宁应该把它看成是多此一举——“他们有摩西和先知的话可以听从”[①]。尤其我们有不少机会，对在这种工作上表达出来的腔调和骄矜感到惊异，好像世界上还单单缺少这样一批热心传播真理的人，好像炒冷饭带来了新的前所未闻的真理，而在“今日之下”尤其应该拳拳服膺似的。但是另一方面，我们也会看到，从一方面提出的这类真理却被其他方面提供的同样真理所排挤和冲掉。在这些纷至沓来的真理中，究竟什么是不新不旧、恒久不变的，应该怎样从那些形式靡定、反复无常的考察中提取恒久不变的东西，又应该怎样对它加以识别和证明，——除了通过科学，还有其他什么办法呢？

不言而喻，自从法律、公共道德和宗教被公开表述和承认，就有了关于法，伦理和国家的真理。但是，如果能思维的精神不满足于用这样近便的方法取得真理，那么真理还需要什么呢？它还需要被理解，并使本身已是合理的内容获得合理的形式，从而对自由思维说来显得有根有据。这种自由思维不死抱住现成的东西，不

① 见《新约全书》，路加福音，第 24 章，第 19 节，意谓不必多此一举。——译者

问这种现成的东西是得到国家或公意这类外部实证的权威的支持，或是得到内心情感的权威以及精神直接赞同的证言的支持都好。相反地，这种自由思维是从其自身出发，因而就要求知道在内心深处自己与真理是一致的。

天真心灵所抱的态度是简单的，它十分信赖地坚持大众所接受的真理，并把它的行为方式和一生固定的地位建立在这种巩固的基础之上。这种简单态度马上会遭到想象上的困难，那就是怎样从那些无限分歧的意见中区别和发现公认而有效的东西；这种困惑会很容易被看做对待事物正确而真正的认真态度。其实以这种困惑自傲的人是见木不见林，他们的这种困惑和困难不过是他们自己制造出来的。的确这种困惑和困难毋宁说是一个证据，证明他们不是希求公认而有效的东西，而是希求某种其他的东西来作为法和伦理的实体。因为，如果他们真是为了公认而有效的东西，而不是为了意见和存在的空虚性和特殊性，他们就会坚持实体性的法，即伦理和国家的命令，并据以调整他们的生活。可是进一步的困难却来自这一方面，即人是能思维的，他要在思维中寻求他的自由以及伦理的基础。但是这种法无论怎样崇高、怎样神圣，如果他仅仅把这个（意见）当作思维，而且思维只有背离公认而有效的东西并且能够发明某种特殊物的时候才觉到自己是自由的，那么这种法反而变成不法了。

目前有一种观念，以为思维的自由和一般精神的自由只有背离，甚至敌视公众承认的东西，才能得到证明，这种观念可能在对国家的关系上最为深固，因此，特别是关于国家的哲学看来本质上具有发现并提供另一种理论、一种新的特殊的理论的任务。如果

我们看到这种观念和依据这种观念所做的事，就该认为，似乎世界上从未有过国家和国家制度，现在也还没有，但是现在——这个现在是永远继续下去的——似乎应该从头开始，而伦理世界正等待着这种现在的设计、探讨和提供理由。关于自然界我们承认：哲学应该照它的本来面貌去认识它；而哲人之石所隐藏着的地方，就在自然界本身某处；自然界本身是合理的；知识所应研究而用概念来把握的，就是现存于自然界中的现实理性；它不是呈现在表面上的各种形态和偶然性，而是自然界的永恒和谐，即自然界的内在规律和本质。与此相反，伦理世界、国家（这是在自我意识的要素中实现了的理性）不应该享有如下的福分：事实上正是理性在那种要素中达到力量和权力，并在其中主张自己而成为它的内在东西（参阅本序言的补充——译者）。据说精神世界毋宁受偶然和任性的摆布，它是被上帝遗弃的，所以按照精神世界的这种无神论说来，真的东西是处于精神世界之外的，但同时因为那里也应该有理性存在，结果真的东西仅仅成为一个待决的问题。但是这里就包含着每个思维向前进取的权利，不，应该说义务，虽然这不是为了寻求哲人之石，因为，由于我们同时代人的推究哲理，这种寻求已可省去，而且每个人确信，已把这块石头掌握在手里了，正像站起来走一样，毫不费力。当然，生活在国家的这种现实中并且在其中感到其知识和意志已得到满足的人——这种人很多，甚至比我们所想象和知道的还要多，因为所有的人根本上都是这样的，——或者至少那些有意识地在国家中找到满足的人，现在就会讥笑这种进取和确信，而且把它们看做有时是好笑的、有时倒是正经的、或者是愉快的、或者是危险的，总之是无谓的游戏。那种空虚反思的忙迫

活动及其所受到的嘉许和欢迎，本来就是这么一回事，可以听其在自身中按照自己的方式去发展；可是事实上，正是哲学本身由于那种忙迫活动，却遭到了种种侮蔑和轻视。最恶劣的一种侮蔑就是上面所说的每一个人都确信，他能毫不费力地对一般哲学加以判断并进行论争。人们从来没有对任何其他艺术和科学表示过这样极端的侮蔑，以为他们不费吹灰之力就可把它掌握。

事实上，我们所见到的在国家问题上最自负的那新时代哲学[①]所发表的言论，的确使高兴发表意见的每一个人有权确信他可以不费吹灰之力，自己制造出这种哲学来，从而证明自己掌握了哲学。不仅如此，这种自许自封的哲学明白表示，真的东西本身是不可能被认识的；关于伦理的对象，主要关于国家、政府和国家制度，据说各人从他的心情、情绪和灵感发出的东西就是真理。为了适合特别是青年的胃口还有什么应谈而没有谈到的呢？当然青年是乐意听这套话的。“上帝对所亲爱者在其安然睡觉中将这给予之”[②]——这话无疑地曾经被他们应用到科学方面来了，因此，每个“安然睡觉”的人都把自己算在“所亲爱者”之内，其实在他睡觉中所得到的那些概念，当然就是一些睡觉的货色。自封为哲学家的那批肤浅人物的头目弗里斯[③]，在一次已成为恶名昭彰的公开庆祝会上[④]，在一篇以国家和国家制度为论题

① 指浪漫派的弗里德里希·封·施雷格尔等。——译者

② 《旧约全书》，诗篇，第127篇，第2节和第3节。——译者

③ 关于他的肤浅思想，我在别处已予证明。参阅《逻辑学》（纽伦堡，1812年），导言，第XVII页。

④ 指1817年10月18日德国大学生协会为纪念宗教改革三百周年和莱比锡胜利而在伐尔特堡所召开的庆祝会。——译者

的演说中，恬不知耻地说出了下列观念："在真正的共同精神占统治地位的民族中，一切公共事务的执行，其生命力来自下面的人民；借友谊的神圣链条牢不可破地结合着的生气勃勃的社会，将致力于国民教育和为人民服务的每一件工作"，云云。这就是肤浅思想的要义，它不把科学建立在思想和概念的发展上，而把它建立在直接知觉和偶然想象上，同时，它把伦理自身的丰富组织即国家，以及国家的合乎理性的建筑结构——这种结构通过公共生活的各个领域和它们的权能的明确划分，并依赖全部支柱、拱顶和扶壁所借以保持的严密尺寸，才从各部分的和谐中产生出整体的力量——，却把这种已完成的建筑融解于"心情、友谊和灵感"的面糊之中。依照这种见解，伦理世界应该属于私见和任性的主观偶然性。如果更按照伊壁鸠鲁的说法，那么全般世界都应该这样的了，——当然，事实并不如此。如果用简单的家常疗法，而把数千年来理性和它的理智作品都归属于感情，那么，在能思维的概念的指导下的一切理性洞察和认识上的努力，当然都可省掉。关于这一点，歌德著作中的靡斐斯特——一个崇高的权威——大致这样说，[①]我在别处也引用过：

"尽管蔑视理智，蔑视科学，
蔑视人间最高贵的才能——
这样你就委身于恶魔，

① 歌德：《浮士德》，第一部，北京人民文学出版社1955年版，第87—88页。但黑格尔只凭记忆引用，措词与《浮士德》的原文颇有出入，这里仍照黑格尔的原文译出。黑格尔在别处的引用见《精神现象学》，即黑格尔全集，拉松版，第2卷（即哲学丛书第114卷）第237页。——译者

结果必致沦丧。”

诸如此类的见解马上又披起虔敬这种外衣；其实，这种胡闹为谋获得权威，有哪一件可利用的东西而它没有利用过呢？凭着皈依宗教和圣经，它就以为获得了最高权能来蔑视伦理秩序和规律的客观性，因为，的确，正是虔敬才把在世界中条理分明地组织成为有机王国的真理，裹在较简单的感情的直觉之中。但是，如果虔敬是真正的虔敬的话，那么，当它离开内心生活而进入理念所展开和理念所揭示的华富那样一种光明之境，并且本着对上帝的礼拜而对自在自为地存在的、凌驾于感情主观形式之上的真理和规律表示崇敬的时候，它马上会放弃这一感情领域中的形式。

这里值得注意的是：这种肤浅性所自矜的那种辩才显露出违忤良心的特殊形式。首先，这就是说，当这种肤浅性最缺乏精神的时候，它就最常谈到精神，当它的谈论最枯燥乏味、鄙俗不堪的时候，它就最常用生命和赋予生命等语，当它表示空虚傲慢这种极端自私的时候，它就最常提起人民这个词。但是贴在额骨上的标志却是憎恶规律。法和伦理以及法和伦理的现实世界是通过思想而被领会的，它们通过思想才取得合理性的形式，即取得普遍性和规定性，这一形式就是规律；至于给自己保留肆意妄为的那种感情，把法的东西归结为主观信念的那种良心，的确有理由把这种规律看做它的最大敌人。它感觉到法（作为一种义务和一种规律）的形式，是一种死的、冷冰冰的文字，是一种枷锁。其实，它在规律中认识不到它本身，因而也认识不到自己在其中是自由的，因为规律是事物的理性，而理性是不容许感情在它自己的特异性中得到温暖的。因此，正像本书后面一处[1]所提到的，规律主要是识别所谓人民的假兄弟假朋友的暗号。

任性的诡辩窃取了哲学的美名，居然使广大公众误认为这种行径就是哲学，因之，在哲学中再谈到国家的本性，就成为几乎是一件耻辱的事；那些正派的人一听到讲国家哲学就感到不耐烦，这实在难怪他们。至于政府终于注意到这种哲学，那更是不足为奇。因为，不用说，我们不像希腊人那样把哲学当做私人艺术来研究，哲学具有公众的即与公众有关的存在，它主要是或者纯粹是为国家服务的。各国政府对那些献身于哲学这门专业的学者们表示信任，它们把哲学的发展和内容完全托付他们。不过往往——如果你愿意这样说的话——这不是什么信任，而是对学问本身漫不经心，至于哲学的教席只是因为传统关系而被保存下来（据我所知，例如在法国，至少形而上学的讲座已被废止了）。然而政府的这种信任往往得到恶报；或者在另一种情况，即如果你愿意侧重漫不经心这一方面，那么，你也可以把所产生的一切透彻认识的沦丧这种后果看作对这种漫不经心的惩罚。乍看起来，肤浅性似乎至少与外部的秩序和安宁极相协调，因为它不考虑触及甚或臆测事物的实体。因此，假如国家对更深刻的教育和洞察没有需要，也不要求科学来满足这种需要，那么这种肤浅性至少首先不会遭到警察的干涉。然而，当肤浅性考虑到伦理性的东西以及一般的法和义务的时候，它自然而然会从构成这一领域中肤浅东西的那些基本原则，即我们在柏拉图那里确切见到的诡辩学派的那些基本原则出

① 见本书第258节脚注。——译者

发。这些原则是把法的东西安置在主观目的和私见之上，安置在主观感情和私人信念之上的。从这些原则出发，其结果不仅使内心伦理和公正良心毁灭，使私人之间爱情和权利毁灭，而且使公共秩序和国家法律毁灭。诸如此类的现象，对政府说来，不能不具有意义，且其意义恐怕不会因名位之故而受到削弱，这种名位依靠所授予的信任和它职位上的权威，要求国家对腐蚀性的东西，即腐蚀各种成就的实体性的泉源即普遍基本原则的那些东西，甚至对反抗国家的那些言行（似乎国家罪有应得），予以保证，听其发展。古时的诙谐语说，“如果神对某一个人授以职务，同时它对他授以理智”，当然今天再不会有人十分认真地如此主张的了。

由于种种情况，政府方面已对哲学工作的方式和方法重新加以重视；在这种重视中，保护和支持的要素殊属不容忽视，看来哲学研究在其他许多方面都需要这种保护和支持。其实，在各种实证科学专业的著作中，同时在虔敬的宗教著作以及其他一般文学作品中，我们都可以读到，不仅对哲学表示着前述的侮蔑，那些同时证明自己在思想修养上完全落后并且对哲学完全生疏的人，把哲学问题看做在他们那儿早已解决了，而且明目张胆地谩骂哲学，宣布哲学的内容即对神的概念认识、对自然本性和精神本性的概念认识，对真理的认识为一种愚蠢的，甚且罪恶的僭越，而理性再一次理性、无限次数重复的理性，则遭到非难、蔑视、诅咒。至少在这些著作中可以看出，从事自以为科学的工作的一大部分人对于概念的要求，深感窘困，但又不能规避。我可以说，如果人们眼看到诸如此类的现象，他们都会产生大致这样的想法，即从这些现象看来，传统早已威信扫地，亦不足以保证对哲学研究的容忍和保证哲学研究的公然存在。[①] 当今流行的对哲学的叫嚣和傲慢，演出一出奇怪的把戏，一方面，它们根据这门科学被贬低而陷入于上述那种肤浅性而自以为有权利；另一方面，它们本身却又生根于对它恩将仇报的那个要素中。其实，那种自许自封的哲学思想，在把对真理的认识宣布为一种愚蠢的尝试时，也就把一切思想和一切素材都拉平了，正像罗马皇帝的专制政治把贵族和奴隶、德行和罪恶、名誉和耻辱、知识和无知等同起来，彼此不分。因此，真的东西的概念、伦理性东西的规律，也无非就是私见和主观信念；最恶劣罪犯的基本原理，作为信念，与伦理性的规律在价值上视同一律；同时，任何贫乏的特异的客体，以及任何干燥无味的材料，也与构成所有能思维的人的兴趣和伦理世界的纽带的那些东西，在价值上视同一律。

这种哲学工作如果作为书本上的知识，本来可以关起门来继续进行，然而现在人们使它同现实发生更密切的联系——而在现实中，权利义务的原则是需要认真对待的问题，并且现实是生活在它对这些原则的意识的光芒中的，——因此它同现实发生了公开龃龉，这种情况对科学来说是一种幸运——事实上，如我们已指出

① 我想起了在约翰·封·弥勒的一封书信(《弥勒全集》，第8卷，第56页)中，有同样见解。信中谈到1803年在法国统治下的罗马城的状况时，有一段这样说："有人问起一位教授关于公共教育机关的情况，他回答道：On les tolère comme les bordels."〔人们容忍它们如同容忍妓院一般。〕的确，我们还能听到有人推荐所谓理性学，即逻辑，他推荐时也许确信这是一门枯燥无味、毫无出息的科学，或者不用说不会有人去研究，或者偶然会有人去研究，但即使如此，他也不过得到毫无内容的、既无益又无害的一些公式罢了，所以不论前一种或后一种情况，推荐这门科学，虽然不会有什么益处，也不会有什么害处。

的，这是事物的必然性。正是哲学对现实所处的这种地位引起了误会；因此我回复到从前所说过的[①]，即哲学是探究理性东西的，正因为如此，它是了解现在的东西和现实的东西的，而不是提供某种彼岸的东西，神才知道彼岸的东西在哪里，或者也可以说（其实我们都能说出），这种彼岸的东西就是在片面的空虚的推论那种错误里面。我在后面提到[②]，甚至柏拉图的理想国（已成为一个成语，指空虚理想而言）本质上也无非是对希腊伦理的本性的解释。柏拉图那时已意识到更深刻的原则正在突破而侵入希腊的伦理，这种原则还只能作为一种尚未实现的渴望，从而只能作为一种败坏的东西在希腊的伦理中直接出现。为谋对抗计，柏拉图不得不求助于这种渴望本身。但是这种援助必须来自上面，于是柏拉图开始只能到希腊伦理的特殊外部形式中去寻找，他心想借助这种形式可以克服那种败坏的东西，殊不知这样做，他最沉重地损害了伦理深处的冲动，即自由的无限的人格。但是柏拉图理念中特殊的东西所绕着转的原则，正是当时迫在眉睫的世界变革所绕着转的枢轴，这就显出他的伟大天才。

凡是合乎理性的东西都是现实的；

凡是现实的东西都是合乎理性的。

每一个天真意识都像哲学一样怀着这种信念。哲学正是从这一信念出发来考察不论是精神世界或是自然世界的。如果反思、感情或主观意识的任何形态把现在看做空虚的东西，于是就超脱

① 参阅《哲学全书》，第 1 版，第 5 节；《精神现象学》，序言。——译者

② 见本书第 185 节补充和第 206 节。——译者

现在，以为这样便可知道更好的东西，那么，这种主观意识是存在于真空中的，又因为它只有在现在中才是现实的，所以它本身是完全空虚的。如果相反地把理念仅仅看做一个理念，即意见中的观念或表象，那么哲学就提出了与此不同的见解，除了理念以外没有什么东西是现实的。所以最关紧要的是，在有时间性的瞬即消逝的假象中，去认识内在的实体和现在事物中的永久东西。其实，由于理性的东西（与理念同义）在它的现实中同时达到外部实存，所以它显现出无限丰富的形式、现象和形态。它把它的核心用各色包皮裹起来，开始时意识在包皮里安家，而概念则首先贯穿这层包皮以便发见内部的脉搏，同时感觉到在各种外部形态中脉搏仍在跳动。但是，通过本质在外界中的映现所形成的无限繁复的情况，即这些无限的材料及其调整，并不是哲学的对象。如果哲学纠缠在里面，那是管闲事了；对这种闲事提些好意见，也大可不必；柏拉图大可不必向乳母介绍，决不要放着孩子不动，而要抱在手上常常摇摆。费希特同样可以不必为了改进护照警察工作，而设计得那么完善，不仅要求把嫌疑者行为相貌的特殊标志记在护照上，而且要求把他的像画在上面。在诸如此类的琐碎阐述中我们再也看不到一点哲学的痕迹，哲学尽不妨放弃这种过度智慧，何况它对于这些无穷尽的对象应该采取宽大的态度。这样一来，哲学科学就会显得远远避开了空虚的自以为更好的知识对许多事情和制度所表示的憎恨，对于这种憎恨的玩意儿，有小聪明的人最感兴趣，因为唯有这样他才达到自尊感。

现在这本书是以国家学为内容的，既然如此，它就是把国家作为其自身是一种理性的东西来理解和叙述的尝试，除此以外，它什

么也不是。作为哲学著作，它必须绝对避免把国家依其所应然来构成它。本书所能传授的，不可能把国家从其应该怎样的角度来教，而是在于说明对国家这一伦理世界应该怎样来认识。

Ἰδοὺ Ῥόδος, ἰδοὺ καὶ τὸ πήδημα.

Hic Rhodus, *hic* saltus.

〔这里是罗陀斯，就在这里跳罢。①〕

哲学的任务在于理解存在的东西，因为存在的东西就是理性。就个人来说，每个人都是他那时代的产儿。哲学也是这样，它是被把握在思想中的它的时代。妄想一种哲学可以超出它那个时代，这与妄想个人可以跳出他的时代，跳出罗陀斯岛，是同样愚蠢的。如果它的理论确实超越时代，而建设一个如其所应然的世界，那么这种世界诚然是存在的，但只存在于他的私见中，私见是一种不结实的要素，在其中人们可以随意想象任何东西。上述成语稍微变更一下就成为

Hier ist die Rose, hier tanze.

〔这里有蔷薇，就在这里跳舞罢②〕

存在于作为自我意识着的精神的理性和作为现存的现实世界的理性之间的东西，分离前者与后者并阻止其在后者中获得满足

① 这句希腊成语本来适用于这样的场合，即某人自诩在别处做过的事，叫他当场表现（参阅《伊索寓言》，北京人民文学出版社 1955 年版，第 28 页），黑格尔在这里的用法稍有不同。——译者

② 黑格尔是在作文字游戏 Ῥόδος 不仅指罗陀斯岛，亦指蔷薇而言。saltus 指跳而言，但 salta 是动词 saltare（跳舞）的命令式。哲学家的任务是在现世中发现理性而感到欢乐（蔷薇象征欢乐）。哲学就可以在现世欢跃（即跳舞），而毋庸迟至在他处建设一个理想世界之后才欢跃。——译者

的东西，是未被解放为概念的某种抽象东西的桎梏。在现在的十字架中去认识作为蔷薇的理性，并对现在感到乐观，这种理性的洞察，会使我们跟现实**调和**；哲学把这种调和只给予那些人，他们一度产生内心的要求，这种要求驱使他们**以概念来把握**，即不仅在实体性的东西中保持主观自由，并且不把这主观自由留在特殊的和偶然的东西中，而放在自在自为地存在的东西中。

这也就构成**形式**和**内容统一**（前面已经指出，不过比较抽象）的更为具体的意义，因为在其最具体的意义上，**形式**就是作为概念认识的那种理性，而**内容**是作为伦理现实和自然现实的实体性的本质的那种理性，两者自觉的同一就是哲学理念。情绪中不愿承认任何未经思想认为正当的东西，这是使人类感到光荣的一种伟大的固执。这种固执是现代的特征，此外，它还是新教特有的原则。**路德**所提倡的对感情的信仰和对精神见证的信仰的那些东西，同样就是其后成熟了的精神所力求用**概念**来把握的，以便在现在中解放自己，从而在现在中发见自己。有一句名言说：半途而废的哲学离开了神——把认识看做对真理的**渐近**[①]，也同样是半途而废，——但是真正的哲学导向于神。关于国家亦同。理性不满足于渐近，因为它不冷不热，所以要把它吐出[②]，同样，理性也不意冷心灰，因为灰心就会认为现世中的确万事皆非，至多达到中平状态，正因为在现世中不能盼望有更美满的景况，所以只好迁就现实，以求苟安。认识所提供的是与现实保持更为温暖的和平。

① 指康德的认识论，参阅《纯粹理性批判》，三联书店 1957 年版，第 459 页。——译者

② 见《新约全书》，启示录，第 3 章，第 16 节。——译者

关于教导世界应该怎样，也必须略为谈一谈。在这方面，无论如何哲学总是来得太迟。哲学作为有关世界的思想，要直到现实结束其形成过程并完成其自身之后，才会出现。概念所教导的也必然就是历史所呈示的。这就是说，直到现实成熟了，理想的东西才会对实在的东西显现出来，并在把握了这同一个实在世界的实体之后，才把它建成为一个理智王国的形态。当哲学把它的灰色绘成灰色的时候[①]，这一生活形态就变老了。对灰色绘成灰色，不能使生活形态变得年青，而只能作为认识的对象。密纳发的猫头鹰要等黄昏到来，才会起飞。

但是本序言已到应结束的时候了。序言本来就其所介绍的那部著作的观点外表地和主观地谈谈而已。如果从哲学上来谈某一内容，那只能用科学方法客观地来处理。同样，对著者的一切批评，如果采取对事情本身进行科学讨论以外的其他方式，将被视为纯粹的主观结论和任意专断，著者一概置之不理。

柏林，1820 年 6 月 25 日。

补充 规律分为两类，即自然规律和法律。自然规律简单明了，照它们原来那样就有效的。虽然在个别场合人们可以违反它们，但它们不易遭受侵犯。为了知道什么是自然规律，我们必须学习知道自然界。因为这些规律是准确的，只有我们对这些规律的观念才会错误。这些规律的尺度是在我们身外的，我们的认识对它们无所增益，也无助长作用，我们对

① 这里应用着歌德《浮士德》中的名言："一切理论都是灰色的，只有生活的金树是常青的"（见《浮士德》，北京人民文学出版社 1955 年版，第一部，第 95—96 页）。——译者

它们的认识可以扩大我们的知识领域，如此而已。关于法的认识一方面与此相同；另一方面又与此不同。我们对法律也完全按照它们存在的那样去学而知之。市民就是这样地多少获得对法律的知识，而实定法学家也同样只是死抱住现成的东西。但是，在法律方面，所不同的在于他们激起考察的精神。各种法律之间的分歧，就已引人注意到它们不是绝对的。法律是被设定的东西，源出于人类。在被设定的东西和内心呼声之间必然会发生冲突，或者彼此符合一致。人不只停留在定在上，也主张在自身中具有衡量法的尺度。他固然要服从外部权威的必然性和支配，但这与他服从自然界的必然性截然不同，因为他的内心经常告诉他，事物应该是怎么一个样儿，并且他在自身中找到对有效东西的证实或否认。在自然界中有一般规律存在，这是最高真理，至于在法律中，不因为事物存在而就有效，相反地，每个人都要求事物适合他特有的标准。因此，这里就有可能发生存在和应然之间的争执，亘古不变而自在自为地存在的法和对什么应认为法而作出规定的那种任性之间的争执。这种分裂、这种斗争只有在精神的基地上才会出现，又因为精神的长处看来就是导致龃龉和不幸，所以人们往往不得不从生活的任性退回去考察自然界，而准备把自然界作为典范。可是恰恰在自在自为地存在的法和任性所认为的法的对立中，包含着一种需要，对法加以彻底的认识。在法中人必然会碰到他的理性，所以他也必然要考察法的合理性。这就是我们这门科学的事业，它与仅仅处理矛盾的实定法学殊属不同。关于认识法，现代世界还有一个更迫

切的需要，因为在古代，人们对当时的法律还表示尊敬和畏惧，而在今天，时代的教养已转变方向，思想已经站在一切应认为有效的东西的头上。各种理论跟定在的东西闹对立，并希求表现自己为绝对正确的和必然的。现在有更特别的需要来认识和理解法的思想了。由于思想已提高为本质的形式，人们必须设法把法作为思想来把握。这好像对偶然意见主张思想应凌驾于法之上大开方便之门；然而真实的思想不就是关于事物的意见，而是事物本身的概念。事物的概念不是天生会到我们那儿来的。每个人都有手指，能拿起画笔和颜料，但他不因此就是画家。关于思维也是这样的。法的思想并不就是每个人从第一手方面所取得而具有的，相反地，正确的思维是对事物的知识和认识，所以我们的认识应该是科学的。

导　论

第1节

法哲学这一门科学以法的理念，即法的概念及其现实化为对象。

附释　哲学所研究的是理念，从而它不是研究通常所称的单纯的概念。相反地，哲学应该指出概念的片面性和非真理性，同时指出，只有概念（不是平常听到那种称做概念的、其实只是抽象理智规定的东西）才具有现实性，并从而使自己现实化。除了概念本身所设定的这种现实性以外，其他一切东西都是暂时的定在、外在的偶然性、私见、缺乏本质的现象、谬妄、欺骗等等不一。概念在它现实化过程中所采取的形态，在对概念本身的认识上是必需的，这种形态是理念的又一个本质的环节，它同单单作为概念而存在的形式是有区别的。

补充（理念）　概念和它的实存是两个方面，像灵魂和肉体那样，有区别而又合一的。灵魂与肉体属于同一个生命，但也可以说，两者是各别存在着的。没有肉体的灵魂不是活的东西，倒过来说也是一样。所以概念的定在就是概念的肉体，并且跟肉体一样听命于创造它的那个灵魂。萌芽虽然还不是树木身，但在自身中已有着树，并且包含着树的全部力量。树完全符合于萌芽的简单形象。如果肉体不符合于灵魂，它就是一种可怜的东西。定在与概念、肉体与灵魂的统一便是理念。理念不仅仅是和谐，而且是它们彻底的相互渗透。如果不是某种式样的理念，任何东西都不能生存。法的理念是自由，为了得到真正的理解，必须在法的概念及其定在中来认识法。

第 2 节

法学是哲学的一个部门，因此，它必须根据概念来发展理念——理念是任何一门学问的理性，——或者这样说也是一样，必须观察事物本身所固有的内在发展。作为科学的一个部门，它具有一定的出发点，这个出发点就是先前的成果和真理，正是这先前的东西构成对出发点的所谓证明。所以，法的概念就其生成来说是属于法学范围之外的，它的演绎在这里被预先假定着，而且它应该作为已知的东西而予以接受。

补充 按照形式的、非哲学的科学方法，首先一件事就是寻求和要求定义，这至少是为了要保持科学的外观的缘故。但是实定法学至少不大注重这点，因为它的主要任务是指出什么是合法的，就是说，什么是特殊的法律规定。因此，有过这样的警语：omnis definitio in jure civili periculosa〔在市民法中一切定义都是危险的〕。事实上，法的规定愈是前后不一致和自相矛盾，在这种法中下定义就愈缺少可能，因为定义应该包含一般的规定，但这么一来，就会把矛盾着的东西，在这里就是不法的东西，赤裸裸地显露出来。例如，罗马法就不可能对人下定义，因为奴隶并不包括在人之内，奴隶等级的存在实已破坏了人的概念。对所有权和所有者下定义，在许多情形下也同样是危险的。

不过定义大多从语源演绎而来，特别是从特殊事件中抽象出来，所以是以人们的感情和观念为基础的。于是定义的正确与否就看它是否与现存各种观念相符合而定。采用这种方法，就会忽略科学上唯一本质的东西，即在内容方面忽略事物本身（这里是法）的绝对必然性，在形式方面忽略概念的本性。可是在哲学的认识中，概念的必然性是主要的东西；生成运动的过程，作为成果来说，是概念的证明和演绎。这样，由于它的内容本身是必然的，所以第二步就是要在观念和语言中寻找与这种内容相符合的东西。但是，在它的真理中的和在观念中的这种概念本身不仅可能互有区别，而且在形式和形态上也必然各有不同。不过，如果观念在它的内容上倒也不是谬误的话，那么概念可被指陈为包含于观念中，而且按其本质是现存于观念中的。这就是说，观念可被提高到概念的形式。可是由于观念远不是概念（其本身是必然的和真实的）的尺度和标准，所以它毋宁应从概念中去吸取其真理性，并依据概念来调整自己和认识自己。但是，虽然一方面上述那种认识方法，连同定义、推理、论证等烦琐形式多少已经消失了，可是另一方面取而代之的别种方法，却是一种恶劣的代替品，那就是直接把一般理念，连同法的理念及其更详细规定，作为意识的事实[①]来掌握和主张，并把自然的或被昂扬起来的感

① 针对弗里斯而言。——译者

情、自己的胸臆和灵感变成法的渊源。如果说,这是一切方法中最方便的,那么它同时也是最不合乎哲学的,——这种不仅与认识而且也与行动直接相关的[①]观点的其他方面姑不具论。如果说,第一种诚然是形式的方法,但在定义中仍然要求概念的形式,而在证明中要求认识的必然性的形式,那么,直接意识和感情的手法却把知识的主观性、偶然性和任性提升为原则。

至于哲学的科学处理方法究竟是怎样的,哲学的逻辑学已加阐明,而且是这里的前提。

补充(哲学的开端) 哲学形成为一个圆圈:它有一个最初的、直接的东西,因为它总得有一个开端,即一个未得到证明的东西,而且也不是什么成果。但是哲学的起点只是相对地直接的,因为这个起点必然要在另一终点上作为成果显现出来。哲学是一条锁链,它并不悬在空中,也不是一个直接的开端而是一个完整的圆圈。[②]

第 3 节

法一般说来是实定的[③],(一)因为它必须采取在某个国家有效的形式;这种法律权威,也就是实定法知识即实定法学的指导原理。(二)从内容上说,这种法由于下列三端而取得了实定要素:

① 参阅本书第 126 节和第 140 节两节的附释。——译者

② 参阅《哲学全书》第 15 节(即《小逻辑》,三联书店 1954 年版,第 68 页)。——译者

③ 参阅本书第 211 节以下各节和附释。——译者

(1)一国人民的特殊民族性,它的历史发展阶段,以及属于自然必然性的一切情况的联系;(2)一个法律体系在适用上的必然性,即它必然要把普遍概念适用于各种对象和事件的特殊的、外部所给予的性状,——这种适用已不再是思辨的思维和概念的发展,而是理智的包摄;(3)实际裁判所需要的各种最后规定。

附释 如果把内心的感情、倾向和任性跟实定法和法律相对立,哲学至少不能承认这些权威。暴力和暴政可能是实定法的一个要素,但这种情况对实定法说来不过是偶然的,与它的本质无关。在哪种情形下法必须是实定的,且到以后在第 211—214 节再说。这里只举出那几节所要详细研究的各种规定,以便指出哲学上的法的界限,并立即除去可能发生的看法甚或要求,似乎通过哲学上法的体系的阐述就会得出法典,即现实国家所需要的那种法典。

自然法[①]或哲学上的法同实定法是有区别的,但如果曲解这种区别,以为两者是相互对立、彼此矛盾的,那是一个莫大的误解。其实,自然法跟实定法的关系正同于《法学阶梯》跟《学说汇纂》的关系。

关于本节第一点所列举的实定法的历史要素,孟德斯鸠曾经指出真正的历史观点和纯正的哲学立场[②],这就是说,整个立法和它的各种特别规定不应孤立地、抽象地来看,而应把它们看作在一个整体中依赖的环节,这个环节是与构成一个

① 关于自然法的朴素意义,参阅《哲学全书》,第 502 节。——译者

② 参阅孟德斯鸠:《法意》,第 1 卷,第 3 章。——译者

民族和一个时代特性的其他一切特点相联系的。只有在这一联系中，整个立法和它的各种特别规定才获得它们的真正意义和它们的正当理由。

对于各种法律规定在**时间上**的出现和发展加以考察，这是一种**纯历史的研究**。这种研究以及对这些法律规定的理智的结论加以承认（这种结论是从这些法律规定的既存法律关系的比较中得出），在各自领域中固然都有其功用和价值，但是与哲学上的考察无关，因为基于历史上原因的发展不得与出于概念的发展相混淆，而且历史的说明和论证也不得被扩展而成为具有**自在自为地有效的**那种论证的意义。这项十分重要而应予坚持的区别，同时也是十分明显的。某种法的规定从**各种情况**和**现行**法律制度看来虽然显得完全**有根有据**而且**彼此符合**，但仍然可能是绝对不法和不合理的。例如罗马私法中的许多规定就是符合例如罗马父权[①]和罗马婚姻身份等制度而产生出来的。但是，即使有些法律规定是合法的、合理的，可是指出这些规定具有这种性质——这唯有通过概念才能做到——是一回事，叙述这些规定出现的历史情况或叙述使这些规定得以制定的那些情况、场合、需要和事件，是又一回事。这样地指出和（实用地）认识历史的近因或远因，通常叫做**说明**，或者宁愿叫做**理解**，人们以为为了**理解**法律和法律制度，这样地指出历史上的东西，似乎已经做了有关的一切事情或有关的本质的事情，其实真正本质的东西即事物的概

① 参阅本书第180节附释和补充。——译者

念，他们却完全没有谈到。人们也常常谈起罗马的和日耳曼的法律概念以及这个或那个法典中所规定的法律概念，但是他们所指的不是概念，而只是一般法律范畴，理智命题，基本原理、法律等等而已。

忽视上列的区别，会产生观点的错乱，会使对这一问题的真实论证渐次转入依据各种情况的论证和从其本身毫无用处的前提来得出结论，如此等等；总之，这样会使完全相对的东西代替绝对的东西，外在的现象代替事物的本质。如果是历史的论证而把产自外部的和产自概念的混为一谈，那会无意中作出同本意相反的事。假如，证明在特定情况下某种制度的产生是完全适宜的和必要的，因而做到了历史观点所要求的东西，那么，如果就把这种东西算作事物本身的普遍论证，将会发生相反的结果，这就是说，由于那种情况早已不存在，那种制度也就完全丧失了它的意义和存在的权利。例如，如果以为保存修道院是为了它具有移民垦荒的功绩，为了它具有用教育和抄写等方法而保存了学问的功绩，并且又把这种功绩看做修道院继续存在的理由和使命，那么，根据同一理由所得出的结论是：由于情况已经完全改变，修道院至少从这方面说就成为多余的和不适当的了。

由于某事件产生的历史意义、历史式的叙述和成为易于理解，跟有关同一事件的产生和事物的概念的那哲学观点，属于各不相同的领域，所以在这限度内双方可以保持互不关心的立场。但是，这两个立场即使在科学领域也未必经常保持着这种平静状态，因此我想举出一个与这种接触有关的例子。

这一例子见于胡果先生所著《罗马法史教科书》中，它同时还可对上述的对立看法作更详细的说明。胡果先生在那本书中（第5版，第53节）说：“西塞罗对哲学家们侧目而视，对十二表法却很欣赏。”“但是哲学家法伏林处理十二表法与其后的许多大哲学家处理实定法完全一样。”胡果先生又在同处对这种处理态度作了最后的回答，他所提出的理由是：“因为法伏林不懂十二表法正如这些哲学家们不懂实定法一样。”

至于谈到法学家塞克司吐斯·塞西留斯对哲学家法伏林的指正（载盖里乌斯的《阿提卡之夜》，第20卷，第1节中），首先表达了对性质上纯粹实定的东西作论证的那恒久而真实的原理。塞西留斯对法伏林说得好：“你不会不知道，法律有种种长处和补救方法，这些长处和补救方法，依据时代习尚，国家制度性质，当前利益的考虑和应予矫正的弊风会有变动和起伏。在性质上，法律决非一成不变的，相反地，正如天空和海面因风浪而起变化一样，法律也因情况和时运而变化。看来哪里有比斯托罗的建议更有益的，比伏柯努斯的平民立法更有用的？哪里有比李希尼的法律更为必要的？但见国家成为富庶，所有这些东西都被一笔勾销而埋葬了。”

这些法律既然按当时情况都有其意义和适当性，从而只具有一般历史的价值，所以它们是实定的，因此之故，它们又是暂时性的。立法者和政府考虑当前情况把要做的做了，又酌斟时势把要固定的固定下来了，他们在这方面的智慧是单独一件事，应受到历史的评价。这种评价愈得到哲学观点的支持，他们的智慧所得到的历史上承认就愈深刻。

关于塞西留斯反对法伏林而对十二表法作进一步的论证，我想举一个例子来说明，因为塞西留斯在这些论证中安排着理智方法和理智推论这种永世的骗局，这就是说，对坏事加上好听的理由，并认为这样就可使坏事得到辩解。有这样一种可怕的法律，它规定逾期以后，债权人有权杀死债务人或把它当作奴隶出卖，甚至债权人为多数人时，有权把债务人切成若干块，而在债权人间进行分配，而且是这样的：如果谁多切些或少切些，不会对他发生任何法律上不利的情事[①]（这种条款正是有利于莎士比亚《威尼斯商人》中的夏洛克，并且为他所最感谢而乐予接受的）。为了替这种法律辩护，塞西留斯提出这样好听的理由：由于这种法律，诚实和信用就得到更大的保证，而且正因为这种法律极其可怕，就不应发生这种法律会获得适用的问题。这时他思虑未周，不仅没有想到正因为有这种规定，保证诚实和信用那种意图被取消了，而且也没有想到，他自己接着马上举一例子，说明关于伪证的法律由于刑罚过严而未收到效果。

但是胡果先生说法伏林不懂得法律，这句话到底是什么意思，不得而知；每个小学生都完全能懂得法律，至于夏洛克会对上述有利于他的条款比任何人懂得更好。想来胡果先生必然把懂得这词仅仅指为，对这类法律能找到某种好听的理由而感到安定这样一种理智上的教养。

在该书同处塞西留斯又证实了法伏林对另一点的误解，

① 罗马十二表法第3条的规定。——译者

一个哲学家会对这一点误解坦白承认而不至于感到难为情。我所指的是这一点误解,依据法律规定,传唤病人到法庭作证,只应供给他 jumentum〔驮兽〕使用,“而不是 arcera〔有篷车〕”;但是,jumentum 不应光指马而言,而且也指二轮车或四轮车。塞西留斯还能从这一法律规定中获得进一步的证明,传唤害病的证人到庭,甚至规定得这样详明,不仅区别了马和车,而且还区别了这种车和那种车,即有篷的并装饰起来的车(依据塞西留斯的说明)和不很舒适的车。说到这里,我们或许会在上述法律的严酷性和这些规定的琐屑性之间有所选择。不过说这种事情甚或对这种事情所作博学的说明是琐屑的,这将是对这种或那种博学的一种最重大的触犯。

但是胡果先生在上述教科书中又提到关于罗马法的合理性的问题。我注意到下列一点。他在第 38 节和第 39 节中论述国家的起源“到十二表法为止这一段时期”时说:“(在罗马)人们有许多需要,他们非劳动不可,那时人们使用拉曳和载重的牲畜以为辅助,这正与我们今天相同;地面上丘陵与山谷交替,城市建立在丘陵之上”,如此等等。

这段论述好像有意实行孟德斯鸠的思想,但我们很难看出这段论说有什么地方接触到了孟德斯鸠的精神。他这样叙述之后,就在第 40 节中接着说:“法律状态要使理性的最高要求得到满足,距离还是很远”(完全正确;罗马的家庭法、奴隶制等对理性最起码的要求都未给以满足);但在论述较晚时期时,胡果先生却忘记指出,是否有过一个时期,如果有,在哪一个时期,罗马法曾对理性的最高要求给以满足。只是在第

289节中谈到罗马法作为科学达到最高成就时期的那些古典法学家时，他说："人们很久以来就注意到，古典法学家有哲学修养"，但是"很少人知道（由于胡果先生的教科书出了好多版，现在知道的人虽然比较多了），没有哪一类著作家确像罗马法学家那样根据原则，进行推理，首尾一贯，堪与数学家媲美的，并且在阐明概念方面具有颇为显著的特点，可与近代形而上学的创始人相提并论的；后者得到下列奇特情况的证实，即没有任何地方像罗马古典法学家和康德那样常常使用三分法的。"

莱布尼茨所推崇的联贯性，确是法学的本质上特点，像数学和其他一切理智性的科学一样。但是，这种理智的联贯性，同满足理性要求和哲学科学毫不相干。不仅如此，罗马法学家和裁判官的不联贯性应被看做他们的最大德行之一，因为他们曾用这种办法避免了不公正的苛酷的制度。但是他们感到有必要 *Callide*〔巧妙地〕想出空洞的语言上区别（例如把反正是遗产的东西叫做 Bonorum possessio〔资产占有〕）和本身愚蠢的遁辞（愚蠢也同样是一种不联贯性），以使保存十二表法的文字，例如借助 fictio，ὑπόχρισις〔拟制〕而把 filia〔女儿〕当做 filius〔儿子〕（海内秀斯，《古代罗马法史》，第1卷，第2篇，第24节），但是，光因为古典法学家在少数地方采用三分法的分类（尤其胡果先生那部著作中注5所举的一些例子），就把他们和康德相提并论，并且把这种东西称之为概念的阐明，说起来真太滑稽了。

第 4 节

法的基地一般说来是精神的东西，它的确定的地位和出发点是意志。意志是自由的，所以自由就构成法的实体和规定性。至于法的体系是实现了的自由的王国，是从精神自身产生出来的、作为第二天性的那精神的世界。

附释 谈到意志自由，令人想起从前的认识方法，那就是把意志的表象作为前提，试图从这表象得出意志的定义并把它确定下来。然后依照以前经验心理学的方法，从寻常意识的种种感觉和现象，如忏悔、罪过等等，导出所谓证明，证实意志是自由的，并主张以上这些东西只有根据自由的意志才能说明。但是与其采用这种方法，还不如直截了当地把自由当作现成的意识事实而对它不能不相信，来得更方便些。意志是自由的这一命题以及意志和自由的性质，只有在与整体的联系中才能演绎出来，已如上述(第 2 节)。这一前提的基本特征是：精神首先是理智；理智在从感情经过表象以达于思维这一发展中所经历的种种规定，就是它作为意志而产生自己的途径，而这种意志作为一般的实践精神是最靠近于理智的真理。这一点我在《哲学全书》(海得尔堡，1817 年)已经指出[①]，希望将来能有机会详加阐述。我感到愈加有必要这样做，来作出我的贡献，使人们对精神的本性具有更彻底的认识

① 参阅《哲学全书》，第 3 版，第 440—482 节。——译者

(我希望如此),因为,正如在上述那书中(第367节附释)[①]所指出,再没有一门哲学科学像精神学即通常所称的心理学这样被忽视,这样不像样的。导论、本节和以下几节所论述的意志概念的各个环节,都是上述那些前提的成果;此外,每个人可以根据自己的自我意识来想象它们。每个人将首先在自身中发现,他能够从任何一个东西中抽象出来,因此他同样能够规定自己,以其本身努力在自身中设定一切内容;同样,其他种种详细规定,也都在自我意识中对他示以范例。

补充(自由,实践的和理论的态度) 关于意志的自由,最好通过同物理的自然界的比较,来加以说明。可以说,自由是意志的根本规定,正如重量是物体的根本规定一样。当我们说物质是有重量的,我们可能认为这个谓语只是偶然的。然而并非如此,因为没有一种物质没有重量,其实物质就是重量本身。重量构成物体,而且就是物体。说到自由和意志也是一样,因为自由的东西就是意志。意志而没有自由,只是一句空话;同时,自由只有作为意志,作为主体,才是现实的。

关于意志和思维的关系,必须指出下列各点。精神一般说来就是思维,人之异于动物就因为他有思维。但是我们不能这样设想,人一方面是思维;另一方面是意志,他一个口袋装着思维,另一个口袋装着意志,因为这是一种不实在的想法。思维和意志的区别无非就是理论态度和实践态度的区别。它们不是两种官能,意志不过是特殊的思维方式,即把自

---

① 参阅《哲学全书》,第3版,第444节。——拉松版

己转变为定在的那种思维,作为达到定在的冲动的那种思维。

思维和意志的这个区别可以这样来说明:在我思考某一对象时,我就把它变成一种思想,并把它的感性的东西除去,这就是说,我把它变成本质上和直接是我的东西。其实,只有在思维中我才在我自己那里,我只有理解对象才能洞察对象,对象不再与我对立,而我已把对象本身所特有而跟我对立的东西夺取过来了。正如亚当对夏娃所说:你是我的肉中之肉,我的骨中之骨[①],同样,精神也说,这是我的精神中的精神,那异己的东西已消失了。每一个观念都是一种普遍化,而普遍化是属于思维的。使某种东西普遍化,就是对它进行思维。自我就是思维,同时也就是普遍物。当我说我的时候,我把其中的一切特殊性,如性格、天赋、见识、年龄等都放弃了。我完全是空洞的、点状的、简单的,但仍在这种简单性中活动着。形形色色的世界图景摆在我的面前;我面对着它;在我这个理论态度中我扬弃了对立,而把这一内容变成我的。当我知道这个世界的时候,我便在这个世界中得其所哉,当我理解到它的时候,那就更其如此了。以上就是理论的态度。

反之,实践的态度从思维即从自我自身开始。它首先显得跟思想是对立的,因为说起来它自始表示一种分离。在我是实践的或能动的时候,就是说,在我做一件事情的时候,我就规定着我自己。而规定自己就等于设定差别。但是我所设定的这些差别,那时依然是我的,各种规定属于我的,而我所

① 《旧约全书·创世记》,第2章,第22节和第23节。——译者

追求的目的也属于我的。即使我把这些规定和差别释放在外，即把它们设定在外部世界中，它们照旧还是我的，因为它们经过了我的手，是我所造成的，它们带有我的精神的痕迹。

以上就是理论态度和实践态度的区别，现在应指出这两者之间的关系。理论的东西本质上包含于实践的东西之中。这与另一种看法，认为两者是分离的，完全相反。其实，我们如果没有理智就不可能具有意志。反之，意志在自身中包含着理论的东西。意志规定自己，这种规定最初是一种内在的东西，因为我所希求的东西在我想象中出现，这种东西对我说来就是对象。动物按本能而行动，受内在的东西的驱使，从而也是实践的。但动物不具有意志，因为它并不使自己所渴望的东西出现在想象中。同样，人不可能没有意志而进行理论的活动或思维，因为在思维时他就在活动。被思考的东西的内容固然具有存在的东西的形式，但是这种存在的东西是通过中介的，即通过我们的活动而被设定的。所以这些区别是不可分割的，它们是一而二，二而一。在任何活动中，无论在思维或意志中，都可找到这两个环节。

第 5 节

意志包含（甲）纯无规定性或自我在自身中纯反思的要素。在这种反思中，所有出于本性、需要、欲望和冲动而直接存在的限制，或者不论通过什么方式而成为现成的和被规定的内容都消除了。这就是绝对抽象或普遍性的那无界限的无限性，对它自身的纯思维。

附释 有些人把思维作为一种特殊的独特的官能，把它跟意志分离而作为另一个独特的官能来考察，并且进一步认为思维对意志、特别是对善良意志是有害的。这些人一开始就暴露出对意志的本性一无所知。关于这一点，我们谈到同一论题时还要反复指出。

在本节中所规定的只是意志的一个方面，即我从我在自身中所发见的或设定的每一个规定中能抽象出来的这种绝对可能性，即我从一切内容中犹之从界限中的越出逃遁。如果意志的自我规定仅在于此，或观念把这一方面本身看作自由而予以坚持，那么这就是否定的自由或理智所了解的自由。

这是提高到现实形态和激情的那空虚的自由；当它还停留在纯粹理论上的时候，它在宗教方面的形态就成为印度的纯沉思的狂热，但当它转向现实应用的时候，它在政治和宗教方面的形态就变为破坏一切现存社会秩序的狂热，变为对某种秩序有嫌疑的个人加以铲除，以及对企图重整旗鼓的任何一个组织加以消灭[①]。这种否定的意志只有在破坏某种东西的时候，才感觉到它自己的定在。诚然，这种意志以为自己是希求某种肯定的状态，例如普遍平等或普遍宗教生活的状态，但是事实上它并不想望这种状态成为肯定的现实，因为这种现实会马上带来某种秩序，即制度和个人的特殊化。对否定自由的自我意识正是从特殊化和客观规定的消灭中产生出来

① 参阅黑格尔：《精神现象学》中绝对自由和恐怖（见哲学丛书，第114卷，第378页以下）。——拉松版

的。所以,否定的自由所想望的其本身不外是抽象的观念,至于使这种观念实现的只能是破坏性的怒涛。

补充(抽象的自由) 意志这个要素所含有的是:我能摆脱一切东西,放弃一切目的,从一切东西中抽象出来。唯有人才能抛弃一切,甚至包括他的生命在内,因为人能自杀。动物则不然,动物始终只是消极的,置身于异己的规定中,并且只使自己习惯于这种规定而已。人是对他自身的纯思维,只有在思维中人才有这种力量给自己以普遍性,即消除一切特殊性和规定性。这种否定的自由或理智的自由是片面的,但是这种片面性始终包含着一个本质的规定,所以不该把它抛弃。不过理智有缺点,即它把片面的规定上升为唯一最高的规定。在历史上自由的这种形式屡见不鲜。例如,印度人认为至高无上的境界是:坚执与自己单纯同一的那朴素的知识;停留在他内心生活的这种虚无的空间,正如在纯直观中的光是无色的一样;摒绝生活上的活动、一切目的、一切想象,这样人就成为婆罗门。有限的人和婆罗门之间再没有什么区别了,更确切些说,每一种差别都在这一普遍性中消失了。自由的这种形式在政治生活和宗教生活的积极狂热中,有更具体的表现。例如,法国革命的恐怖时期就属于此。当时一切才能方面和权威方面的区别,看来都被废除了。这一个时期是以战颤、震惊[①]、势不两立,来对抗

① Erzitterung〔战颤〕、Erbeben〔震惊〕恐系 Erbitterung〔激怒〕、Erheben〔奋起〕之误。——拉松版

每个特殊物。因为狂热所希求的是抽象的东西，而不是任何有组织的东西，所以一看到差别出现，就感到这些差别违反了自己的无规定性而加以毁灭。因此之故，法国的革命人士把他们自己所建成的制度重新摧毁了，因为每种制度都跟平等这一抽象的自我意识背道而驰。

第 6 节

（乙）同时，自我就是过渡，即从无差别的无规定性过渡到区分、规定和设定一个规定性作为一种内容和对象。现在进一步谈，这种内容或者是自然所给予，或者是从精神的概念中产生出来的。通过把它自身设定为一个特定的东西，自我进入到一般的定在。这就是自我有限性或特殊化的绝对环节。

附释 这第二个环节——规定——同第一个环节一样，是否定性、是扬弃——即对第一个抽象否定性的扬弃。正如特殊一般地包含在普遍中一样，这第二个环节已包含在第一个环节中，它只是第一个环节中自在地存在的东西的被设定而已。说起来，第一个环节作为第一个独自存在的时候，不是真正的无限性或具体的普遍性，也不是概念，而只是一种被规定的东西，片面的东西，这就是说，因为它是一切规定性的抽象，所以它本身不是没有规定性的。成为一种抽象的东西，片面的东西就构成了它的规定性、残缺性、有限性。

上述这两个环节的区分和规定，在费希特和康德等等的哲学中都可看到。单就费希特的阐述说，作为无限制的东西的自我（见于费希特《知识学》的第一个命题）完全被看作肯定的东西(所以它就是理智的普遍性和同一性)。结果,这个抽象的自我就被认为其自身是真的东西,从而限制——即一般的否定,不论它作为一种现成的外部界限或作为自我特有的活动都好,——显得是加上去的(见于第二个命题)。

把握住在普遍物或同一物中——例如在自我中——的内在否定性是思辨哲学所应采取的下一步骤。那些主张有限和无限的二元论的人,甚且不像费希特那样在内在和抽象方面去理解它,他们是看不到这种需要的。

补充(意志的特殊化) 这第二个环节是作为跟第一个环节相对立的东西而显现的。对它应该在它的一般性质中来理解。它属于自由,但不构成自由全体。在这个环节中,自我从无差别的无规定性过渡到区分,过渡到设定一个规定性来作为一种内容和对象。我不光希求而已,而且希求某事物。在像前节中析述的光希求抽象普遍物的那种意志,其实不希求任何事物,所以就不是什么意志。意志所希求的特殊物,就是一种限制,因为意志要成为意志,就得一般地限制自己。意志希求某事物,这就是界限、否定。所以特殊化照例称做有限性反思通常把第一个环节即无规定性的东西当做绝对的东西和较高级的东西,而把被限制的东西当做这种无规定性的单纯否定。但是这种无规定性本身仅仅是对被规定的东西即有限性的否定。自我就是这种孤独性、绝对的否定。这样说来,没有规定性的意志,像仅仅停留在规定性中的东西一样,都是片面的。

第 7 节

（丙）意志是这两个环节的统一，是经过在自身中反思而返回到普遍性的特殊性——即单一性。这是自我的自我规定。在这里，它设定自己作为它本身的否定的东西，即作为被规定的、被限制的东西；它留在自己那里，即留在与自己的同一性和普遍性中；又它在这一规定中只与自己本身联结在一起，——以上三事是合而为一的。自我规定自己，因为它是否定性的自我相关。作为这种自我相关，自我对这种规定性是漠不关心的；它知道这种规定性是它自己的东西和理想性的东西，是一种单纯的可能性。它不受这种可能性的拘束，而它之所以在其中，只因为它把自身设定在其中而已。这就是意志的自由，正像重量构成物质的实体性那样，自由构成意志的概念或实体性，也就是构成它的重量。

附释 任何自我意识都知道自己是普遍物，即从一切被规定的东西中抽象出来的可能性，又知道自己是具有特定对象、内容、目的的特殊物。然而这两个环节还只是单纯的抽象；具体的、真的东西（一切真的东西都是具体的）是普遍性，它以特殊物为对立面，这个特殊物通过在自身中的反思而与普遍物相一致。这个统一就是单一性。但是这个单一性不是直接性中的单一体，像在表象中的单一性那样，而是符合它的概念的单一性（《哲学全书》，第 112—114 节①），换句话说，这个单一性其实就是概念本身。上述最初两个环节——意志能

① 第 3 版，第 163—165 节。——拉松版

从一切中抽象出来，而它又是由自己或他物所规定的，——人们容易承认和理解，因为它们单独说来都不是真的而是理智的环节。但是第三个环节是真的和思辨的[①]（凡是真的东西，只有用思辨方法加以思考才能得到理解），而理智就不肯深入到这一环节中去，因为它恰恰把概念总是指为不可理解的东西。对思辨中这种深奥的东西，对作为自我相关的否定性的那无限性，对一切活动、生命和意识的最后泉源都加以证明和详细说明，这是属于作为纯思辨哲学的那逻辑学范围内的事。

这里只指出下列一点。当我们说意志是普遍的，意志规定自己，这时已经表明，意志被假定为主体或基质。不过意志在自我规定之先，在这种规定被扬弃和理想化之先，不是某种完成的东西和普遍的东西。意志只有通过这种自我中介的活动和返回到自身才成为意志。

补充（自由的具体概念） 我们所称真正的意志包含着上述两个环节。自我本身首先是纯活动，是守在自己身边的普遍物。但是这个普遍物规定着自己，在这种情况下，它不再守在自己身边，而把自己设定为他物，从而丧失其为普遍物。至于第三个环节就在于，自我在它的限制中即在他物中，守在自己本身那里；自我在规定自己的同时仍然守在自己身边，而且它并不停止坚持其为普遍物。所以，这第三个环节是自由的具体概念，至于前面两个环节始终是抽象的并且是片面的。但是，这种自由在我们感觉的形式中，例如在友谊和爱中已经

① 参阅《哲学全书》，第79节和第82节。——译者

有了，我们在自己内部不是片面的，而极愿意在对他物的关系中限制自己，并且在这种限制中明知道自己本身。在这一规定性中人不应当感到自己是被规定的，相反地，由于他把它物作为它物来观察，他才具有自尊感。所以自由既不存在于无规定性中，也不存在于规定性中，自由同时是它们两者。把自己完全局限于一定事物的意志是固执者的意志，他不具有这种意志时，就感到不自由了。但是意志是不受某种局限的东西的约束的，它必然要越此前进，因为意志的本性不是这种片面性或约束性；至于自由是希求某种被规定的东西，但却在这样一种规定性中：既守在自己身边而又重新返回到普遍物。

第 8 节

特殊化的更详细的过程（第 6 节，乙）构成意志的各种形式之间的差别：(1)如果意志的规定性在于主观和客观（作为外在的直接实存）的形式的对立，那么这是作为自我意识——它面对着一个外部世界——的那种形式的意志；作为在规定性中返回到自身的单一性，这又是一个通过活动和某种手段的中介而把主观目的转化为客观性的过程。在规定性完全是自己的又是真实的这样一种自在和自为的精神中（《哲学全书》，第 363 节）[①]，意识的关系只构成意志的现象这一方面，关于这一方面，这里不再作单独考虑了。

补充（意志的目的规定性）　关于意志的规定性的考察属于理智的事情，初不属于思辨的领域。意志一般说来不仅在

① 《哲学全书》，第 3 版，第 440 节。——拉松版

内容的意义上，而且也在形式的意义上是被规定的。从形式上说，规定性就是目的和目的的实现。我的目的最初仅仅是内在的东西，主观的东西，但它也应该成为客观的东西，而摆脱单纯主观性的缺点。这里可能提出一个问题：何以目的具有这个缺点？有缺点的东西而不同时克服其缺点，这个缺点对它说来就不是缺点。在我们看来动物是有缺点的，在它自己看来则否。目的当它最初还只是我们的目的，我们看来就是一个缺点，因为自由和意志对我们说来是主观和客观的统一。所以设定目的应该合乎客观，这样来，目的不是达到一个新的片面的规定，而是走向它的实在化。

第 9 节

(2)由于意志的规定是意志自己的规定，一般说来是意志在自身中反思着的特殊化，所以这些规定就是内容。这种内容，作为意志的内容，按照上面(1)节所述的形式来说，就是意志的目的。这种目的或者是在表象着的意志中的那内部的或主观的目的，或者是通过使主观的东西转化为客观性的活动中介而现实了的、已达成的目的。

第 10 节

这种内容，或被区分的意志规定最初是直接的。所以，意志只是自在地自由的，或者只是对我们来说是自由的，或者一般地说，这是存在于自己概念中的意志。只有在意志把自身当作对象时，它才使自在的东西成为自为的东西。

附释 按照这一规定，有限性就在于，某种自在地存在而符合概念的东西是一种实存或现象，自为地存在的东西是另一种实存或现象。例如，自然界抽象的相互外在自在地说是空间，自为地说是时间。在这里应该注意的有两件事：第一，因为唯有理念才是真的，所以如果我们对一个对象或规定只是像它在它的自在形态或在它的概念中那样的来把握，那我们还没有得到它的真的东西。第二，某个作为概念自在地存在的东西同样是实存的，而这种实存是对象的特有形态（如上述的空间）；存在于有限东西中的自在存在和自为存在的分离，同时构成有限东西的单纯定在或现象（下面马上将以实例来说明自然意志，然后说明形式法，等等）[①]。理智只限于单纯自在的存在，所以它把符合这种自在存在的自由叫做能力，因为如果自由只是自在地存在的，事实上它只是一种可能性。但是理智把这一规定看做绝对的和永恒的，把自由同自由所希求的东西之间的关系，一般地说，把自由同它的实在性之间的关系，光看做自由对一种现成素材的应用，而这种应用是不属于自由本身的本质的。这样，理智就仅仅与抽象打交道，而不涉及自由的理念和真理。

补充（自由的自在和自为） 光是符合概念的意志，是自在地自由的，而同时又是不自由的，因为它只有作为真正被规定的内容，才是真实地自由的。这时它是自为地自由的，是以

① 关于自然的或自在的意志，参阅本书第 11—18 节；关于自为的意志，参阅第 21 节以下。——译者

自由为对象的，它就是自由。那种还是符合它的概念的东西，只是自在地存在的东西，这种东西只是直接的，只是自然的。即使依照我们通常的看法，这一点也是我们所熟知的。小孩是自在的大人，最初他是自在地具有理性，开始时他是理性和自由的可能性，因而仅仅从概念上说是自由的。然而这种最初自在地存在的东西，还不是在它的现实性中存在着。这种自在地具有理性的人，必须用下列办法努力创造它本身，即既要超出自身，又要在自身内部培养自身，这样他也就成为自为地具有理性的人。

第 11 节

那最初仅仅自在地自由的意志是直接的或自然的意志。规定它自身的概念在意志内部所设定的那差别的种种规定，在直接意志中表现为直接现存的内容。这些就是冲动、情欲、倾向，意志通过它们显得自己是被自然所规定的。这一内容连同它的被发展了的各种规定，都源出于意志的合理性，从而是自在地合乎理性的。但由于它采取这样一种直接性的形式而出现，所以它还没有取得合理性的形式。这一内容对我说来固然一般地是我的东西，但是这个形式同那个内容依然是彼此脱离的；由此可见，这种意志依然是在自身中有限的意志。

附释 经验心理学把这些冲动，倾向以及建立在它们之上的需要，按照它在经验中所见到的或它认为见到的那个样子，予以讲解描述，并企图按照通常方式把这些现成的素材加以分类。这种冲动的客观的东西是什么；这种客观的东西如

果除去它作为冲动所具有的不合理性的形式，在它的真理中是怎样存在的，以及在它的实存中是采取什么形态的，——关于这些，下面再谈[①]。

补充（冲动和自由） 动物也有冲动、情欲、倾向，但动物没有意志；如果没有外在的东西阻止它，它只有听命于冲动。唯有人作为全无规定的东西，才是凌驾于冲动之上的，并且还能把它规定和设定为他自己的东西。冲动是一种自然的东西，但是我把它设定在这个自我中，这件事却依赖于我的意志。因此，我的意志就不能以冲动是一种自然的东西为借口来替自己辩解。

第 12 节

在意志中直接出现的这整个内容，只是作为一群多种多样的冲动而存在的，其中每一个与其他一起，总之都是我的冲动，同时每一个都在满足上具有多种多样对象和方法的某种普遍的和无规定性的东西。当意志在这双重无规定性中给自己以单一性的形式时（第 7 节），这就构成意志的决定；总之，只有当它作出决定，它才是现实的意志。

附释 对某件事物作出决定，这就是扬弃无规定性，在这种无规定性中这个或那个内容当初都只是一种可能性。同etwas beschliessen〔对某件事物作出决定〕交替着用的，在我

① 参阅本书第 19 节和第 150 节以及该两节的附释。——译者

们德文中还有 sich entschliessen[①]〔下决心〕这一说法。这说明：意志的无规定性本身是中性的东西，但又是无限丰富的东西，或一切定在的原始萌芽，在自身中包含着它的种种规定和目的，它仅仅是把这些东西从自身中提供出来而已。

第 13 节

意志通过作出决定而设定自身为特定个人的意志，把自己与别个区分开来的那种意志。但是，除了作为意识的有限性（第 8 节）以外，由于它的形式和内容的差别（第 11 节），直接的意志是形式的；属于这种意志所有的，只是抽象的决定本身，而它的内容，还不是它的自由的内容和产物。

附释 对于作为能思维的东西的理智说来，对象和内容始终是普遍物，而理智本身的行为是普遍的活动。在意志中，普遍物本质上同时具有我的东西即单一性这种意义，而在直接的即形式的意志中，普遍物则只有抽象单一性的意义，这种单一性还没有被自己的自由普遍性所充实。所以，理智固有的有限性肇始于意志，而意志只有把自己再提高为思维，并给自己的种种目的以内在的普遍性，才会扬弃形式与内容的差别，而使自己成为客观的无限的意志。所以，以为一般在意志方面人是无限的，而在思维方面人甚或理性都受着限制，作这样的想法的人，就不懂得思维和意志的本性。只要思维和意

① beschlessen 和 sich entschliessen 依照通常的用法是同义词；但在语源学上，前者具有事情结束的含义，而后者还有展开作出决定的人的性格的意思，黑格尔这里一并应用这个意义。——译者

志彼此还是有着差别，那么毋宁倒过来的说法是真的，意志是决心要使自己变成有限性的能思维的理性。

补充（意志的现实） 不作什么决定的意志不是现实的意志；无性格的人从来不作出决定。踌躇不决的原因也可能在于性情优柔。具有这种性情的人知道，如果作出规定，自己就与有限性结缘，就给自己设定界限而放弃了无限性。但是他又不想放弃他所企求的整体。诸如此类的性情不论它怎样优美，总是一种死的心情。歌德说，立志成大事者，必须善于限制自己[①]。人唯有通过决断，才投入现实，不论作出决定对他说来是怎样的艰苦。正是因循怠惰的人才不愿意从内心酝酿中走出，这种内心酝酿使他把一切保持在可能性的状态中。但是可能性还不是现实性。有自信的意志是不会因此就在被规定的东西中丧失自己的。

第 14 节

有限的意志，作为只在形式上经过自我反思的和保持在它本身的那无限的自我（第 5 节），是驾于内容即各种不同的冲动之上的，而且也驾于这些冲动借以实现和满足的其他个别方式之上的。同时，因为它只是在形式上无限的，所以在它的本性和外部现实的种种规定方面，它是受这种内容的束缚的，虽然作为无规定性的东西，它不受这个或那个内容的束缚（第 6 节和第 11 节）。这种内容对自我在自身中的反思说来不过是一种可能的内容，可能是我的，

① 语出歌德的短诗：《自然与艺术》。——译者

也可能不是我的;而自我是把自己规定为这个或另一个的可能性,——即在形式上对我说来是外在的这些规定之中加以选择的可能性。

第 15 节

从这种规定来看,意志的自由是任性,在这种任性中既包含着(1)从一切中抽象出来的自由反思以及(2)对自内或自外所给予的内容和素材的依赖这两个因素。因为这个自在地作为目的的必然内容,同时在那种反思面前被规定为可能的,所以任性是作为意志表现出来的偶然性。

附释 对自由最普通的看法是任性的看法,——这是在单单由自然冲动所规定的意志和绝对自由的意志之间经过反思选择的中间物。当我们听说,自由就是指可以为所欲为,我们只能把这种看法认为完全缺乏思想教养,它对于什么是绝对自由的意志、法、伦理等等,毫无所知。反思,即自我意识形式上的普遍性和统一,是意志对于它自由的抽象确信,但它还不是自由的真理,因为它还没有以自身为内容和目的,因而主观方面同客观方面还是各别的。因此之故,这种自我规定的内容始终不过是一种有限的东西。任性并不是合乎真理的意志,而是作为矛盾的意志。

主要在沃尔夫形而上学的时代发生了如下的争论,即意志是否确实自由的,还是关于意志自由的知识只是一种幻觉,其实在人们心目中的乃是任性。决定论很正确地把内容同那种抽象自我规定的确信相对立,这种眼前所发现的内容并不

包含在那种确信中，因而它是来自确信之外的。虽然这个“外”是指冲动、表象，或就指意识，而这个意识是以某种方式被这样地充实起来，致其内容不是自我规定的活动本身所特有的。因此，既然只有自由的自我规定中的形式要素才是内在于任性的，而另一要素是给予任性的，那么，被认为自由的那任性，的确可以叫做一种幻觉。在所有反思哲学中，例如在康德哲学和后来被弗里斯搞浅薄了的康德哲学中，自由无非就是上述那种形式上的自我活动。

补充（任性和特异性） 我既然具有可能这样或那样地来规定自己，也就是说，我既然可以选择，我就具有任性，这一点就是人们通常所称的自由。我之所以可以选择是根据意志的普遍性，因为我可以把这个或那个东西变成为我的东西。这个我的东西，作为特殊内容来说，于我不相适合，因而是同我分立的；它只是可能成为我的东西，至于我则是把我自己同它相结合的可能性。所以选择是根据自我的无规定性和某一内容的规定性。因此，意志虽然自在地在形式上具有无限性的一面，就为了这种内容之故，它是不自由的。没有一种这样的内容是同意志相适合的，意志本身也从来没有在任何这种内容中真实地存在着。任性的含义指内容不是通过我的意志的本性而是通过偶然性被规定成为我的；因此我也就依赖这个内容，这就是任性中所包含的矛盾。通常的人当他可以为所欲为时就信以为自己是自由的，但他的不自由恰好就在任性中。当我希求理性东西的时候，我不是作为特异的个人而是依据一般的伦理概念而行动的。在伦理性的行为中，我所实

现的不是我自己而是事物。但当一个人做出某种与正道相反的事情时，他最容易表露出他的特异性。理性东西是人所共走的康庄大道，在这条大道上谁也不显得突出。当大艺术家完成一件作品时，我们会说：那必须如此，这就是说，艺术家的特异性已经完全消失，在作品那里看不出什么风格。菲狄亚斯是没有风格的，他的雕塑形象本身栩栩如生，惹人注目。但是艺术家愈是不高明，我们就愈看到他自己，他的特异性和任性。如果人们在考察时只停留在任性上面，即人可以希求这个或那个，当然他的自由就在于他可以这样做。但是，如果人们坚持下述见解，即内容是外方所给予的，那么人也就因而受到了规定，正是在这一方面他就不再是自由的了。

第 16 节

意志可以把已经决定选择的东西（第 14 节）同样再予放弃（第 5 节）。尽管意志有可能越出它以次调换的每个其他内容而无止境，但它不能越出有限性，因为每一个这种内容都不同于意志的形式，从而是有限的东西；至于规定性的对立面，即无规定性——优柔寡断或无内容的抽象，——只是意志的另一个同样片面的环节。

第 17 节

任性这一矛盾（第 15 节）是作为各种冲动和倾向的辩证法而显现出来的；它们彼此阻挠，其中一个的满足必然要求另一个的满足服从于它，或者要求另一个牺牲其满足，如此等等。由于冲动除了它的规定性外没有其他方向，从而它自身没有尺度，所以规定使另一个服从或牺牲，只能是出于任性的偶然决断。任性在决断时可以运用理智来较量，哪一个冲动会给予最多的满足，或者任性也可根据任何其他任意考虑作出决断。

补充（冲动的斗争） 冲动和倾向首先是意志的内容，只有反思是超出于它们之上的。但是这些冲动将会驱策自己，相互排挤，彼此妨碍，它们每一个都想得到满足。现在假如我把其他一切冲动搁置一边，而只置身于其中一个，我将处于毁灭性的局促状态中，因为这样一来，我抛弃了我的普遍性，即一切冲动的体系。但是，如果照理智通常所想的办法，把各种冲动编成隶属顺序，也是无济于事，因为这里没有尺度可以用来作出这种编排。因此，要求这种隶属顺序终致流于令人生厌的老生常谈。

第 18 节

在冲动的评价方面，其辩证法表现如下：直接意志的各种规定，从它们是内在的从而是肯定的来说，是善的。所以说人性本善。但是由于这些规定是自然规定，一般地与自由和精神的概念相对立的，从而又是否定的，所以必须把它们根除。因此又说人性本恶。在这个观点上，决定采取上述任何一个主张，都是主观任性。

补充（性恶说） 人性本恶这一基督教的教义，比其他教义说人性本善要高明些，因此，应该依据这一教义的哲学上解释来把握它。人作为精神是一种自由的本质，他具有不受自然冲动所规定的地位。所以处于直接的无教养的状态中的人，是处于其所不应处的状态中，而且必须从这种状态解放出来。原罪说就具有这种意义，否则基督教就不成其为自由的宗教了。

第 19 节

在冲动纯洁化这一要求中存在着一般看法，认为应该把冲动从它们直接而自然的规定性的形式以及从它们内容的主观东西和偶然东西解放出来，而还原到它们实体性的本质。这是个含糊的要求，其实它的真意在于，冲动应该成为意志规定的合理体系。这样从意志概念上来把握冲动，就是法学的内容。

附释 法学的内容可以照它的所有个别环节，例如权利、所有权、道德、家庭、国家等等，用下列形式加以阐述：人生来就有对权利的冲动，也有对财产、对道德的冲动，也有性爱的冲动、社交的冲动，如此等等。如果我们愿意采用更为庄严的哲学格式来代替这种经验心理学的形式，那么，按照前面已经指出的[①]在现代曾经而且还在自命为哲学的东西，就可以唾手得到如下格式：人在自身中找到他希求权利、财产、国家等等这一意识事实。此外，在这里是以冲动的形态表现出来的同一内容，随后[②]将以另一种形式即义务的形式出现。

第 20 节

就各种冲动加以反思，即对这些冲动加以表象、估计、相互比

① 参阅本书第 2 节和第 4 节两节的附释。——译者

② 参阅本书第 148 节以下，特别是第 150 节附释。——译者

较,然后跟它们的手段、结果等等比较,又跟满足的总和——幸福——比较,就会对这种素材带来形式的普遍性,并且用这种外部方法对这种素材加以清洗,以去其粗糙性和野蛮性。这种思维的普遍性的成长,就是教养的绝对价值(参阅第187节)。

补充(幸福) 在幸福中思想就已经驾驭着冲动的自然力,因为思想是不满足于片刻的东西而要求整个幸福的。这种要求正是与教养相关联,因为教养也同样主张一个普遍物的。可是幸福的理想含有两个环节:第一,一个比一切特殊性更高的普遍物;但是第二,因为这一普遍物的内容仍然只是普遍的享受,于是这里又一次出现了单一物和特殊物,即某种有限的东西,因此必须回复到冲动。由于幸福的内容是以每一个人的主观性和感觉为转移的,所以这一普遍目的就它自己方面说来是特异的,因此其中的形式和内容还没有达到任何真正的统一。

第21节

但是,这一形式的普遍性——自身没有规定而在上述素材中找到其规定性——的真理,乃是自我规定的普遍性,是意志、自由。这种意志是以普遍性——作为无限形式的自身——为其内容、对象和目的,所以它不仅是自在地而且也是自为地自由的意志——即真实的理念。

附释 意志的自我意识,作为情欲、冲动,是感性的,它像一般感性的东西那样标志着外在性,从而标志着自我意识在自身外的存在。反思的意志则含有两个要素:上述感性的东西和思维的普遍性。至于自在自为地存在的意志才是以意志本身即纯普遍性的意志为其对象的。这一纯普遍性正是这样的东西，在其中，自然性的直接性以及反思所产生而自然性所沾染的特异性，都被扬弃了。但这种扬弃和提高以达于普遍物，就是叫做思维活动。自我意识把它的对象、内容和目的加以纯化并提高到这种普遍性，它这样做，就是作为思维在意志中贯彻自己。这里有一点搞明白了：意志只有作为能思维的理智才是真实的、自由的意志。奴隶不知道他的本质、他的无限性、自由，他不知道自己是作为人的一种本质；他之所以不知道自己，是由于他不思考自己。通过思维把自己作为本质来把握，从而使自己摆脱偶然而不真的东西这种自我意识，就构成法、道德和一切伦理的原则。凡从哲学上讨论法、道德和伦理，而同时要想排除思维而诉诸感情、心胸和灵感的那些人，就表示着对思想和科学的蔑视，这是思想和科学所能遭到的最大蔑视，因为甚至科学本身既经陷于绝望和衰竭之后，就把野蛮和无思想性的东西作为原则，而且会尽量地夺去人类的一切真理、价值和尊严。

补充（真实的意志）　哲学上的真理指概念和实在相适合。比如，肉体是实在，灵魂是概念，但灵魂和肉体应该互相配合。所以死人虽然还是一个实存，但早已不是真实的实存，而是丧失了概念的定在，因此之故，尸体是要腐烂的。所以当意志所希求的东西，即它的内容，与它是同一的，就是说，当自由希求自由时，只有这时意志才是真实的意志。

第 22 节

自在自为地存在的意志是真正无限的，因为它是它本身的对象，因而这个对象对它说来既不是一个他物也不是界限；相反地，这种意志只是在其对象中返回到自身而已。其次，这种意志不仅是一种可能性、素质、能力（potentia），而是实际无限的东西（infinitum actu），因为概念的定在，即它的客观外在性，就是内在的东西本身。

附释　因此，如果我们只谈自由意志本身而不涉及自在自为地自由的意志这一规定，那么我们只谈到自由的素质，即自然的和有限的意志（第 11 节），不问我们所用的词句和所具有的意见如何，总之我们没有谈到自由意志。

理智把无限的东西只了解为否定的东西，从而是一种彼岸的东西，所以认为愈是把无限的东西推开而远离自己，并把它当作异物敬而远之，那就愈对它表示崇敬。在自由意志中真正无限的东西具有现实性和现在性。自由意志本身就是在自身中现存着的理念。

补充（意志的无限性）　人们很正确地把无限性当作一个圆形来看，因为直线只会向前伸展，无所底止，它标志着纯粹否定的恶的无限，而不会像真正的无限那样返回到自身。自由意志是真正无限的，因为它不仅仅是可能性和素质，相反地，它的外在的定在就是它的内在性，就是它本身。

第 23 节

唯有在这种自由中意志才无条件地守在它自己身边，因为除了与它自身相关外，它不与其他任何东西相关，从而对其他任何东西的一切依赖关系都取消了。这种意志是真的，或者更确切些说，它就是真理本身，因为它的规定在于它的概念的东西和它的定在的东西（即作为跟自己对立的东西）相一致，换言之，意志的纯概念是以对它本身的直观为其目的和实在性的。

第 24 节

意志是普遍的，因为在其中一切限制和特殊单一性都被扬弃了。这些限制和特殊单一性，只有在概念跟它的对象或内容有区别时，换一个形式说，概念的主观自为存在跟它的自在存在，它的排他的和作决定的单一性跟它的普遍性本身有区别时才存在的。

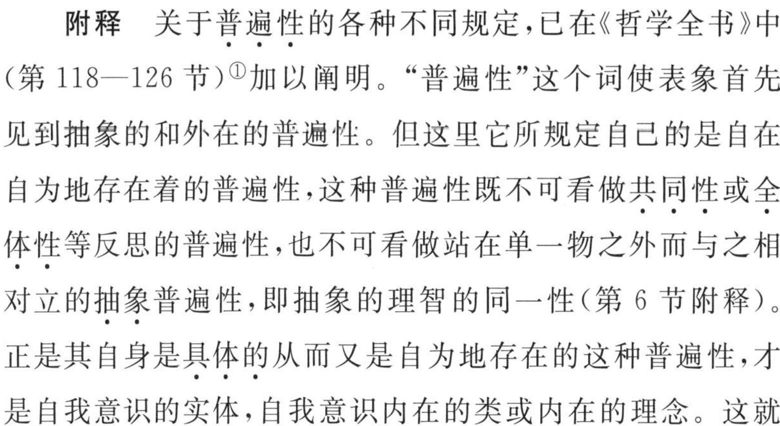

附释　关于普遍性的各种不同规定，已在《哲学全书》中（第 118—126 节）[①]加以阐明。“普遍性”这个词使表象首先见到抽象的和外在的普遍性。但这里它所规定自己的是自在自为地存在着的普遍性，这种普遍性既不可看做共同性或全体性等反思的普遍性，也不可看做站在单一物之外而与之相对立的抽象普遍性，即抽象的理智的同一性（第 6 节附释）。正是其自身是具体的从而又是自为地存在的这种普遍性，才是自我意识的实体，自我意识内在的类或内在的理念。这就

① 第 3 版，第 169—178 节。——拉松版

是自由意志的概念，它作为普遍物复盖于它的对象之上，把它的规定贯穿渗入，而在其中保持着与自己的同一。

自在自为地存在的普遍物就是我们一般所称理性的东西，并且只有通过这种思辨方法才能理解它。

第 25 节

主观的东西，从一般意志方面看来，指意志的自我意识一面即个别性这一面（第 7 节），它有别于自在地存在的意志概念。所以意志的主观性是指下列三点：（甲）意志的纯形式，自我意识同自身的绝对统一（在这统一中自我意识，作为自我＝自我，纯粹是内在的，而且抽象地停留在自己那里），对它本身的纯确信（这与真理有别）；（乙）意志的特殊性，即任性以及任意目的的偶然内容；（丙）一般地说意志的片面形式（第 8 节），因为所希求的东西，不问其内容如何，还只是属于自我意识的内容，也是没有得到实现的目的。

第 26 节

意志（甲）当它以自身为它的规定，因而符合它的概念，并且是真实的意志时，才是完全客观的意志；（乙）但是客观意志由于欠缺自我意志的无限形式，乃是没入于它的客体或状态的意志（不问其内容如何），这是儿童的意志，伦理性的意志、奴隶的意志、迷信的意志、如此等等；（丙）最后，客观性是与主观的意志规定相对立的片面形式，从而它是作为外部实存的那定在的直接性；在这个意义上，意志只有通过实现它的目的，才成为客观的。

附释 这里所以要把主观性和客观性这些逻辑范畴详加

论述，为的是关于这些范畴（因为以后常常要用到）必须明白指出，它们像其他各种差别和反思对立的范畴一样，由于它们的有限性，从而由于它们的辩证性质，是要向它们的对立面转化的。在其他这些对立范畴的情况下，它们的意义对表象和理智说来是固定不变的，因为它们的同一性依然是某种内在的东西。与此相反，在意志中，这些对立面应该既是意志的抽象的而同时又是它的只能作为具体东西而被认知的规定，这些对立面就自然而然地导致它们的同一以及它们意义的混淆，但是这种混淆只是理智在无意识中才会陷入的。

所以意志，作为存在于自身中的自由，是主观性本身，从而这一主观性就是意志的概念，因而也就是意志的客观性。但是与客观性相对比，意志的主观性是有限性，就在这一对比中，意志并不守在自己那里，而是与它的客体纠缠在一起的，它的有限性正在于它不是主观的，如此等等。

所以下文所述意志的主观或客观究应具有何种意义，应该每一次联系上下文加以阐明，这上下文包含它们在对全体的关系中所占的位置。

补充（客观意志和主观意志） 通常以为主观和客观是始终不变地相互对立的。但情况并不如此，倒不如说它们是相互转化的，因为它们不是抽象的规定，如肯定和否定，而已经具有较具体的意义。首先考虑主观这一词，我们可以说某一目的是主观的，因为这是某一特定主体的目的。从这一意义说，一种非驴非马的最坏艺术作品纯粹是主观的。其次，这一词也可用于意志的内容，此时它几成为任性的同义词；凡是单属于主体的都是主观的内容。因此,例如恶劣的行为纯粹是主观的。又其次,那种纯空虚的自我,也可以称为主观的,这种自我仅仅以自身为其对象,并具有从任何其他内容抽象出来的力量。所以主观性有时指某种完全特异的东西,有时指具有高度权能的东西,因为我所应该承认的一切,都有成为我的东西并在我处达到有效性这一任务。主观性是贪得无厌的,它集中并吞没一切于这个纯自我的单一泉源中。客观也同样有种种不同的解释。凡我们拿来作为我们对象的一切东西,不问我们放在自己面前的现实存在或是单纯思想,都可指为客观的。我们还可以把目的应在其中实现的定在的那直接性包括在这一范畴内。尽管目的本身是完全特异的和主观的,但当它表现出来的时候,我们却仍然称之为客观的。不过客观意志也指含有真理的意志而言。例如,神的意志,伦理性的意志就是客观的意志。最后,我们也可把完全没入客体中的意志叫做客观意志,例如儿童的意志,它只知信赖而缺乏主观自由,又如奴隶的意志,它尚未知道自己是自由的,从而是无意志的意志。从这一意义说来,凡受外方权威领导而行动,并且尚未完成向自身无限返回的任何意志,都是客观的。

第 27 节

自由精神的绝对规定,如果你愿意的话也可以说,绝对冲动(第 21 节),是以它的自由为对象的,——即把自由变成不仅从自由应该是精神本身的合理体系这个意义来说是客观的,而且从这一体系应该是直接现实(第 26 节)这个意义来说也是客观的。在以自由为其对象时，精神的目的在于使自在地存在的意志作为理念而自为地存在。总之，意志理念的抽象概念就是希求自由意志的那自由意志。

第 28 节

意志的活动在于扬弃主观性和客观性之间的矛盾而使它的目的由主观性变为客观性，并且即使在客观性中同时仍留守在自己那里。除了在其中客观性只是作为直接现实而存在的那意识的形式上方式（第 8 节）以外，这种活动是理念实体性内容的本质的发展（第 21 节）。在这一发展中，概念把最初其本身是抽象的理念规定为它的体系的总体；这个体系的总体作为实体性的东西，不受单纯主观目的和它的实现之间对立的影响，始终在这两个形式中保持为同一的东西。

第 29 节

任何定在，只要是自由意志的定在，就叫做法。所以一般说来，法就是作为理念的自由。

附释　比较为一般所接受的康德的定义（康德的法学导言）[①]的要点是："限制我的自由或任性，使它能够依据一种普遍规律而与任何一个人的任性并行不悖。"这个定义一方面只包含否定的规定，即限制；而另一方面它所包含的肯定的东

① 参阅康德：《道德形而上学》，第一部，法学的形而上学的第一要义，法学导言，B 节。——译者

西——普遍规律或所谓理性规律，一个人的任性和另一人的任性的符合一致——即归结为人所共知的形式的同一性和矛盾律。上面引举的这一法的定义包含着自卢梭以来特别流行的见解。依照这种见解，其成为实体性的基础和首要的东西的，不是自在自为地存在的、合乎理性的意志，而是单个人在他独特任性中的意志，也不是作为真实精神的精神，而是作为特殊个人的精神。这一原则一旦得到承认，理性的东西自然只能作为对这种自由所加的限制而出现；同时也不是作为内在的理性东西，而只是作为外在的、形式的普遍物而出现。这种见解完全缺乏思辨的思想，而为哲学概念所唾弃；同时它在人们头脑和现实中产生一些现象，其可怕性，只能拿以它们为基础的那种思想的肤浅性来与之相比拟。

第 30 节

法是一般神圣的东西，这单单因为它是绝对概念的定在，自我意识着的自由的定在之故。但是法(此外还有义务)的形式主义产生于自由的概念在发展上发生的差别。同更形式的、即更抽象的、因而也是更受限制的法对比，有一种更高级的法，它是属于那样一个精神的领域和阶段，即在其中精神已把它的理念所包含的各个详细环节在它自身中予以规定和实现了；这个精神的领域和阶段是更具体，其内部更丰富，而且更是真正普遍的，因而也具有更高级的法。

附释 自由的理念的每个发展阶段都有其独特的法，因为每个阶段都是在其特有各规定中之一的那自由的定在。当人们说道德、伦理跟法是对立的，这时所谓法系单指抽象人格的最初的形式的法。道德、伦理、国家利益等每个都是独特的法，因为这些形态中的每一个都是自由的规定和定在。只有当它们在同一条线上都要成为法时，它们才会发生冲突。假如精神的道德观点不同时是法，不同时是自由所表现的形式之一，那么这种自由无论如何不会同人格的法或其他的法发生冲突的，因为法包含着自由的概念，即精神的最高规定，与此相比，任何其他东西都是缺乏实体的。但是冲突同时包含着这另一个环节，即冲突是受到限制的，于是一种法是从属于另一种法的。只有世界精神的法才是无限制的、绝对的。

第 31 节

这里同样以逻辑学中所阐明了的方法为前提。根据这种方法，在科学中，概念是从它本身发展起来的，这种发展纯粹是概念规定内在的前进运动和产物。这个进程，既不因为有各种情况存在，于是得到保证而发生，也不由于普遍物应用于从别处接受来的素材而发生。

附释 概念的运动原则不仅消融而且产生普遍物的特殊化，我把这个原则叫做辩证法。所以它不是这种意义的辩证法，即它把所给予感情或一般直接意识的对象、命题等等分解了，搞乱了，反来复去，一味要把相反的一面引申出来。这是一种否定的方法，就在柏拉图那里也常常看到。这种辩证法，会把与普通观念相反的东西看做它最后的成果，或者会像古代怀疑论那样毅然决然地把这种观念中的矛盾，又或像现代的半途而废那样软弱无力地把对真理的渐近看做它的最后成果。更高级的概念辩证法不仅在于产出作为界限和相反东西的规定，而且在于产出并把握这种规定的肯定内容和成果。只有这样，辩证法才是发展和内在的进展。其次，这种辩证法不是主观思维的外部活动，而是内容固有的灵魂，它有机地长出它的枝叶和果实来。理念的这种发展是它的理性特有的活动，作为主观东西的思维只是袖手旁观，它不加上任何东西。合乎理性地考察事物，不是指给对象从外面带来理性，并对它进行加工制造，而是说对象就它本身说来是合乎理性的。这里，正是在它的自由中的精神，自我意识着的理性的最高峰，它给自己以现实，并把自己创造为实存世界。科学的唯一任务就在于把事物的理性的这种特有工作带给意识。

第 32 节

在概念发展过程中的种种规定，从一方面看，其本身就是概念，从另一方面看，这些规定具有定在的形式，因为概念本质上就是理念。因此这种发展过程所产生的一系列概念同时就是一系列形成物；所以他们都应该在科学考察范围之内。

附释　在更思辨的意义上，概念的定在方式和概念的规定性是一而二，二而一的。但是应该指出，其结果是采取进一步规定形式的那些环节，作为概念的各种规定而在理念的科学发展中是在结果之先，但是作为各种形成物而在时间发展中则并不走在它的前面。所以，例如，被规定为家庭的那理念是以概念规定为前提的，然后我们把家庭作为结果而在下文加以叙述。不过这些内在前提也早已自为地作为形成物，例如作为所有权、契约、道德等等而存在，这是发展的另一方面；只有在更高度和更完备的文化中，这一发展才能进到使它的各个环节成为具有这种独特形态的定在。

补充 （概念在科学中以及在它的定在形态中的发展）理念最初不过是抽象的概念，所以它必须不断地在自身中进一步规定自己。但是这个最初的抽象规定决不会被放弃，相反地，它只会在自身中愈加丰富起来，于是最后的规定是最丰富的规定。在这一过程中，那些以前只是自在地存在的规定达到了它们的自由独立性，而且成为这个样子：概念仍然是灵魂，它把一切结合起来，并且只是通过一种内在程序而达到它特有的差别。所以我们不能说，概念达到了某种新的东西，相反地，最后规定与最初规定统一起来，重新拍合。即使概念在它的定在中看去好像支离破碎，但这仅仅是一种假象，在往后的进展中就可看出这是一种假象，因为一切单一性最后都重新返回到普遍物这一概念。经验科学通常总是分析我们表象的内容，而当人们把单一的东西归结到共同的东西中去的时候，他们就把这种共同的东西叫做概念。我们的做法不是这样，因为我们只要求从旁观察概念本身是怎样规定自己的，我们竭力避免对它加入任何一点属于我们想象和思考的东西。但是我们用这种方法所得到的是一系列思想和另一系列的定在形态。这里可以补充一点，一系列定在形态的实际出现在时间上的次序，一部分跟概念逻辑的次序是互有出入的。例如，我们不能说，在家庭出现以前就已经有所有权存在；但尽

管这样，所有权必须放在家庭之前论述。所以这里可能发生一个问题，为什么我们不从最高级的东西即具体的真实东西开始。回答是：我们所愿意见到的，恰恰就是采取结果形式的真实东西，因此本质上必须首先理解抽象概念本身。由于这个缘故，现实的东西、概念的形态虽然在现实世界本身中是首先存在的，但是我们仍把它放在后面作为下一步骤来处理。在我们的进展程序中，各种抽象形式不是作为独立存在的东西而是作为不真实的东西显现出来的。

本书的划分

第 33 节

按照自在自为地自由的意志这一理念的发展阶段，意志是：

第一，直接的；从而它的概念是抽象的，即人格，而它的定在就是直接的、外在的事物；这就是抽象法或形式法的领域。

第二，意志从外部定在出发在自身中反思着，于是被规定为与普遍物对立的主观单一性。这一普遍物，一方面作为内在的东西，就是善；另一方面作为外在的东西，就是现存世界；而理念的这两个方面只能互为中介，这是在它的分裂中或在它的特殊实存中的理念；这里我们就有了主观意志的法，以与世界法及理念的法（虽然仅仅自在地存在的理念)相对待。这就是道德的领域。

第三，是这两个抽象环节的统一和真理，——被思考的善的理念在那个在自身中反思着的意志和外部世界中获得了实现，以至于作为实体的自由不仅作为主观意志而且也作为现实性和必然性而实存；这就是在它绝对地普遍的实存中的理念，也就是伦理。

但是伦理性的实体同时是：

(一)自然精神——家庭；

(二)在它的分裂或现象中——则为市民社会；

(三)国家，即表现为特殊意志的自由独立性的那种自由，既是普遍的又是客观的自由。这一现实的和有机的精神，(甲)其关于一个民族的，(乙)通过特殊民族精神的相互关系，(丙)在世界历史中实现自己并显示为普遍世界精神。这一普遍精神的法乃是最高的法。

附释 一件事物或一个内容最初依照它的概念或像它自在地存在着那样被设定的时候，是采取直接性或存在的形态的，这一点来自思辨逻辑学，在这里是被预先假定着的。对其自身说来具有概念形式的那自为的概念则不同，它已不再是某种直接的东西了。

确定本书划分的原则同样是被预先假定着的。我们也可把划分看做本书各部分历史的预告，因为各个阶段必然是作为理念发展的环节而从内容的本性中产生自己的。哲学的划分根本不是外部的划分，不是按照某一个或几个从外边采入的划分理由而对现存材料所作出的外表分类，而是概念本身的内在区分。

道德和伦理在习惯上几乎是当作同义词来用，在本书中则具有本质上不同的意义。普通看法有时似乎也把它们区别开来的。康德多半喜欢使用道德一词。其实在他的哲学中，各项实践原则完全限于道德这一概念，致使伦理的观点完全不能成立，并且甚至把它公然取消，加以凌辱。但是，尽管从语源学上看来道德和伦理是同义词，仍然不妨把既经成为不同的用语对不同的概念来加以使用。

补充（自由实现的各个阶段） 我们在本书中谈到法的时候，不仅指人们通常对这一名词所了解的，即市民法，而且指道德、伦理和世界史而言；它们之所以同样属于法，是因为概念按照真理而把思想汇集起来的。为了不仍然是抽象的，自由意志必须首先给自己以定在，而这种定在最初的感性材料就是事物，即外界的物；自由的这一最初方式，就是我们马上会认识到的所有权，这是形式法和抽象法的领域。同属于这种领域的，还有具有中介形式的所有权，即契约，以及被侵犯的法，即犯罪和刑罚。在这领域中我们所具有的自由就是我们所说的人，也叫做主体，他是自由的，的确对自己说来是自由的，并在事物中给自己以定在。但是定在的这种单纯直接性还不相当于自由，而否定这一规定的就是道德的领域。现在我不再是仅仅在直接事物中是自由的，而且在被扬弃了的直接性中也是自由的，这就是说，我在我本身中、在主观中是自由的。在这领域中所关紧要的是我的判断和意图，以及我的目的，因为外界已被设定为无足轻重的了。不过在这里构

成普遍目的的善不宜仅仅停留在我的内心，而应使之实现。这就是说，主观的意志要求它的内部的东西即它的目的获得外部的定在，从而使善就在外部的实存中得以完成。道德同更早的环节即形式法都是抽象东西，只有伦理才是它们的真理。所以，伦理是在它概念中的意志和单个人的意志即主观意志的统一。伦理的最初定在又是某种自然的东西，它采取爱和感觉的形式；这就是家庭。在这里个人把他冷酷无情的人格扬弃了，他连同他的意识是处于一个整体之中。但在下一阶段，我们看到原来的伦理以及实体性的统一消失了，家庭崩溃了，它的成员都作为独立自主的人来互相对待，因为相需相求成为联系他们的唯一纽带了。人们往往把这一阶段即市民社会看做国家，其实国家是第三阶段、即个体独立性和普遍实体性在其中完成巨大统一的那种伦理和精神。因此，国家的法比其他各个阶段都高，它是在最具体的形态中的自由，再在它的上面的那只有世界精神的那至高无上的绝对真理了。

第一篇　抽象法

第 34 节

自在自为的自由的意志，当他在抽象概念中的时候，具有直接性的这一规定性。在这一阶段，它是否定的实在性，只是抽象地自我相关的现实性——主体在自身中所具有的单个意志。从意志的特殊性这一环节看来，这种意志另外具有由各个特定目的所构成的内容，而且由于它是排他的单一性，所以这种内容对它说来同时又是外部的、直接在眼前看到的世界。

补充（意志的抽象性和直接性）　说自为地自由的意志，当它在抽象概念中的时候，具有直接性这一规定性，这话乃指这个意思：当概念使自己完全成为实在的，当它的定在成为无非就是它本身的发展的时候，这样一种状态就是意志充分发展了的理念。但当初概念是抽象的，这就是说，一切规定都包含在概念中，但也不过包含在里面而已，它们仅仅自在地存在着，而尚未发展成为自身内部的整体。当我说我是自由的，这时我还是这种无对立面的在自身中的存在，在道德领域中才有了对立面。因为在那里我是作为单个的意志而存在，而善则是普遍物，尽管它是存在于我自己内部的。所以在道德领域中，意志已经在它自身中具有单一性和普遍性的差别，从而它是被规定了的。但初时这种差别还不存在，因为在当初抽象的统一中，尚未有任何进展和中介，从而意志还具有直接性的形式、单纯存在的形式。从这里所欲达到的本质的观点看来，这一最初的无规定性本身是一个规定性。因为无规定性是指意志和它的内容之间还没有任何差别而言。但是当它本身跟被规定了的东西对立时，它就获得了被规定了的东西这一规定。这里抽象的同一性构成了这种规定性。因此，意志就成为单一的意志——人(Person)[①]。

第 35 节

这种自为地自由的意志的普遍性是形式的普遍性，即在意志单一性中的自我意识着的此外便无内容的单纯自我相关。这样看来，主体就是人。人格的要义在于，我作为这个人，在一切方面(在内部任性、冲动和情欲方面，以及在直接外部的定在方面)都完全是被规定了的和有限的，毕竟我全然是纯自我相关系；因此我是在有限性中知道自己是某种无限的、普遍的、自由的东西。

附释　当主体用任何一种方法具体地被规定了而对自身具有纯粹一般自我意识的时候，人格尚未开始，毋宁说，它只开始于对自身——作为完全抽象的自我——具有自我意识的

① 指在法的意义上的人，与在自然意义上的人(Mensch)不尽相同。——译者

时候，在这种完全抽象的自我中一切具体限制性和价值都被否定了而成为无效。所以在人格中认识是以它本身为对象的认识，这种对象通过思维被提升为简单无限性，因而是与自己纯粹同一的对象。个人和民族如果没有达到这种对自己的纯思维和纯认识，就未具有人格。自在自为地存在的精神跟现象中的精神所不同者在于：在同一个规定中，当后者仅仅是自我意识，即对自身的意识，但仅按照自然意志及其仍然是外在的各种对立的自我意识（《精神现象学》，班堡和维兹堡，1807年版，第101页以下；《哲学全书》，第344节）[①]，前者则以自身即抽象的而且自由的自我为其对象和目的，从而它是人。

补充（人格概念的高贵和低微）　自为地存在的意志即抽象的意志就是人。人间（Mensch）最高贵的事就是成为人（Person），但是尽管这样，人这种赤裸裸的抽象，在称谓上已经有些可鄙。人实质上不同于主体，因为主体只是人格的可能性，所有的生物一般说来都是主体。所以人是意识到这种主体性的主体，因为在人里面我完全意识到我自己，人就是意识到他的纯自为存在的那种自由的单一性。作为这样一个人，我知道自己在我自身中是自由的，而且能从一切中抽象出来的，因为在我的面前除了纯人格以外什么都不存在。然而作为这样一个人，我完全是被规定了的东西，例如我有这点年龄，身材这样高大，在这个地点，以及其他一切可以视为特异

① 《精神现象学》，拉松版（哲学丛书，第114卷），第116页以下；《哲学全书》，第3版，第424节。——拉松版

性的东西。所以人既是高贵的东西同时又是完全低微的东西。他包含着无限的东西和完全有限的东西的统一、一定界限和完全无界限的统一。人的高贵处就在于能保持这种矛盾,而这种矛盾是任何自然东西在自身中所没有的也不是它所能忍受的。

第 36 节

(1)人格一般包含着权利能力,并且构成抽象的从而是形式的法的概念,和这种法的其本身也是抽象的基础。所以法的命令是:“成为一个人,并尊敬他人为人。”

第 37 节

(2)意志的特殊性诚然是意志整个意识的一个环节(第 34 节),但抽象人格本身还没有把它包含在内。所以这种特殊性虽然存在着,但仍作为与人格、与自由的规定有区别的东西,即作为情欲、需要、冲动、偶然偏好等等而存在。所以在形式法中,人们不考虑到特殊利益、我的好处或者我的幸福,同时也不考虑到我的意志的特殊动机、见解和意图。

补充(作为权能的形式法)　因为在人格中特殊性尚未作为自由而存在,所以关于特殊性的一切东西,在这里都是无足轻重的。如果某人除了自己的形式法以外对什么也不感兴趣,这可能是纯偏执,为胸襟狭窄的人所常有,因为粗野小人才最坚持自己的权利,而高尚的精神则顾虑到事物是否还有其他一些方面。所以抽象法最初只是一种单纯可能性,如果与整个范围的关系比较起来，它是一种形式的东西。因之法的规定提供一种权能，但我没有绝对必要去行使我的权利，因为这不过是整个关系中的一个方面。这就是说，可能性是存在，它具有也可能不存在这一意义。

第 38 节

就其与具体行为以及道德和伦理情况的关系来说，抽象法跟以上这些更详细的内容比较，只不过是一种可能性，因之法的规定仅仅是一种许可或能力。这种法的必然性，正因为这种法是抽象的，所以局限于否定的方面，即不得侵害人格或从人格中所产生的东西。所以在抽象法中只存在着禁令，至于命令的积极形式，从其终极内容看来，也是以禁令为基础的。

第 39 节

(3)人这作出决定的和直接的单一性，是与眼前存在的自然界处于相互关系之中的，因之自然界是跟作为某种主观东西的那意志的人格对立的。但是对于在自身中无限的而且普遍的那种人格来说，使它仅仅成为主观的这一限制是矛盾的和无意义的。人格是肯定的东西，它要扬弃这种限制，使自己成为实在的，换句话说，它要使自然的定在成为它自己的定在。

第 40 节

法首先是自由以直接方式给予自己的直接定在，即

(一)占有，就是所有权。在这里自由是一般抽象意志的自由，

或者,因而是仅仅对自己有关的单个人的自由。

(二)人使自己区分出来而与另一人发生关系,并且一方对他方只作为所有人而具有定在。他们之间自在地存在的同一性,由于依据共同意志并在保持双方权利的条件下将所有权由一方移转于他方而获得实存。这就是契约。

(三)在自身中区分的意志,其区分是像(一)那样在对它自己相关中,而不是像(二)那样与他人区分中发生的,这种意志,作为特殊意志,是与自身,即作为自在自为地存在的自身相殊异而对立的。这就是不法和犯罪。

附释　把权利区分为人格权、物权和诉权,跟许多其他相同分类一样,其目的首先在于,把眼前一大堆无组织的素材编成一种外部秩序。所以在这种分类中,特别存在着以家庭和国家等实体性关系为前提的权利和有关单纯抽象人格的权利纷然杂陈的混乱现象。康德所主张而为后人乐于采用的分类[1],把权利分为物权、人格权以及物权性质的人格权,也是同样混乱。人格权和物权这种构成罗马法基础的分类是乖谬而缺乏思辨思想的。如果详加论述(诉权有关司法,属于另一秩序),未免扯得太远了。在这里至少这一点已经很清楚:唯有人格才能给予对物的权利,所以人格权本质上就是物权。这里所谓物是指其一般意义的,即一般对自由说来是外在的那些东西,甚至包括我的身体生命在内。这种物权就是人格本身的权利。然而从罗马法中所谓人格权看来,一个人

① 参阅康德:《道德形而上学》,第一部,第22—30节。——译者

(Mensch)作为具有一定身份而被考察时,才成为人(Person)(海内秀斯:《市民法要义》,第75节)。所以在罗马法中,甚至人格本身跟奴隶对比起来只是一种等级、一种身份。因此,罗马法中所谓人格权的内容,就是家庭关系,他如对奴隶(儿童也几乎包括在内)的权利以及无权(capitis diminutio〔人格减等〕)状态都不在内。依照康德的说法,家庭关系完全属于物权性质的人格权。

所以罗马的人格权不是人本身的权利,至多不过是特殊人的权利。后面还要谈到[①],家庭关系毋宁是以牺牲人格为其实体性的基础。现在把具有特殊规定的人格权放在一般人格权前面加以处理,只显得次序颠倒而已。

康德所说人格权,是根据契约产生的权利,如我给予或给付某物等等,这也是罗马法中根据Obligatio〔债〕产生的jus ad rem〔对物的权利〕。任何一种权利都只能属于人的,从客观说,根据契约产生的权利并不是对人的权利,而只是对在他外部的某种东西或者他可以转让的某种东西的权利,即始终是对物的权利。

① 参阅本书第163节,第167节和第168节。——译者

第一章　所有权

第 41 节

人为了作为理念而存在，必须给它的自由以外部的领域。因为人在这种最初还是完全抽象的规定中是绝对无限的意志，所以这个有别于意志的东西，即可以构成它的自由的领域的那个东西，也同样被规定为与意志直接不同而可以与它分离的东西。

补充（所有权的合理性）　所有权所以合乎理性不在于满足需要，而在于扬弃人格的纯粹主观性。人唯有在所有权中才是作为理性而存在的。即使我的自由这种实在性最初存在于一个外界事物中，从而是一种坏的实在性，然而抽象人格，就因为它存在于其直接性中，所以除了在直接性的规定中的定在以外不可能具有任何其他定在。

第 42 节

跟自由精神直接不同的东西，无论对精神说来或者在其自身中，一般都是外在的东西——即物，某种不自由的、无人格的以及无权的东西。

附释　物象客观一样，有两种不同而是对立的意义。有时，譬如当我们说：就是这个东西，问题在于事物，而不在于人——这是指实体性的东西而言；有时用来与人（不是特殊的主体）相对比，这时物正是指与实体性东西相反的东西而言，即按其规定是纯粹外在的东西。对自由精神——必须与单纯意识很好加以区别——说来，外在的东西是绝对外在的，因此，自然界的概念规定就在于它本身是外在的东西。

补充（外在的东西） 由于物欠缺主观性，所以它不仅对主体说来而且它本身是外在的东西。这样说来，空间和时间是外在的。作为感性的东西，我本身是外在的，是空间性的和时间性的。我所具有的感性直观，乃是我对某种其本身是外在的东西所具有的直观。动物也能直观，但是它的灵魂不是以灵魂即它本身为对象，而仅仅以外在的东西为对象。

第 43 节

人作为直接概念，并从而作为本质上单一的东西，具有自然的实存。这种实存一方面是在它本身中的；另一方面是像人对待外部世界那样来对待它的那实存。在这里关于人，即其本身尚在最初的直接性中的人，我们所要谈的，仅仅是这些作为直接存在的事物的事物，而不是那些通过意志的中介而能变成事物的规定。

附释 精神技能、科学知识、艺术，甚至宗教方面的东西（讲道、弥撒、祈祷、献物祝福），以及发明等等，都可成为契约的对象，而与在买卖等方式中所承认的物同视，但是，艺术家和学者等等是否在法律上占有着他的艺术、科学知识，以及传道说教和诵读弥撒的能力等等，即诸如此类的对象是否也是物，却是一个问题。如果把这类技能、知识和能力等都称为物，我们不免有所踌躇，因一方面关于诸如此类的占有固然可以像物那样进行交易并缔结契约，但是另一方面它是内部的精神的东西，所以理智对于它的法律上性质可能感到困惑，因为呈现在理智面前的仅仅是一种对立：或是某物或是非物，非彼即此（像或是有限或是无限那样）。学问、科学知识、才能等等固然是自由精神所特有的，是精神的内在的东西，而不是外在的东西，但是精神同样可以通过表达而给它们以外部的定在，而且把它们转让（见下文）[①]，这样就可把它们归在物的范畴之内了。所以它们不是自始就是直接的东西，只是通过精神的中介把内在的东西降格为直接性和外在物，才成为直接的东西。

按照罗马法那种不合法的和不合乎伦理的规定，孩子对父亲来说是物，因而父亲可在法律上占有他的孩子，不过他对孩子仍处于爱这种伦理关系中（自然不能不由于那种不法而大大减弱了）。因之在罗马法中产生了物与非物这两种规定完全不法的结合。

抽象法是单单以人本身以及属于他的自由的定在和领域的那特殊物为对象的，只要它作为与人可分离而殊异的东西而存在，不问这种可分离性构成特殊物的本质规定，或是特殊物仅仅通过主观意志的中介才能取得它都好。所以在抽象法中，精神技能和科学知识等等，仅以法律上认为可占有者为限，才在被考察之列。至于通过教养、研究、习惯等等而对身

① 参阅本书第 65 节以下。——译者

体和精神所取得的占有，作为精神的内部财物而存在的，不在此处讨论范围之内。关于这种精神上财物过渡到外在物而把它列入法律上财物的范畴的问题，且待述及转让时再谈。[①]

第44节

人有权把他的意志体现在任何物中，因而使该物成为我的东西；人具有这种权利作为他的实体性的目的，因为物在其自身中不具有这种目的，而是从我意志中获得它的规定和灵魂的。这就是人对一切物据为己有的绝对权利。

附释　对直接的单一事物、不属于人的东西，赋予实在性（指独立性以及真正自为的和在自身中的存在而言）的那种所谓哲学[②]，遭到对待这些事物的那自由意念的态度的直接反驳。断定精神不能认识真理，不能知道自在之物的那种哲学[③]，也是这样。如果对意识、直观和表象说，所谓外物是具有独立性这种外观的，那么与这相反，自由意志是理想主义，是这种现实性的真理。

补充（意志的理想主义）　所有的物都可变为人们所有，因为人就是自由意志，作为自由意志，它是自在和自为地存在着的，至于与他对立的东西是不具有这种性质的。因此每一个人都有权把它的意志变成物，或者物变成他的意志，换句话说，他有权把物扬弃而改变为自己的东西。其实作为外在性

① 参阅本书第65节。——译者

② 参阅《哲学全书》，第26节以下。——译者

③ 指康德哲学，参阅《哲学全书》，第40节以下。——译者

的物没有自身目的，它不是（自己对自己的）无限的自我相关，而是某种对它本身说来是外在的东西。生物（动物）也是这种外在的东西，因而其本身是物。唯有意志是无限的，对其他一切东西说来是绝对的，至于其他东西就其本身说只是相对的。所以据为己有，归根到底无非是：表示我的意志对物的优越性，并显示出物不是自在自为地存在着的，不是自身目的。这种表示是采用下列方式的：我把不同于物所直接具有的另一个目的体现于物内。当生物成为我所有的时候，我给它不同于它原有的灵魂，就是说，我把我的灵魂给它。所以自由意志是理想主义，它不把物的本来面貌看做是绝对的。至于实在主义呢，尽管这些物仅仅以有限性的形式存在着，它仍宣布它们为绝对的。可是就拿动物来说，也已不再具有这种实在主义哲学了，因为它们把物吃掉，因而证明物不是绝对独立的。

第 45 节

我把某物置于我自己外部力量的支配之下，这样就构成占有；同样，我由于自然需要、冲动和任性而把某物变为我的东西，这一特殊方面就是占有的特殊利益。但是，我作为自由意志在占有中成为我自己的对象，从而我初次成为现实的意志，这一方面则构成占有的真实而合法的因素，即构成所有权的规定。

附释　如果把需要当作首要的东西，那么从需要方面看来，拥有财产就好像是满足需要的一种手段。但真正的观点在于，从自由的角度看，财产是自由最初的定在，它本身是本质的目的。

第 46 节

因为我的意志作为人的意志，从而作为单个人的意志，在所有权中，对我说来是成为客观的了，所以所有权获得了私人所有权的性质；共同所有权由于它的本性可变为个别所有，也获得了一种自在地可分解的共同性的规定。至于我把我的应有部分留在其中，这本身是一种任意的事。

附释　自然界各种对象的利用，按其本性来说，是不能特异化而成为私人占有的。

罗马的土地法包含着关于土地占有的公有和私有之间的斗争。后者是更合乎理性的环节，所以必须把它保持在上风，即使牺牲其他权利在所不惜。

家庭信托遗赠财产包含着一个与人格权、从而与私有权相反的因素。但是属于私有权的各种规定有时不得不从属于法的较高级领域，即共同体、国家；从私有权方面说，所谓法人的财产和永远管业的财产，其情形正复相同。可是这种例外也不是出于偶然，出于私人任意或私人利益的，而是完全根据于国家这一合乎理性的机体。

柏拉图理想国的理念侵犯人格的权利，它以人格没有能力取得私有财产作为普遍原则。人们虔敬的、友好的，甚至强制的结义拥有共有财产以及私有制原则的遭到排斥，这种观念很容易得到某种情绪的青睐，这种情绪误解精神自由的本性和法的本性，并且不在这种本性的特定环节中来理解它。关于这种观念的道德方面和宗教方面的考虑，甚至伊壁鸠鲁在他的朋友们提议成立类此拥有共有财产的结合时也力加劝阻，他的理由，正是因为这种结合证明互不信任，而彼此互不信任的人是不配做朋友的（第欧根尼·拉尔修，第10卷，第6节）。

补充（私人所有权）　在所有权中，我的意志是人的意志；但人是一个单元，所以所有权就成为这个单元意志的人格的东西。由于我借助于所有权而给我的意志以定在，所以所有权也必然具有成为这个单元的东西或我的东西这种规定。这就是关于私人所有权的必然性的重要学说。国家固然可以制定例外，但毕竟只有国家才能这样做。然而尤其在我们时代，国家往往重新把私有权建立起来了。例如，许多国家很正确地解散了修道院，因为归根到底团体不像人那样拥有这样一种所有权。

第 47 节

作为人来说，我本身是一个直接的个人。如果对这一点作进一步的规定，那首先就是说：我在这个有机身体中活着，这个身体按其内容说来是我的普遍的、不可分割的、外部的定在，而且是一切再进一步被规定了的定在的实在可能性。但是作为人，我像拥有其他东西一样拥有我的生命和身体，只要有我的意志在其中就行。

附释　从我不是作为自为的概念而是作为直接的概念实存着这一方面看来，我是活着而且具有有机的肉体这一点是以生命的概念和作为灵魂的精神的概念为依据的，即以自然哲学中(《哲学全书》第259节以下,同时参阅第161节,第164节和第298节)[①]和人类学中(同上书第318节)[②]的各种环节为依据的。

只有在我愿意要的时候,我才具有这四肢和生命,动物不能使自己成为残废,也不能自杀,只有人才能这样做。

补充(动物没有权利)　动物固然占有自身,它们的灵魂占有它们的身体,但是动物对它们的生命是没有权利的,因为它们没有这种意思。

第48节

当身体还是直接定在的时候,它同精神是不相配合的,为了成为精神的驯服器官和有灵性的工具,身体必须首先为精神所占有(第57节)。但从别人看来,我虽然直接占有我的身体,但是本质上是一个自由的东西。

附释　就因为我作为在身体中自由的东西活着,所以我这个有生的定在不得当作驮畜而被虐使。只要我是活着,我的灵魂(概念和较高级意义上的自由的东西)就与肉体分不开,肉体是自由的定在,我有了肉体才有感觉。所以只有那缺乏理念的、诡辩的理智才会把精神和肉体分开,并以为纵使身体受到虐待以及人的实存屈辱于他人暴力之下,而自在之物即灵魂是不会被触及或受到伤害的。我可以离开我的实存退

---

① 第3版,第336节以下,第213节,第216节和第376节。——拉松版

② 第3版,第388节。——拉松版

回到自身中，而使我的实存变成外在的东西，我也可以把特殊感觉从我身上排除出去，虽在枷锁之中我也可以是自由的。但这是我的意志，对他人说来我是在我的身体中；我在定在中是自由的和我对他人说来是自由的这两个命题是同一的（参阅我的《逻辑学》，第1卷，第49页以下）[①]。他人加于我的身体的暴力就是加于我的暴力。

由于我是有感觉的，所以对我身体所施加的触动或暴力现实地而且现在地直接触动到我，侮辱人格同毁坏我的身外财物之间的区别就在于此，因为在我的财物中我的意志并没有依照这样直接的方式现在地和现实地存在着。

第49节

在对外在事物的关系上，合理的方面乃是我占有财产。但是特殊的方面包含着主观目的、需要、任性、才能、外部情况等等（第45节）。占有光作为占有来说固然依赖于上述种种，但在这种抽象人格领域中，这一特殊方面还没有与自由同一化。所以我占有什么，占有多少，在法上是偶然的事情。

附释　如果这里我们还没有作出这种差别而就能谈到多数人的话，那么在人格上多数人是一律平等的。但这样说是空洞的同语反复，因为人作为抽象的东西，尚未特殊化，也还没有被设定在把他区分出来的规定中。

① 在《逻辑学》第2版（《黑格尔全集》，第3卷，1833年版）中，这一节更改颇大，上述引证相当于该书第115页以下。——拉松版

平等是理智的抽象同一性，反思着的思维从而一般平庸的理智在遭遇到统一对某种差别的关系时，首先就想到这一点。在这里，平等只能是抽象的人本身的平等，正因为如此，所以关于占有的一切——它是这种不平等的基地——是属于抽象的人的平等之外的。

有时人们要求平均分配土地甚或其他现存财富，如果考虑到在这种特殊性中的，不仅有外在自然界的偶然性，而且还有精神的整个范围——这种精神是处于它无限的特殊性和差异性中，处于发展成为有机体的它的理性中的，——那就愈显得这种要求是一种空虚而肤浅的理智。

我们不能见到占有和财产的分配不平均，便说自然界不公正，因为自然界不是自由的，所以无所谓公正不公正。一切人应该有足够的收入以满足他的需要，一方面这固然是道德的愿望，并且照这样笼统的说法，的确还是善意的愿望，但是像一般单纯的善意愿望一样，它缺乏客观性。另一方面收入跟占有不同，收入属于另一领域，即市民社会。

补充(财产的平均分配)　关于财产的分配，人们可以实施一种平均制度，但这种制度实施以后短期内就要垮台的，因为财产依赖于勤劳。但是行不通的东西不应付之实施。其实，人们(Mensch)当然是平等的，但他们仅仅作为人(Person)，即在他们的占有来源上，是平等的。从这意义说，每个人必须拥有财产。所以我们如果要谈平等，所谈的应该就是这种平等。但是特殊性的规定，即我占有多少的问题，却不属于这个范围。由此可见，正义要求各人的财产一律平等这种主张是错误的，因为正义所要求的仅仅是各人都应该有财产而已。其实特殊性就是不平等所在之处，在这里，平等倒反是不法了。的确，人们往往看想他人的财产，但正是这不法，因为法对于特殊性始终是漠不关心的。

第 50 节

物属于时间上偶然最先占有它的那个人所有，这是毋待烦言的自明的规定，因为第二个人不能占有已经属于他人所有的东西。

补充（先占取得）　到此为止的种种规定，主要是关于人格必须在所有权中获得定在这一命题。现在，最先占有者就是所有人，这个道理从以上所述就可得出。但是最先一个人就是合法所有人，其理由并非因为他是最先一个人而已，而是因为他是自由意志，其实，由于其他一个人继他而来，他才成为最先一个人。

第 51 节

为了取得所有权即达到人格的定在，单是某物应属于我的这种我的内部表象或意志是不够的，此外还须取得对物的占有。通过取得占有，上述意志才获得定在，这一定在包含他人的承认在内。我所能占有的东西是无主物（如第 50 节所述），这是不言而喻的消极条件，或者毋宁说，它涉及早已预想到的跟别人的关系。

补充（占有的表白）　人把他的意志体现于物内，这就是所有权的概念，下一步骤才是这一概念的实在化。表示某物是我的这种内部意志的行为，必须便于他人承认。我把某物变成我的，这时我就给该物加上了“我的”这一谓语，这一谓语必须对该物以外在的形式表示出来，而不单单停留于我的内部意志之中。孩子们惯于提出先于他人的希求，以对抗他人的占有；但是对大人来说，单单这种希求是不够的，还必须除去主观性的形式，而争取到客观性。

第 52 节

取得占有使物的实质变为我的所有物，因为物的实质本身不是它所特有的。

附释　物质对我作抵抗（而且它无非是对我所作的抵抗而已），这就是说，它对我作为抽象精神，即作为感性精神，显示它的抽象和独立的存在（感性表象却倒过来把精神的感性存在当作具体的，而把理性东西当作抽象的）。但是在对意志和所有权的关系上，物质的这种独立存在并不具有真理。把自然物据为己有的一般权利所借以实现的占有取得，作为外部行动，是以体力、狡智、技能，总之我们借以用身体来把握某物的一切手段为条件的。按照自然物的质的差别，对这些物的获得和占取具有无限多的意义，以及同样无限的限制和偶然性。此外，类和自然物本身不是人格单一性的对象。为了这种对象而能被占取，它首先必须单一化（一口空气、一口水）。对外在的类本身和自然物的占有是不可能的，这不是说，应该把外界的物理的不可能性看作最后的，而是说，人作为意志把自己规定为单一性，而且作为人他同时是直接单一性，从而作为人他是与作为许多单一东西的外界发生关系的

(第 13 节附释和第 43 节)。

所以物的获得和外部占有也具有无限的方式,并且多少是不确定的和不完全的,但是物质绝不会没有本质上的形式的,而且唯有如此它才成为某种东西。我愈是把这种形式据为己有,我就愈加现实地占有某物。消化食物就是把消化前该物之所以为该物的质的本性加以渗透消融并使之变化,我的身体受到训练因而获得技能,以及我的精神受到教养,这些同样是在不同程度上的完全占有和渗透。精神正是我可以最完全地使之成为我的东西的。但是取得占有的这种现实与所有本身不同,因为所有要通过自由意志来完成的。在占有这种外在关系中虽然还遗留着一种外在性,但是在自由意志面前,物已不再保存它本身的独特性。思想必须克服没有性状的那种物质的空虚抽象,当物为我所有时,这种抽象仍留在我的身外而为物所特有的。

补充(占有形式和占有物质)　费希特曾提出这样一个问题,物质经我给以某种形式后是否也属于我的。[①] 按照他的意见,当我把黄金制成杯子以后,别人仍可自由自在地把黄金取去,只要他不因而损害我的作品。即使在思想上可以尽量把物质分开,然而事实上这种区分仅仅是空虚的狡辩。其实当我占有并耕种土地时,不仅犁沟为我所有,连同犁沟在内的土地都是我的。这就是说,我是想把这一物质全部加以占有的,因之这一物质不是依然为它所特有的。其实,即使物质存

① 费希特:《自然法的基础》,1796 年版,第 19 节 A。——拉松版

在于我所加于对象的那个形式之外，然而形式正是一种标志，说明该物应该属于我的。所以该物并不存在于我的意志之外，并不存在于我所希求的东西之外。因之根本没有什么多余的东西可供他人占有的了。

第 53 节

所有权在意志对物的关系上具有它更进一步的规定。这种关系是（甲）直接占有，这里意志是在作为肯定的东西的物内有其定在；（乙）使用，即物比之于意志是一种否定的东西，这里意志在作为应被否定的东西的物内有其定在；（丙）转让，即意志由物回到在自身中的反思。以上三者分别是意志对物的肯定判断，否定判断和无限判断。

第 54 节

物的占有有时是直接的身体把握，有时是给物以定形，有时是单纯的标志

补充（占有的方式）　占有的这些方式包含着由单一性的规定到普遍性的规定的进展。身体把握只能行于单一物，反之，标志是借观念而占有。在后一种情况，我用观念来对待物，并且认为全部是我的，而不仅仅以我身体所能占有的部分为限。

第 55 节

(甲)从感性方面说,身体把握是最完善的占有方式,因为我是直接体现在这占有中,从而我的意志也同样可被认识到。但是一般说来,这种占有方式仅仅是主观的、暂时的,而且从对象的范围说来,以及由于对象的质的本性之故,都受到极大的限制。如果我能把某物跟我用其他方法所取得而已属于我的东西联系起来,或者某物偶然地加入这种联系,那么,这多少可使这种占有方式扩大范围;至于利用其他中介作用也可达到同样结果。

附释 机械力量、武器和工具可以扩大我的权力范围。有各种各样的联系,例如我的土地靠着海洋或河川,我的不动产邻近狩猎场、牧场和可供其他用途的土地,我的耕地下埋有宝石和其他矿藏,我所有的土地上下可能有财宝等等;还有一些是在时间上偶然发生的联系,例如所谓自然添附的部分(沙滩等以及漂流物),至于 foetura〔家畜的繁殖〕固然也是对我的财产的一种添附,但是这种联系是一种有机的关系,而不是对我所已占有之物的外来附加,所以它与其他的添附完全不同;——以上这些联系,一方面可看做某一占有者比起其他占有者能够更便易地占有和利用某物,而且有时只有他才可能占有和利用;另一方面可把该附加物看做被附加物的不独立的偶性。一般说来,这些联系都是不以概念和生命为其纽带的外在结合。所以,按照这些关系在程度上多少是本质的或多少不是本质的,这样来提出并审酌正反两面不同的理由概属于理智范围内的事,这样来作出决断是实际立法的问题。

补充(身体把握式的占有)　占有在方式上完全是零星的;我不能占有比我身体所接触到的更多的东西。其次,外物比我所能把握的更为广大。因此我所占有的任何物体,总是与他物有联系的。我用手占有,但是手的远程可以延展。手是一种伟大的器官,为任何动物所没有的。我用手所把握的东西,转而可以成为我攫取他物的手段。当我占有某物时,理智立即推想到,不仅我所直接占有的东西是我的,而且与此有联系的东西也是我的。实定法必须把这一点规定下来,因为从概念中得不出更多的东西来。

第 56 节

(乙)某物是我的这一规定,由于我给某物以定形,而获得了独立存在的外观,并且不再受到我在这一空间和这一时间的限制,也不受到我的知识和意志的体现的限制了。

附释　给物以定形,虽然随着对象的质的本性以及各种不同主观目的,而是无限地不同的,但它终究是最适合于理念的一种占有,因为它把主观和客观在自身中统一起来了。属于这一问题的还有有机体的形成。我对有机体所做的,不仅仅停留于它的外部,而是被它吸收了。例如耕种土地,栽培植物,驯养、饲育和保护动物等都是;又如为利用原料和自然力而建成的设备,或使某种素材作用于别种素材的设施等等亦同。

补充(给物以定形)　这种定形在经验上可以有种种不同的形态。耕地由于我的耕作而给以定形。关于无机物,不总是直接给物以定形的。例如我在制造风车时并未制成空气，而只制成利用空气的形式。空气本身既非我所制成，自然不能说是我的。又保护野兽也可看作给物以定形的一种方式，因为这是为考虑到保存对象而采取的一种动作。当然，驯服动物是给物以定形的一种更为直接的方式，它多半要依赖于我。

第 57 节

人根据在他本身内的直接实存是一种自然的东西，对概念说来是外在的东西。只有通过对他自己身体和精神的培养，本质上说，通过他的自我意识了解自己是自由的，他才占有自己，并成为他本身所有以对抗他人。倒过来说，这种占有，就是人把他在概念上存在的东西（即可能性、能力、素质）转变为现实，因而初次把他设定为他自己的东西，同时也是自己的对象而与单纯的自我意识有别，这样一来，他就成为有能力取得物的形式（参阅第 43 节附释）。

附释　为奴隶制辩护所提出的论证（包括它最初产生的一切理由，如体力、作战被俘、拯救和维护生命、扶养、教育、慈善以及奴隶自己的同意等等），以及为奴隶主支配权作为一般纯粹支配权所作的辩护，此外，一切关于主奴权利的历史上观点，都从这一点着想：即把人看作一般自然的存在，看作不符合于人的概念的实存（任性亦属于此）。与此相反，认为奴隶制是绝对不法的那种论据，则拘泥于人的概念，把人作为精神，作为某种自在地自由的东西来看；这种主张是片面的，因

为它把人看做生而自由，也就是把直接性中的概念本身而不把理念看做真的东西。这个二律背反，同所有二律背反一样，都建立于形式思维之上，主张一个理念的两个环节是分立的，各不相关的，从而坚持不适合理念和不符合真理的各个环节。自由精神就在于(第21节)它不是单纯的概念或自在地存在的，而在于扬弃它本身的形式主义，从而扬弃直接的自然实存，而给自己以只属于它自己的、自由的实存。所以，二律背反中主张自由的概念这一方面，具有一个优点，即它包含着真理的绝对出发点，虽然还只是一个出发点而已。至于另一方面，死抱住无概念的实存，根本不包含合理性和法的观点。法和法学所由开始的那种自由意志的立场，已经超越了虚妄不真的立场，在后一种立场上，人作为自然存在，而且仅仅作为在自身中存在的概念，尚有可能成为奴隶。这种早期的不真现象所涉及的精神，还只是在它最初意识的阶段。自由的概念和自由的最初纯粹直接的意识之间的辩证法，就引起了承认的斗争和主奴的关系(参阅《精神现象学》第115页和《哲学全书》第352节以下)[1]。但是如果对客观精神、法的内容，不再仅仅在它的主观概念中去理解，从而对人之所以绝对不应被规定为奴隶也不再仅仅作为理应如此来理解，那就必须认识到，自由的理念只有作为国家才是真实的。

补充(奴隶) 如果人们坚持人是自在自为地自由的这一

① 《精神现象学》，拉松版(全集第2卷)，第127页以下；《哲学全书》，拉松版(全集第5卷)，第376节以下。——拉松版

方面,那就等于诅咒奴隶制度。但是某人当奴隶乃是出于他自己的意志,这正与某个民族受到奴役是出于它自己的意志一样。所以,不仅仅使人为奴隶和奴役他人的人是不法的,而奴隶和被奴役者本身也是不法的。奴隶产生于由人的自然性向真正伦理状态过渡的阶段,即产生于尚以不法为法的世界。在这一阶段不法是有效的,因此,它必然是有它的地位的。

第 58 节

(丙)其自身并非现实的但只表明我的意志的占有方式,就是对物加上标志。标志的意义应该是:我已经把我的意志体现于该物内。这种占有无论从对象的范围和它的意义来说,都是极不明确的。

补充(作为占有方式的标志)　他种占有方式虽然多少带有标志本身的作用,但通过标志来占有是一切占有中最完全的。当我把握某物或给某物以定形时,其最终意义同样就是一种标志,这种标志的目的对他人说来,在于排斥他人并说明我已把我的意志体现于物内。标志的概念就在于对事物不是如其存在的那样来看,而按其所应具有的意义来看。例如,徽章是指某个国家的公民资格而言,虽然它的颜色与这一民族没有任何联系,而且不表示徽章本身,而表示民族。人能够给某物以标志,因而取得该物,这样正表明了他对该物有支配权。

二　物的使用

第59节

通过占有，物乃获得“我的东西”这一谓语，而意志对物也就有了肯定的关系。在物和我的意志这一同一性中，物同时被设定为否定的东西，而我的意志则在这一规定中成为特殊意志，即需要、偏好等。但是我的需要作为单一意志的特殊性是肯定的东西，它要满足自己，至于物作为自在的否定的东西，则专为我的需要而存在，并为其服务。使用就是通过物的变化、消灭和消耗而使我的需要得到实现；这样，物的无我性质就显示出来，该物也就完成了它的使命。

附释　有人认为不被使用的财物应视为死物、无主物，并对不法夺取这种财物提供理由，说是所有人并没有使用它。在这些人思想中就会漂浮着一种情况，即以使用为所有权的实在方面和它的现实。但是，把物成为他的这种所有人意志才是首要的实体性的基础。使用是进一步的规定，次于上述普遍基础，而且只是它的现象和特殊方式。

补充（使用）　如果我采用标志以普遍方式占有物本身，那么，在使用中就存在着更为普遍的关系，因为那时不是物的特殊性得到承认，而是物被我否定了。物沦为满足我的需要的手段。当我与物会合时，为了使我与物同一起来，其中一方必须丧失其性质。然而我是活的，是希求者和真正肯定者，而物是自然的东西。所以物必然要消灭，而我则依然故我。一般说来，这就是有机体的优越性和理性。

第 60 节

直接把握某物而加以利用，这本身就是对单一物的占有。但是，如果其利用系出于持续的需要，而且是对不断再生的产品的反复利用，又为保持其再生而限制其利用，那么，这些和其他情况，使上述对单一物的直接把握成为一种标志，表明这种把握应具有普遍占有的意义，从而应具有对这种产品自然的或有机的基础或其他条件加以占有的意义。

第 61 节

因为我所有之物，就其自身说，其实体乃是它的外在性，即它的非实体性——这种物同我对比起来，其本身不是最终目的（第 42 节），——又因为实现这种外在性就是对该物的使用或利用，所以完全使用或利用一物就是指该物的全部范围而言。其结果，如果使用权完全属于我，我就是物的所有人，关于其物，再没有什么东西在整个使用范围以外有所遗留而可供他人所有的了。

补充（使用和所有权）　使用对所有权的关系与实体对偶性的东西、较内部的东西对较外部的东西、力对它的表现等等的关系是相同的。力只有表示于外部的才是力，耕地只有带来收益的才是耕地。所以谁使用耕地，谁就是整块耕地的所有人。如果就对象本身承认另一个所有权，这是空洞的抽象。

第 62 节

所以，仅仅部分地或暂时地归我使用，以及部分地或暂时地归我占有(其本身就是部分或暂时使用一物的可能性)，是与物本身的所有权有区别的。假如全部使用范围是属于我的，而同时又存在着他人的抽象所有权，那么作为我的东西的物，就完全被我的意志所贯穿(前节和第 52 节)，然而其中同时存在着我的意志所不能贯穿的东西，即他人的然而是空虚的意志。作为肯定的意志，我对于物中之我来说，既是客观的又不是客观的，这是一种绝对矛盾的关系。所以所有权本质上是自由的、完整的所有权。

附释　空虚的理智把全部范围的使用权同抽象所有权截然分开，从这种理智看来，理念——在这里是所有权(或一般说来人的意志)及其实在性的统一——不是真的东西，而它的彼此分离的两个环节倒是某种真的东西。所以这种区分作为现实关系来看是一种空虚的支配关系，可以把它叫做人格的疯狂(如果疯狂这词不仅仅指主体的单纯表象及其现实之间的直接矛盾这种情形的话)，因为在同一客体中，我的东西将不经过任何中介，而成为既是我的个别的排他性意志，又是他人的个别的排他性意志了。

《法学阶梯》第 2 卷第 4 篇中说：ususfructus est jus *alienis* rebus utendi，fruendi salva rerum *substantia*.〔用益权是无损于物之实体，而对他人的所有物为使用和收益的权利。〕同处又说：ne tamen in universum *inutiles* essent proprietates，*semper* abscendente usufructu：*placuit* certis modis extingui usumfructum et ad proprietatem reverti.〔虽然如此，为了不使所有物由于经常不行使用益权而陷于无用，法律乐于规定在某种情况下得消灭用益权而使所有权恢复。〕好个“乐于规定”，似乎最初是一种偏好或决定用这个规定来给上述空洞的区分以某种意义的。一个 proprietas *semper* abscendente usufructu〔经常不行使用益权的所有权〕不仅是 inutilis〔无用〕，而且不再是 proprietas〔所有权〕了。关于所有权本身的其他区分，如 res mancipi〔要式移转物〕和 nec mancipi〔略式移转物〕，dominium Quiritarium〔市民法上的所有权〕和 Bonitarium〔裁判官法上的所有权〕等，不在此处论述之内，因为它们同所有权的概念规定根本无关，而只是所有权史上的一些精制珍馐而已。但是领主所有权和臣民所有权的关系，永佃契约，关于采邑同佃租并其他租金、地租、移转税等进一步的关系（如这类负担不能偿付时还有各种各样规定），从一方面说，固然含有上述空洞的区分，从另一方面说，并不含有这种区分，因为负担和臣民所有权结合在一起，其结果领主所有权同时就成为臣民所有权。即使在这些关系中，除了仅仅上述严格抽象的区分以外，不包含其他任何东西，在那里也不存在着两个真正的主人（domini），而只有一个所有人面对着一个空虚的主人。不过为了负担的缘故，于是设定了处于相互关系中的两个所有人。可是他们并不处于一种共同所有的关系中。从前一种关系推移到后一种关系，是最近便的。这种推移在领主所有权中已具端倪，因为关于领主所有权，被看做本质的东西的是计算收益；所以对所有物支配权中的不

可计算的要素——这一向被认为是光荣的——就让位于Utile〔用益〕，它在这里是理性的要素。

人的自由由于基督教的传播开始开花，并在人类诚然是一小部分之间成为普遍原则以来，迄今已有1500年。但是所有权的自由在这里和那里被承认为原则，可以说还是昨天的事。这是世界史中的一个例子，说明精神在它的自我意识中前进，需要很长时间，也告诫俗见，稍安毋躁。

第63节

在使用中之物是在质和量上被规定了的单一物，并且与特种需要有关。但它的特种有用性，由于具有一定的量，可与其他具有同样有用性之物比较；同样，该物所满足的特种需要同时是一般的需要，因之它可以在特殊性方面与其他需要比较。准此而论，物也可与供其他需要之用的物比较。物的这种普遍性——它的简单规定性，来自物的特异性，因之它同时是从这一特种的质中抽象出来的，——就是物的价值。物的真实的实体性就在这种价值中获得规定，而成为意识的对象。我作为物的完全所有者，既是价值的所有者，同时又是使用的所有者。

附释　享有采邑者的所有权则不同，因为他本来仅仅是物的使用的所有者，而不是价值的所有者。

补充（价值）　这里，质是在量的形式中消失了。也就是说，当我谈到需要的时候，我所用的名称可以概括各种各样不同的事物；这些事物的共通性使我能对它们进行测量。于是思想的进展就从物的特殊的质进到对于质这种规定性无足轻重的范畴，即量。在数学中也可看到同样情形。例如，当我给圆、椭圆和抛物线下定义时，我们看到它们在特种方面是不同的。尽管如此，这些不同曲线的区别仅仅规定在量的方面，就是说，这样地规定，以至于唯一重要的东西是量的差别，它仅仅与系数、与纯粹经验上的大小有关的。在财产方面，由质的规定性所产生的量的规定性，便是价值。在这里质的东西对量给以定量，而且在量中既被废弃同时又被保存。当我们考察价值的概念时，就应把物本身单单看做符号，即不把物作为它本身，而作为它所值的来看。例如，票据并不代表它的纸质，它只是其他一种普遍物的符号，即价值的符号。物的价值对需要说来可以多种多样。但如果我们所欲表达的不是特种物而是抽象物的价值，那么我们用来表达的就是货币。货币代表一切东西，但是因为它不表示需要本身，而只是需要的符号，所以它本身重又被特种价值所支配；货币作为抽象的东西仅仅表达这种价值。我们可能一般地是物的所有人，而同时却不是物的价值所有人；不能出卖或质押其财物的家庭，就不是价值的所有人。但是，由于这种所有权的形式不符合所有权的概念，所以对所有权的这些限制（采邑、信托遗赠），多半在消逝中。

第 64 节

给予占有的形式以及标志本身都是些外部状态，而没有意志的主观表现，唯有意志的主观表现才构成这些外部形态的意义和价值。这种主观表现就是使用、利用或其他意思表示。它是属于时间的;从时间方面说,客观性是这种意思表示的持续。如果没有这种持续,物就成为无主物,因为它被意志和占有的现实所委弃了。因之,我就因时效而丧失或取得所有权。

附释　所以在法中采用时效制度,并非单纯出于表面的而是违背严格法的考虑,即欲杜绝远年请求权所能引起的争执和纠纷,而确保所有权的安全,等等。与此相反,时效制度是建立在所有权的实在性这一规定上,即占有某物的意志必须表达于外。

公共纪念物属于全体国民所有,或者更确切些说,它们像一般艺术品一样供人鉴赏,并借其内在的回忆和荣誉的灵魂,而被视为具有生命和独立目的。一旦它们丧失这种灵魂,在这方面它们对国民说来就变成了无主物,而得为任何私人所有,像在土耳其的希腊和埃及艺术品那样。

著作者家属对他著作的私人所有权,也依同样理由,因时效而消灭。这些著作在下述意义上变为无主物,即它们(与上述的纪念物同样,可是方式相反)变成了一般所有,并按照其物的特殊利用,而变成任何私人所有。

空地,或作冢茔之用或竟永不使用,都含有空虚而不现在的任性,对这种任性的侵害不会使任何现实的东西遭受侵害,因此不能保证对这种任性表示尊重。

补充(时效)　时效建立在我已不再把物看做我的东西这一推定之上。其实,要使某物依旧成为我的,我的意志必须在物中持续下去,而这是通过使用或保存行为表示出来的。

在宗教改革时代,公共纪念物价值的丧失,常常表现在弥撒基金或捐助方面；旧时信仰的精神，即这些弥撒基金的精神丧失了，这些基金就可被私人占有而成为他的所有物。

三　所有权的转让

第 65 节

我可以转让自己的财产，因为财产是我的，而财产之所以是我的，只是因为我的意志体现在财产中。所以一般说来，我可以抛弃(derelinquire)物而使它成为无主物，或委由他人的意志去占有。但是，我之所以能这样做，只是因为实物按其本性来说是某种外在的东西。

补充(转让)　如果时效是未经意志直接表明的转让，那么，我的意志表示不再视物为我所有就是真正的转让。从全面看也可把转让理解为真正的占有取得。直接占有是所有权的第一个环节。使用也同样是取得所有权的方式。然后第三个环节是两者的统一，即通过转让而取得占有。

第 66 节

因此，那些构成我的人格的最隐秘的财富和我的自我意识的普遍本质的福利，或者更确切些说，实体性的规定，是不可转让的，同时，享受这种福利的权利也永远不会失效。这些规定就是：我的整个人格，我的普遍的意志自由、伦理和宗教。

附释　精神根据它的概念或自在地是什么，那么在定在中和自为地它也就该是什么(从而是一个人,他有取得财产的能力,有伦理和宗教),——以上这个理念本身就是精神的概念(这种精神作为 causa sui〔自身原因〕,即作为自由原因,是这样的:cujus natura non potest concipi nisi existens〔它的本性只能设想为存在着〕。斯宾诺莎:《伦理学》,第一部分,界说一)①。这种精神的概念只有通过它自身,而且作为从它定在的自然直接性无限地返回到自身中,才成为它之所以为精神的概念。正是在这种精神的概念中存在着矛盾的可能性,这种矛盾是:仅仅是自在地存在着的东西,不就是自为地存在着的东西(第 57 节),同样倒过来说,仅仅自为地存在着的东西,不就是自在地存在着的东西(在意志方面就是恶)。这里存在着割让人格和它的实体性存在的可能性,不论其割让出于不知不觉的或采取明白表示的方式都好。割让人格的实例有奴隶制、农奴制、无取得财产的能力、没有行使所有权的自由等。割让理智的合理性、道德、伦理、宗教则表现在迷信方面,他如把权威和全权授予他人,使他规定或命令我所应做的事(例如明白表示受雇行窃杀人等等,或做有犯罪可能的事),或者我所应履行的良心上义务,应服膺的宗教真理等等均属之。

对这些不能让与的东西所享有的权利不因时效而消灭,因为我借以占有我的人格和实体性的本质使我自己成为一个具有权利能力和责任能力的人、成为一个有道德原则和宗教信仰的人的那种行为,正好从这些规定中除去了外在性,唯有

① 斯宾诺莎:《伦理学》,商务印书馆 1955 年版,第 3 页。——译者

这种外在性才使他人能占有这些东西。这种外在性既被废弃,时间规定以及根据先前承诺或容忍而来的一切理由也就消失了。我这样地返回于自身——使我作为理念,作为具有权利和道德原则的人而实存,——就扬弃了以前的关系,以及我和他人对我的概念和理性所施加的不法行为,这种不法行为在于把自我意识的无限实存作为外在的东西来处理和听人处理。我这样地返回于自身,就揭露了我把我的权利能力、伦理生活、宗教信仰让给他人占有这种矛盾,因为或者我放弃了我未曾占有的东西,或者我是在放弃我占有之后本质上马上就作为只是我的、不是作为外在物而实存的东西。

补充(不能让与的权利)　按照事物的本性,奴隶有绝对权利使自己成为自由人,如果人们违反他的伦理而雇佣他行窃杀人,这是绝对无效的,谁都有权撤销这种契约。如果我把宗教感情向牧师即听取我忏悔的长老和盘托出,情形正复相同,因为这种内心生活问题只能由他本人自己去解决。一部分落在他人手中的这种宗教感情根本不是什么宗教感情,因为精神只能是一个的,而且应该定居于我的内部。自在存在和自为存在的结合应该属于我的。

第 67 节

我可以把我身体和精神的特殊技能以及活动能力的个别产品让与他人,也可以把这种能力在一定时间上的使用让与他人,因为这种能力由于一定限制,对我的整体和普遍性保持着一种外在关系。如果我把在劳动中获得具体化的全部时间以及我的全部作品都转让了，那就等于我把这些东西中实体性的东西、我的普遍活动和现实性、我的人格，都让给他人所有了。

附释　这一关系跟前面第61节中所述物的实体及其利用的关系是相同的。利用仅以有限制的为限，可与物的实体相区别；同样，我的力的使用也仅以在量上被限定者为限，可与力本身从而与我相区别。力的表现的总体就是力本身，正如偶性的总体就是实体，特殊化的总体就是普遍物。

补充（奴隶制和雇佣关系）　这里所分析的是奴隶和今日的佣仆或短工之间的区别。雅典的奴隶恐怕比今日一般佣仆担任着更轻的工作和更多的脑力劳动，但他们毕竟还是奴隶，因为他们的全部活动范围都已让给主人了。

第68节

精神产品的独特性，依其表现的方式和方法，可以直接转变为物的外在性，于是别人现在也能同样生产。其结果新所有人取得了这种物之后可因而把其中所展示的思想和所包含的技术上发明变成他自己的东西，而且这种可能性有时（如关于书籍）构成这种取得的唯一目的和价值。除此之外，新所有人同时占有了就这样表达自己和复制该物的普遍方式和方法。

附释　艺术作品乃是把外界材料制成为描绘思想的形式，这种形式是那样一种物：它完全表现作者个人的独特性，以至于它的仿制本质上是仿制者自身的精神和技术才能的产物。著作品借以成为外在物的形式，与技术装置的发明一样，都是属于一种机械方法。在著作品中，我们只是用一系列零星的抽象符号，而不是以具体的造形把思想表达出来。在技术装置的发明中，全部思想都具有机械的内容。如果把这些机械的物品作为物品来制造，则其制造的方式和方法是属于普通的技艺。但是在艺术作品和工匠产品这两极之间有着各种不同阶段，有时多带着些有时少带着些这一头或那一头。

第 69 节

尽管著作品的作者或技术装置的发明者依然是复制这种作品或物品的普遍方式和方法的所有人，因为他没有把这种普遍方式和方法直接转让他人，而是把它作为自己特有的表现方法保留下来，然而这种产品的取得者取得了样品之后，即占有作为单一物的样品的完全使用权和价值，因而他是作为单一物的样品之完全而自由的所有人。

附释 著作者和发明者权利的实体，不应该首先求之于他在出让个别复制品时任意附加的条件，规定出让后归他人占有了的、把这种产品作为物来复制的那种可能性，不归他人所有，而依然为发明者所有。首先要解决的问题是，把物的所有权跟复制它的可能性——这种可能性连物一并给予受让人——分离开来，在概念上是否容许，是否就不会取消了完全和自由的所有权（第 62 节）。然后应该认为重要的是，最初精神上创作者的任意决定，即或者他把这种复制可能性为自己保留下来，或者把它作为一种价值出让了，或者认为它没有什么价值，于是把它和单一物一起放弃了。但是说起来，这种可能性具有一个特点，它成为该物的一个方面，根据这一方面该物不但可被占有，而且构成一种财产（参阅后面第 170 节以下）。它之所以是一种财产就在于对物的外部使用的特殊方式和方法，这种方式和方法跟对物所直接规定的使用是不同的，而且是可以分立的（这种财产不是像 foetura〔家畜繁殖〕那样的 accessio naturalis〔自然添附〕）。由于这种差别属于性质上是可以分割的领域，即属于外部的使用，所以把使用权一部分出让了，一部分保留起来，并不是保留着缺乏使用要素的支配权。

促进科学和艺术的纯粹消极的然而是首要的方法，在于保证从事此业的人免遭盗窃，并对他们的所有权加以保护，这与促进工商业最首要和最重要的方法在于保证其免在途中遭到抢劫，正复相同。此外，精神产品旨在使人得到理解，并使他们的表象、记忆、思维等等掌握它而化为己有。然后他们把所学到的东西（其实学习并不专指用记忆的方法背诵词句；他人的思想只能通过思维来理解，而这种重复思虑也就是学习）也加以表达，而同样变成一种可转让的物品；这种表达总是很容易具有某种独特的形式的，其结果他们就把由此产生的财产看做属于自己所有，并主张自己有权照样生产。一般说来，科学传播，尤其是一定知识的传授，都是以复述一般既经发表的和从外方采来的已证实的思想为其使命和义务，此在各种实证科学、教会教义、法学理论等尤其如此。以传授知识和传播与普及科学为目的所写成的著作亦同。现在，复述所采取的形式，应达到何种程度，才使现存科学知识的宝库，特别是他人的思想——而该他人还依然在其精神产品中保持外在所

有权的——变成复述者的特种精神上财产，从而使他有权利把它们变成他的外在所有权？又达到何种程度还不能使他有这种权利？著作品的复述到何种程度成为一种剽窃？对于这些问题不大好作出精确规定，因而在法的原则上和法律中没有规定下来。所以剽窃只能是一个面子问题，并依靠面子来制止它。

因此之故，禁止翻印的法律只是在一定范围内，而且在极其有限的范围内，达成了法律上保护著作者及发行者所有权的目的。故意在形式上作某些变更，或者对在他人作品中的广泛科学知识以及渊博理论想出一些不痛不痒的小小修改，这是轻而易举的事；至于把理解了的东西照原作者的词句一字不改地来叙述，那是不可能的；于是自然而然地离开了需要作这种复述的特殊目的而产生出花样繁多的无穷变更，这些变更对他人所有物打上了多少表面上是自己的东西的印记。例如千百种的概要、文选、汇编等等，以及算术书、几何书、劝导宗教信仰的册子等等所表明的，就是这样；又如在评论杂志、诗集年刊、百科全书等等中的每一种新思想都可以立刻在相同的或变更了的标题下加以复述，并且主张它是某种独特的东西。这样就很容易使著作者和独创企业家对自己作品或巧思获得利润的期望变成泡影，或者彼此都减少收入，或者大家破产垮台。

但是，关于面子对制止剽窃所起的作用，令人讶异的是，我们不再听到剽窃或剽贼等语，可能因为面子已发生了消除剽窃的作用，可能因为剽窃已不再是不体面的事，因而对它的

反感也消失了；再不然，可能因为人们把渺小的新奇想法和外在形式的变更高估为独创和出自心裁的产物，竟完全没有想到这是一种剽窃。

第 70 节

外界活动的包罗万象的总和，即生命，不是同人格相对的外在的东西，因为人格就是这一人格自身，它是直接的。放弃或牺牲生命不是这个人格的定在，而正相反。所以一般说来，我没有任何权利可以放弃生命，享有这种权利的只有伦理理念，因为这种理念自在地吞没这个直接的单一人格，而且是对人格的现实权力。正像生命本身是直接的，死是生的直接否定；因此，死必须来自外界：或出于自然原因，或为理念服务，即死于他人之手。

补充（自杀）　不言而喻，单个人是次要的，他必须献身于伦理整体。所以当国家要求个人献出生命的时候，他就得献出生命。但是人是否可以自杀呢？人们最初可能把自杀看做一种勇敢行为，但这是裁缝师傅和侍女的卑贱勇气。其次，它又可能被看做一种不幸，因为由于心碎意灰，遂致自寻短见。但是主要问题在于，我是否有自杀的权利。答案将是：我作为这一个人不是我生命的主人，因为包罗万象的活动总和，即生命，并不是与人格——本身就是这一直接人格——相对的外在的东西。因此，说人有支配其生命的权利，那是矛盾的，因为这等于说人有凌驾于其自身之上的权利了。所以人不具有这种权利，因为不是凌驾于自身之上的，他不能对自己作出判断。海格立斯自焚其身，布鲁陀斯以剑自刎，这种都是对他人格的英勇行为。但是如果单就自杀权而论，那么就对这批英雄来说也不得不加以否认。

从所有权向契约的过渡

第 71 节

作为特定存在的定在，实质上是为他物的存在（第 48 节附释），从财产是作为外在物的定在这方面看，财产对于其他外在物以及在它们相互联系的范围内来说，是必然性和偶然性。但是，财产作为意志的定在，作为他物而存在的东西，只是为了他人的意志而存在。这种意志对意志的关系就是自由赖以获得定在的特殊的和真正的基础。这是一种中介，有了它，我不仅可以通过实物和我的主观意志占有财产，而且同样可以通过他人的意志，也就是在共同意志的范围内占有财产。这种中介构成契约的领域。

附释　人们缔结契约关系，进行赠与、交换、交易等等，系出于理性的必然，正与人们占有财产相同（参阅第 45 节附释）。就人的意志说，导致人去缔结契约的是一般需要、表示好感、有利可图等等，但是导致人去缔结契约的毕竟是自在的理性，即自由人格的实在（即仅仅在意志中现存的）定在的理念。契约以当事人双方互认为人和所有人为前提。契约是一种客观精神的关系，所以早已含有并假定着承认这一环节。（参阅第 35 节和第 57 节两节的附释）

补充（作为契约基础的普遍意志）　在契约中，我通过共同意志而拥有所有权。这就是说，理性的利益在于主观意志成为普遍意志，并把自己提高到这种现实化。所以**这个**主观意志的规定还留存于契约中，而且留存于与他人意志的共同性中。至于普遍意志在这里还只是以共同性的形式和形态出现的。

第二章　契约

第 72 节

通过契约所成立的所有权，它的定在或外在性这一方面已不再是单纯的物，而包含着意志（从而是他人的意志）的环节。契约是一个过程，在这个过程中表现出并解决了一个矛盾，即直到我在与他人合意的条件下终止为所有人时，我是而且始终是排除他人意志的独立的所有人。

第 73 节

我不但能够转让作为外在物的所有权（第 65 节），而且在概念上我必然把它作为所有权来转让，以便我的意志作为定在的东西对我变成客观的。但在这种情况下，作为已被转让了的我的意志同时是他人的意志。所以这种情况——在其中这种概念上的必然性是实在的——就是不同意志的统一，在这种统一中，双方都放弃了它们的差别和独特性。但是双方意志的这种同一又（在这一阶段上）包含着这种情况：一方的意志并不与他方的意志同一，而且他自身是并且始终是特殊意志。

第 74 节

由此可知，契约关系起着中介作用，使在绝对区分中的独立所有人达到意志同一。它的含义是：一方根据其本身和他方的共同意志，终止为所有人，然而他是并且始终是所有人。它作为中介，使意志一方面放弃一个而是单一的所有权，他方面接受另一个即属于他人的所有权；这种中介发生在双方意志在同一中联系的情况下，就是说，一方的意志仅在他方的意志在场时作出决定。

第 75 节

契约双方当事人互以直接独立的人相对待，所以契约（甲）从任性出发；（乙）通过契约而达到定在的同一意志只能由双方当事人设定，从而它仅仅是共同意志，而不是自在自为地普遍的意志；（丙）契约的客体是个别外在物，因为只有这种个别外在物才受当事人单纯任性的支配而被割让（第 65 节以下）。

附释　这样看来，婚姻不可能归属于契约的概念下，而康德竟把它归属于契约的概念下（《法学的形而上学的第一要义》，第 106 页以下[①]），可说竭尽情理歪曲之能事。同样，国家的本性也不在于契约关系中，不论它是一切人与一切人的契约还是一切人与君主或政府的契约。把这种契约的关系以及一般私有财产关系掺入到国家关系中，曾在国家法中和现实世界造成极大混乱。过去一度把政治权利和政治义务看做

---

① 《道德形而上学》，第一部，第 24—27 节。——拉松版

并主张为特殊个人的直接私有权，以对抗君主和国家的权利，现在却把君主和国家的权利看成契约的对象，看成根据于契约，并看成意志的单纯共同物，而由结合为国家的那些人的任性所产生的。以上两种观点无论怎样不同，但有一点是相同的，它们都把私有制的各种规定搬到一个在性质上完全不同而更高的领域。其详请阅下文关于伦理和国家[①]。

补充（国家契约说）　近人很欢喜把国家看做一切人与一切人的契约。他们说，一切人与君主订立契约，而君主又与臣民订立契约。这种见解乃是由于人们仅仅肤浅地想到不同意志的统一这一点而来。但在契约中存在着两个同一的意志，它们构成双方当事人，并且愿意继续成为所有人。所以契约是从人的任性出发，在这一出发点上婚姻与契约相同。但就国家而论，情形却完全不同，因为人生来就已是国家的公民，任何人不得任意脱离国家。生活于国家中，乃为人的理性所规定，纵使国家尚未存在，然而建立国家的理性要求却已存在。入境或出国都要得到国家许可，而不系于个人的任性，所以国家决非建立在契约之上，因为契约是以任性为前提的。如果说国家是本于一切人的任性而建立起来的，那是错误的。毋宁说，生存于国家中，对每个人说来是绝对必要的。现代国家的一大进步就在于所有公民都具有同一个目的，即始终以国家为绝对目的，而不得像中世纪那样就国家问题订立私人条款。

① 即本书第三篇，特别是第 258 节，第 278 节，第 294 节。——译者

第 76 节

共同意志借以成立的双方同意，把让与某物的否定环节和接受某物的肯定环节分配于双方当事人之间，这时，契约是形式的，例如赠与契约。但若当事人每一方的意志都构成这两个中介环节的整体，因而在契约中成为而且始终成为所有人，这时，契约可叫做实在的，例如互易契约。

补充（实在的契约）　契约中有两个同意和两个物，即我既欲取得所有权又欲放弃所有权。实在的契约指当事人每一方都做全了，既放弃所有权又取得所有权，在放弃中依然成为所有人。形式的契约则指仅仅当事人一方取得或放弃所有权。

第 77 节

因为实在的契约中，当事人每一方所保持的是他用以订立契约而同时予以放弃的同一个所有权，所以，那个永恒同一的东西，作为在契约中自在地存在的所有权，与外在物是有区别的，外在物因交换而其所有人变更了。上述永恒同一的东西就是价值。契约的对象尽管在性质上和外形上千差万别，在价值上却是彼此相等的。价值是物的普遍物（第 63 节）。

附释　法律规定显然不利（laesio enormis）是本于契约所承担的义务的一种撤销原因，这种规定导源于契约的概念，特别导源于当事人由于放弃其所有权而仍为所有人——说得更精确些，仍为在量上等价的所有人——这一环节。但是，如果就不可转让的财物(第60节)订立让与契约或任何约定，那么其不利不止是显然的(其不利超过价值一半以上者视为显然的)而已，而且是无限的。

再者，约定与契约不同，首先在内容上，约定只意味着整个契约中的某一个别部分或环节；其次，它是契约固定下来的一种形式，详见下文[①]。从内容方面说，约定只包含着契约的形式上规定，即一方同意给付某物而他方同意接受某物。因此之故，约定可以列入所谓单务契约。契约之区分为单务契约和双务契约以及罗马法中关于契约的其他分类，一方面是从个别的而且往往是外表的方面如契约成立的方式和方法来考虑，而作出肤浅的排列；另一方面(别的不说)，把有关契约本身性质的各种规定，跟有关司法(诉讼)和依实定法所产生的法律上效果的各种规定，而且往往是根源于外部情况而违反法的概念的各种规定，混为一谈。

第 78 节

所有权和占有的差别，也就是实体方面和外表方面(第45节)的差别，在契约的领域中变成了共同意志和意志的实现或合意和给付的差别。已告成立的合意本身是一种被表象的东西，在这点上它与给付不同，从而它必须按照表象的特殊定在方式(《哲学全书》第379节[②]以下)，即用符号给予合意以特殊定在，或者表达为

① 参阅本书第217节。——译者

② 第3版，第458节以下。——拉松版

约定，已往虽采用姿势和其他象征性行为的形式，或者尤其采用语言而作明确表示，因为语言是对表象说来最贵重的要素。

附释　按照这一规定，约定诚然是一种形式，它使契约中所订立的最初只是在表象中的内容获得定在，但是对内容具有表象只是一种形式，而不意味着内容，因而是某种主观的东西，期望和希求这个或那个，反之，内容是对于这种主观的东西所作出的决定。

补充（契约的符号）　我们在所有权的学说中已经见到了所有权和占有、实体性的东西和外在的东西之间的差别，同样，在契约中我们见到作为合意的共同意志和作为给付的特殊意志之间的差别。由于契约是意志和意志间的相互关系，所以契约的本性就在于共同意志和特殊意志都获得表达。在文明民族，用符号来表示的合意跟给付是分别存在的，但在未开化民族，两者往往合而为一。例如在锡兰的森林中，有一种经营商业的民族，他们把所有物放在一处，静候别人来把他的所有物在对面放下进行交换。这里哑巴式的意思表示与给付并无不同。

第 79 节

约定包含着意志这一方面，从而包含着契约中法的实体性的东西。同这种实体性的东西比较起来，在契约未履行前依旧存在的那种占有本身只是某种外在的东西，它的规定完全依赖于意志。通过约定，我放弃了所有权和在所有权中的我的特殊任性，所有权就马上属于他人的了。所以通过这种约定，我就在法上直接负有给付的义务。

附释　单纯诺言和契约的区别在于，前者所表明的我欲赠与某物，从事某事或给付某物都是未来之事，所以仍然是我的意志的主观规定，从而我还可以把它变更。反之，契约中的约定条款本身已是我的意志决定的定在，意思是说由于约定，我让与了我的东西，如今它已不再为我所有，而且我已承认其为他人所有。罗马法中 pactum〔无形约束〕和 contractus〔契约〕的区分是一种错误的分类。

费希特一度主张：只有在他方开始实行给付的时候，我才开始负有遵守契约的义务，因为在他方尚未着手给付以前，我不能确定他方是否想认真履行，所以在未给付以前，债务只具有道德性质，而不具有法律性质[①]。但是，约定的表示不是平常一般的表示，而是包含着已经成立于当事人之间的共同意志，它消除了当事人的恣意妄为和任性变更，所以问题不在于他方是否心中曾经有过或已经有了别种想法的可能性，而在于他方是否有那样做的权利。即使他方开始履行，我依然可以任意毁约的。又费希特的观点是毫无价值的，因为它把契约中法的东西建立在恶的无限即无限过程上，建立在时间、物质、行为等等的无限可分性上。意志在身体的姿势或明确表示的语言中所达到的定在，已经完全是作为理智的意志的定在，给付只是由此所生的不由自主的必然结果而已。

① 《论纠正公众对法国革命的判断》，载《费希特全集》，第 6 卷，第 111 页以下。——拉松版

此外，在实定法中尚有所谓实践契约，其与所谓诺成契约的区别，除了合意，还须要实物的交付(res〔物〕，traditio rei〔物的交付〕)，其契约始为完全有效；但这与问题实质无关。一方面实践契约指一些特殊场合，即相对人对我所实行了这种交付，才使我处于给付的地位，我所应为给付的债务只是与我所取到手的物相关，如消费贷借、质押契约、寄托等是(在其他契约也可能有这种情形)。但这并不是有关约定和给付的关系的性质的问题，而是有关给付的方式和方法的问题。另一方面实践契约还有一种场合，即当事人可以任意在契约中约定，一方应为给付的债务不就订在契约本身中，而以债务的发生仅仅系于他方的给付。

第 80 节

契约的分类以及本于这种分类而对各种契约的理智上处理，不应从外部情况、而应从存在于契约本身本性中的差别引申出来。这些差别就是形式的契约与实在的契约，然后是所有权与占有和使用，价值与特种物等等的区分。于是可得出如下的分类(这里所作的区分大体上是跟康德的区分相一致的，《法学的形而上学的第一要义》，第 120 页以下。放弃实践契约和诺成契约，有名契约和无名契约等通常习用的契约分类，而采用合理的分类，这是好久以来所期待着的)。

(一)赠与契约，又分为：

(1)物的赠与，即真正的所谓赠与。

(2)物的借贷，即以物的一部分或物的限定享受和使用赠与于人，这里贷与人仍然是物的所有人（无租息的 mutuum〔消费借贷〕和 commodatum〔使用借贷〕）。这里的物或者是特种物，或者虽然是特种物，但仍可被视为普遍的，或算作普遍的东西本身（例如货币）。

(3)一般劳务的赠与，例如，财产的单纯保管（depositum〔寄托〕）。附有特种条件的赠与，即在赠与人死亡时——此时赠与人已根本不再是所有人了——他方才成为所有人，那是遗赠，初不属于契约的概念，而且以市民社会和立法为前提的[①]。

（二）交换契约：

(1)互易，又分为：

（甲）物本身的互易，即一个特种物与其他特种物的互易。

（乙）买卖（emtio，venditio），即特种物与被规定为普遍的物之间的互易，后者即货币，只算作价值，而不具有在使用上的其他特种规定。

(2)租赁（locatio，conductio），即收取租金而把财产让给他人暂时使用，又分为两种：

（甲）特种物的租赁，即本来的租赁。

（乙）普遍物的租赁，在这场合，出租人依然是这种物即价值的所有人——例如，金钱借贷（mutuum〔消费借贷〕，甚或 commodatum〔使用借贷〕而附有租金的亦属之。物的进一步的经验性状，例如它是楼房、家具、

① 参阅本书第 179 节以下。——译者

房屋等等，或它是 res fungibilis〔代替物〕或 res non fungibilis〔非代替物〕，也带来——像赠与(2)的借贷那样——其他特殊的、但并不重要的规定)。

(3)雇佣契约(locatio operae)，即按限定时间或其他限制让与我的生产操作或服务作业，——以可让与的为限(参阅第 67 节)。

与此相类似的有委托和其他契约，其给付是以品性，信任或高等才能为根据的，而其所给付的也不可以外在的货币价值来衡量的(所以其报酬不叫做工资，而叫做谢礼)。

(三)用设定担保来补足契约(cautio)。

我订立契约而把物的使用转让他人时，我虽然不占有该物，但仍为该物的所有人(例如在租赁的情形)。其次，在互易契约、买卖契约，甚至赠与契约的情形下，我虽尚未占有，但已成为所有人；其余一般不采用银货两讫方式所为的给付，都会有这种分离情况。至于担保所造成的情况是：在一种情形我依然处于、在另一种情形我被置于对价值的现实占有中，作为价值它依然是或已经成为我的所有物，但在任何一种情形，我对所放弃的或将成为我的特种物，并不取得占有。担保设定在特种物上，这个特种物只是在我放弃而由他人占有的所有物价值范围内，或是在应归属于我的所有物价值的范围内，才为我所有。至于该物的特种性状以及多余价值仍为担保人所有。所以设定担保其本身不是契约，而只是一种约定(第 77 节),即在占有财产方面补足契约的一个环节。抵押权和人的保证都是担保的特殊形式。

补充(设定担保)　在契约中,通过合意(约定)而物为我所有(虽然尚未为我占有),与通过给付而我取得占有,这两件事是有区别的。现在我既然是该物的道地所有人,设定担保的目的就在于使我想同时占有该项财产的价值,因而在合意中已经含有保证给付的意思。人的保证是设定担保权的特殊种类,即由某人以其诺言和信用来保证我的给付,这里是以人作保,至于设定物上担保则仅仅以物作保。

第 81 节

在直接的人之间的相互关系中,他们的意志一般说来虽然是自在地同一的,而且在契约中又被他们设定为共同意志,但仍然是特殊意志。因为他们都是直接的人,所以其特殊意志是否与自在地存在的意志(唯有通过特殊意志才获得实存)相符合,乃是偶然的事。特殊意志既然自为地与普遍意志不同,所以它表现为任意而偶然的见解和希求,而与法本身背道而驰,——这就是不法。

附释　向不法过渡系出于逻辑上较高的必然性,根据这个必然性,概念的各个环节——在这里是自在的法或作为普遍物的意志,以及在实存中的法(这个实存就是意志的特殊性)——被设定为自为地不同的东西,而这是属于概念的抽象实在性。但是意志的这种特殊性,单独说来是任性和偶然性,在契约中我只把它作为对个别事物的任性,而没有作为意志本身的任性和偶然性予以放弃。

补充(契约和不法)　在契约中我们看到了两个意志的关系,它们成为共同意志。但是这种同一的意志只是相对的普遍意志,被设定的普遍意志,从而仍然是与特殊意志相对立的。契约中的合意固然产生请求给付的权利,然而给付又依存于特殊意志,而特殊意志本身可能违反自在地存在的法而行动的。所以这里就出现了早已存在于意志本身中的否定,而这种否定就是不法。一般说来,过程就是清除意志的直接性,并从意志的共同性中唤起了作为对抗它的东西而出现的特殊性。由于缔约者在契约中尚保持着他们的特殊意志,所以契约仍未脱离任性的阶段,而难免陷于不法。

第三章　不法

第 82 节

自在的法在契约中作为被设定的东西而出现，它的内在普遍性则作为当事人双方的任性和特殊意志的共同的东西而出现。法和它本质的定在即特殊意志直接地即偶然地相互一致这一现象，在不法中变成了假象[①]，也就是说，变成了自在的法和使法成为特殊的法的那种特殊意志相对立的局面。但是这一假象的真理乃是虚无的，法通过对自己否定的否定而又返回于自身；通过自我否定返回于自身这一过程，法把自己规定为现实的和有效的东西，至于最初法仅仅是自在地存在的和某种直接的东西。

补充（法与不法）　自在的法即普遍的意志，作为本质上被特殊意志所规定的东西，是与某种非本质的东西相关的。这就是本质对它的现象的关系。纵然现象符合本质，但是从另一方面看，它并不符合本质，因为现象是偶然性的阶段，是与非本质的东西相关的本质。不过在不法中现象进而成为假象。假象是不符合本质的定在，是本质的空虚的分离和设定，从而两者间的差别是一种截然的不同。所以假象是虚妄的东

① 参阅《哲学全书》，第 131 节。——译者

西，在要求自为地存在时，便消失了。在假象消失的过程中本质作为本质，即作为假象的力而显示出来。本质把否定它的东西又否定了，因而成了坚固的东西。不法就是这样一种假象，通过它的消失，法乃获得某种巩固而有效的东西的规定。我们所称为本质的东西就是自在的法，违反它的特殊意志是作为不真的东西而被扬弃的。先前法不过具有直接的存在，如今经过自我否定而返回到自身，并成为现实的，因为现实就是要发生实效的东西，并在它的他在中保持自身的，反之直接的东西还是容易遭受否定的。

第 83 节

法作为特殊的东西，从而与其自在地存在的普遍性和简单性相对比，是繁多的东西，而取得假象的形式时，它或者是自在的或直接的假象，即无犯意的或民事上的不法，或者被主体设定为假象，即诈欺，或者简直被主体化为乌有，即犯罪。

补充（不法的种类）　这样看来，不法就是把自己设定为独立的东西的那本质的假象。当假象只是潜在的而非自觉的，即在我以不法为法时，这就是无犯意的不法。这时对法说来是假象，而对我说来却不是假象。第二种的不法是诈欺。这时它对法自身说来不是什么假象，实际情形是我对他人造成了假象。由于我进行诈欺，对我说来法是一种假象。在前一种情形，对法说来，不法是一种假象。在后一种情形，对我本身即对不法说来，法仅仅是一种假象。最后，第三种的不法是犯罪。这无论自在地或对我说来都是不法，因为这时我意图不法，而且也不应用法的假象。我无意使犯罪行为所指向的他方把自在自为地存在的不法看成法。诈欺和犯罪的区别在于，前者在其行为的形式中还承认有法，而在犯罪则连这一点也没有。

一　无犯意的不法

第 84 节

占有（第 54 节）和契约在它们自身和它们的特殊种类上，一般说来首先是我的意志种种不同的表示和结果；因为意志自在地是普遍物，所以只要他人承认，就可成为权原。但是权原是相互外在和多种多样的，因之就同一物权原可能属于各个不同的人，每个人会根据其特殊权原而认该物为其所有。由此就产生了权利冲突。

第 85 节

根据某种权原而要求某物所产生的这种权利冲突，构成民事权利争讼的领域。在这里包含着承认法为普遍物和决定性的因素，所以物应属于对它有权利的那个人。这种争讼只是关于物应归一方或他方所有，——是一种单纯否定的判断，在“我的东西”这一谓语中，只是特殊的东西被否定了[①]。

① 参阅《哲学全书》，第 173 节补充。——译者

第 86 节

当事人对法的承认是跟他们之间相互对立的特殊利益和观点有联系的。自在的法同这种假象相对抗，同时就在这种假象本身中（前节）出现了自在的法，作为被表象着和要求的东西。但是自在的法最初不过作为应然而出现，因为这里所存在的意志尚未从利益的直接性解放出来，以至于作为特殊意志它尚未以普遍意志为其目的；而且在这里意志尚未被规定为得到被承认的现实，似乎对着它当事人就得放弃其特殊的观点和利益的。

补充（权利争讼）　自在地存在的法具有一定的根据，而我之以不法为法也是用某种根据来进行辩护的。有限的和特殊的东西的本性就在于为偶然性留余地。在这里我们既然处于有限的东西的阶段，冲突的发生是势所必然的。这第一种的不法只不过否定了特殊意志，对普遍的法还是尊重的，所以一般说来它是最轻微的不法。当我说蔷薇花不是红的，我毕竟还承认它是有颜色的。这时我并不否定类，而只否定红这种特殊颜色。同样，在这里法是被承认的，每个人都希求法的东西，都盼望得到法的东西。他的不法只在于他以他所意愿的为法。

二　诈欺

第 87 节

自在的法在跟作为特殊的和定在的东西的法有区别的时候，

是被规定为被要求的并且是本质的东西；但是在这种情况下，它同时仅仅是被要求的东西，而且从这方面说它是某种纯粹主观的东西，从而不是本质的而仅仅是假象的东西。所以当普遍物被特殊意志贬低为单纯假象的东西，首先在契约中被贬低为意志的单纯外在共同性的时候，就发生了诈欺。

补充（诈欺）　在不法的这第二个阶段上，特殊意志虽被重视，而普遍的法却没有被尊重。在诈欺中特殊意志并未受到损害，因为被诈欺者还以为对他所做的是合法的。这样，所要求的法遂被设定为主观和单纯假象的东西，这就构成诈欺。

第 88 节

我为了物的特殊性状的缘故通过契约而取得该物的所有权；同时我的取得又是根据该物的内部普遍性，这种普遍性一方面是关于它的价值；另一方面是由于该物原系他人所有。在这方面，他方的任性可能给我虚伪的假象，因此，该契约作为双方自由合意而就这个物按其直接单一性进行交换说来，固然十分正当，但在其中欠缺自在地存在的普遍物这一方面。（这就是肯定表达或同义反复的无限判断，参阅《哲学全书》，第 121 节）[①]

第 89 节

为了反对把物仅仅作为这个物来接受，反对单纯臆测的意志和任性的意志，客观或普遍的东西应认为可以作为价值来认识，并

① 第 3 版，第 173 节。——拉松版

应看做法；此外，违法的主观任性也应予废弃；以上这些，在这里首先都不过是一种要求。

补充（诈欺和刑罚）　对无犯意的民事上不法，不规定任何刑罚，因为在这里并无违法的意志存在。反之，对诈欺就得处以刑罚，因为这里的问题是法遭到了破坏。

三　强制和犯罪

第 90 节

我的意志由于取得所有权而体现于外在物中，这就意味着我的意志在物内得到反映，正因为如此，它可以在物内被抓住而遭到强制。因而我的意志在物中可能无条件地受到暴力的支配或者被强迫作出某种牺牲、某种行为，以作为保持某种占有或肯定存在的条件。这就是对它实施强制。

补充（犯罪）　真正的不法是犯罪，在犯罪中不论是法本身或我所认为的法都没有被尊重，法的主观方面和客观方面都遭到了破坏。

第 91 节

诚然，作为生物，人是可以被强制的，即他的身体和他的外在方面都可被置于他人暴力之下；但是他的自由意志是绝对不可能被强制的（第 5 节），除非它本身不从其所受拘束的外在性或不从其对这种外在性的表象撤退出来（第 7 节）。只有自愿被强制的意志才能被强制成为某种东西。

第 92 节

由于意志只有达到定在的时候才是理念，才是现实地自由的，又由于意志体现于其中的定在是自由的存在，所以暴力或强制在它的概念中就自己直接破坏了自己，因为作为意志的表示，它扬弃了意志的表示或定在。所以抽象地说，暴力或强制是不法的。

第 93 节

关于强制在它的概念中自己破坏自己这一点，在强制被强制所扬弃中获得其实在的表现。所以强制不仅是附条件地合法的，而且是必然的，它是作为扬弃第一种强制的第二种强制。

附释　由于不为约定给付而违反契约，或者由于作为或不作为而违反对家庭和国家的法定义务，都是第一种强制或至少是暴力，因为我未履行对他人应尽的义务或夺取属于他人的财产。

教育上的强制或对野蛮人和未开化人所施的强制，初看好像是第一种强制而不是随着先前的第一种强制而来的强制。但是，纯粹自然的意志本身是对抗自在地存在的自由的理念的一种暴力，为了保护这种自由的理念，就必须反对这种未开化的意志，并克制它。或者伦理的定在早经设定于家庭或国家中，于是上述的自然性是对抗伦理性的定在的一种暴力行为，或者是一种赤裸裸的自然状态，是一般暴力横行的状态，为了对抗它，理念创立了英雄权利。①

补充（英雄权利）　在国家中已再不可能有英雄存在，英雄只出现在未开化状态。英雄的目的是合法的、必然的和政治性的，而且他们以实现这种目的为自己的事业。英雄之建立国家，实施婚姻和农业，当然不是以为自己被承认有这种权利。这些行为还是作为他们的特殊意志而表现出来的。但英雄所实施的那种强制，作为理念对抗自然性的更高的权利，乃是一种合法的强制，因为采用温和手段来对抗自然的暴力是不会有什么成效的。

第 94 节

抽象法是强制法，因为侵犯它的不法行为就是侵犯我的自由在外在物中的定在的暴力；所以抵抗暴力以维护我的自由的定在这件事本身乃作为外在的行为而出现的，它是扬弃上述第一种暴力的暴力。

附释　给抽象法或严格意义上的法自始就下这样一个定义，说它是可以强制大家遵守的法，就等于从结果来理解法，而这种结果是经过不法的弯路才出现的。

补充（法和道德）　这里必须特别注意法的东西和道德的东西的区别。在道德的东西中，即当我在自身中反思时，也有着两重性，善是我的目的，我应该按照这个理念来规定自己。善在我的决定中达到定在，我使善在我自身中实现。但是这

① 参阅 102 节附释和第 350 节。——译者

种定在完全是内心的东西，人们对它不能加以任何强制。所以国家的法律不可能想要及到人的心意，因为在道德的领域中，我是对我本身存在的，在这里暴力是没有什么意义的。

第95节

自由人所实施的作为暴力行为的第一种强制，侵犯了具体意义上的自由的定在，侵犯了作为法的法，这就是犯罪，也就是十足意义的否定的无限判断（参阅我的《逻辑学》，第2卷，第99页）[①]，因而不但特殊物（使物从属于我的意志）（第85节）被否定了，而且同时，在“我的东西”这一谓语中的普遍的东西和无限的东西即权利能力，也不经过我的意见的中介（如在诈欺的情形）（第85节），甚至藐视这种中介，而被否定了。这就是刑法的领域。

附释　违反了它便是犯罪这样一种法，迄今为止只具有以上各节所述的种种形态，从而犯罪也首先在与这些规定相关中具有更确定的意义。但是在这些形式中的实体性东西就是普遍物，在它进一步的发展和形态中也仍然如此，因而违反了它在概念上也仍然是犯罪。所以下节所考察的规定也与特殊的被进一步规定了的内容有关，这种内容见于例如伪誓罪，国事罪、伪造货币和票据罪等等。

第96节

由于唯有达到了定在的意志才会被侵犯，而这种意志在定在

① 《黑格尔全集》，第5卷，1833年版，第90页。——拉松版

中进入了量的范围和质的规定的领域，从而与此相应地各有不同，所以对犯罪的客观方面说来也同样有以下的区别，即这种定在及其一般规定性，是否在其全部范围内，从而在与其概念相等的无限性上受到侵犯（例如杀人、强令为奴、宗教上强制等等），还是仅仅一部分或其质的规定之一，受到侵犯。

附释 斯多葛派的见解只知有一种德行和一种罪恶，德拉科的立法规定对一切犯罪都处以死刑，野蛮的形式的荣誉法典把任何侵犯都看做对无限人格的损害；——总之它们有一个共同点，即他们都停留在自由意志和人格的抽象思维上，而不在其具体而明确的定在中，来理解自由意志和人格，作为理念，它必须具有这种定在的。

强盗和窃盗的区别是属于质的区别，在前一种情形，我是作为现在的意识，从而作为这个主体的无限性而遭到侵害，而且我的人身遭受了暴力的袭击。

有关犯罪的许多质的规定，例如危害公共安全[1]，在被进一步规定了的各种情况中有其根据，但也往往通过结果的弯路而不是从事物的概念而被理解的，例如，单从其直接性状上看来是更加危险的犯罪，从它的范围和性质上说来也是更加严重的侵害。

犯罪的主观道德性质是与更高级的差别有关，一般说来，某一事件和事实终究达到了何种程度才是一种行为，而牵涉

① 参阅本书第218节，第319节附释。——译者

到它的主观性质本身，关于这个问题，容后详论[①]。

补充（刑罚的标准）　对各个犯罪应该怎样处罚，不能用思想来解决，而必须由法律来规定。但是由于文化的进步，对犯罪的看法已比较缓和了，今天刑罚早已不像百年以前那样严峻。犯罪或刑罚并没有变化，而是两者的关系发生了变化。

第 97 节

对作为法的法所加的侵害虽然是肯定的外在的实存，但是这种实存在本身中是虚无的。其虚无性的表现就在于同样出现于外在的实存中的对上述侵害的消除。这就是法的现实性，亦即法通过对侵害自己的东西的扬弃而自己与自己和解的必然性。

补充（刑罚的意义）　犯罪总要引起某种变化，事物便在这种变化中获得实存，但是这种实存是它本身的对立物，因而在本身中乃是虚无的。其虚无性在于作为法的法被扬弃了，但是作为绝对的东西的法是不可能被扬弃的，所以实施犯罪其本身是虚无的，而这种虚无性便是犯罪所起作用的本质。虚无的东西必然要作为虚无的东西而显现出来，即显现自己是易遭破坏的。犯罪行为不是最初的东西、肯定的东西，刑罚是作为否定加于它的，相反地，它是否定的东西，所以刑罚不过是否定的否定。现在现实的法就是对那种侵害的扬弃，正是通过这一扬弃，法显示出其有效性，并且证明了自己是一个必然的被中介的定在。

① 参阅本书第 113 节以下。——译者

第 98 节

仅仅对外在的定在或占有所加的侵害，只是对某种形式的所有权或财产所加的不利或损害；扬弃造成损害的侵害便是给被害人以民事上的满足，即损害赔偿，如果可以找到这种赔偿的话。

附释　说到满足这一方面，当损害达于毁坏和根本不能回复原状的程度时，损害的普遍性状，即价值，就必须取代损害在质方面的特殊性状。

第 99 节

但是，对自在地存在的意志（不仅指加害人的意志，而且包括被害人和一切人的意志）所加的侵害，在自在地存在的意志本身中，以及在侵害所产生的单纯状态中，都不具有肯定的实存。这种自在地存在的意志（法或自在的法律），就其自身说，并不是外在实存的东西，因而是不可被侵害的。同样，对被害人和其他人的特殊意志说来，侵害不过是某种否定的东西。侵害唯有作为犯人的特殊意志才具有肯定的实存。所以，破坏这一作为定在着的意志的犯人的特殊意志，就是扬弃犯罪（否则会变成有效的了），并恢复法的原状。

附释　刑罚理论是现代实定法学研究得最失败的各种论题之一，因为在这一理论中，理智是不够的，问题的本质有赖于概念。如果把犯罪及其扬弃（随后被规定为刑罚）视为仅仅是一般祸害，于是单单因为已有另一个祸害存在，所以要采用这一祸害，这种说法当然不能认为是合理的（克莱因：《刑法原理》,第9节以下)[①]。关于祸害的这种浅近性格,在有关刑罚的各种不同理论中,如预防说、儆戒说、威吓说、矫正说等,都被假定为首要的东西;而刑罚所产生的东西,也同样肤浅地被规定为善。但是问题既不仅仅在于恶,也不在于这个或那个善,而肯定地在于不法和正义。如果采取了上述肤浅的观点,就会把对正义的客观考察搁置一边,然而这正是在考察犯罪时首要和实体性的观点。这就自然而然地产生下面的结果:道德观点即犯罪的主观方面变成了本质的东西,而这种犯罪的主观方面是跟一些庸俗的心理学上观念相混杂的,认为刺激和感性冲动与理性相对比是太强烈了,此外,又是跟一些强制和影响人们观念的心理上因素相混杂的(似乎自由没有同样的可能把人们这种观念贬低为某种单纯偶然的东西)。关于作为现象的刑罚、刑罚与特种意识的关系,以及刑罚对人的表象所产生的结果(儆戒、矫正等等)的种种考虑,固然应当在适当场合,尤其在考虑到刑罚方式时,作为本质问题来考察,但是所有这些考虑,都假定以刑罚是自在自为地正义的这一点为其基础。在讨论这一问题时,唯一有关重要的是:首先犯罪应予扬弃,不是因为犯罪制造了一种祸害,而是因为它侵害作为法的法;其次一个问题是犯罪所具有而应予扬弃的是怎样一种实存;这种实存才是真实的祸害而应予铲除的,它究竟在哪里,这一点很重要。如果对这里成为问题的各个概念没有明确的认识,关于刑罚的见解必将依然混淆不清。

① 克莱因(1742—1810)从1800年起担任柏林高等法院推事。——拉松版

补充（费尔巴哈论刑罚）　费尔巴哈的刑罚理论[①]以威吓为刑罚的根据，他认为，不顾威吓而仍然犯罪，必须对罪犯科以刑罚，因为他事先已经知道要受罚的。但是怎样说明威吓的合法性呢？威吓的前提是人不是自由的，因而要用祸害这种观念来强制人们。然而法和正义必须在自由和意志中，而不是在威吓所指向的不自由中去寻找它们的根据。如果以威吓为刑罚的根据，就好像对着狗举起杖来，这不是对人的尊严和自由予以应有的重视，而是像狗一样对待他。威吓固然终于会激发人们，表明他们的自由以对抗威吓，然而威吓毕竟把正义摔在一旁。心理的强制仅仅跟犯罪在质和量上的差别有关，而与犯罪本身的本性无关，所以根据这种学说所制定的法典，就缺乏真正的基础。

第100节

加于犯人的侵害不但是自在地正义的，因为这种侵害同时是他自在地存在的意志，是他的自由的定在，是他的法，所以是正义的；不仅如此，而且它是在犯人自身中立定的法，也就是说，在他的达到了定在的意志中、在他的行为中立定的法。其实，他的行为，作为具有理性的人的行为，所包含着的是：它是某种普遍物，同时通过这种行为犯人定下了一条法律，他在他的行为中自为地承认它，因此他应该从属于它，像从属于自己的法一样。

---

① 保罗·约翰·安塞尔姆·费尔巴哈（1775—1833），是德国古典哲学家、杰出的唯物主义者路德维希·费尔巴哈的父亲，从1817年起担任班堡上诉法院首任院长，著有《德国普通刑法》（1801年）一书。——译者

附释 如所周知，培卡利亚[①]否认国家有处死刑的权利，其理由，因为不能推定在社会契约中包含着个人同意，听人把他处死；毋宁应该推定与此相反的情形。可是，国家根本不是一个契约（见第 75 节），保护和保证作为单个人的个人的生命财产也未必就是国家实体性的本质，反之，国家是比个人更高的东西，它甚至有权对这种生命财产本身提出要求，并要求其为国牺牲。其次，犯人行动中所包含的不仅是犯罪的概念，即犯罪自在自为的理性方面——这一方面国家应主张其有效，不问个人有没有表示同意，——而且是形式的合理性，即单个人的希求。认为刑罚既被包含着犯人自己的法，所以处罚他，正是尊敬他是理性的存在。如果不从犯人行为中去寻求刑罚的概念和尺度，他就得不到这种尊重。如果单单把犯人看做应使变成无害的有害动物，或者以儆戒和矫正为刑罚的目的，他就更得不到这种尊重。再其次，就正义的实存形式来说，它在国家中所具有的形式，即刑罚，当然不是它的唯一形式，国家也不是正义本身的前提条件。

补充（死刑） 培卡利亚要求，对人处刑必须得到他的同意，这是完全正确的。但是犯人早已通过他的行为给予了这种同意。不仅犯罪的本性，而且犯人自己的意志都要求自己所实施的侵害应予扬弃。尽管这样，培卡利亚想废除死刑的这种努力曾经产生良好的结果。即使约瑟夫二世和法国人没

---

① 培卡利亚（1738—1794）是意大利的人道主义刑法学家，著有《犯罪和刑罚》（1764 年）一书，18 个月中出了 6 版，译成 20 种以上的欧洲文字，在欧洲风行一时。——译者

有能够把死刑完全废掉，但是人们已经开始探究哪些犯罪应处死刑，哪些不应处死刑。因此，死刑变得愈来愈少见了；作为极刑，它应该如此。

第 101 节

犯罪的扬弃是报复，因为从概念说，报复是对侵害的侵害，又按定在说，犯罪具有在质和量上的一定范围，从而犯罪的否定，作为定在，也是同样具有在质和量上的一定范围。但是这一基于概念的同一性，不是侵害行为特种性状的等同，而是侵害行为自在地存在的性状的等同，即价值的等同。

附释 在普通科学中某一规定的定义，这里是刑罚的定义，应求之于意识的心理经验中的一般观念，如果这里也采用这种方法，就会显得民族和个人对犯罪的一般感情现在和过去都是主张应对犯罪处以刑罚，即以其人之道还治其人之身。不能不看到，把一般观念作为从中取得它们各种规定的来源的那些科学，怎么会在其他场合接受与这种所谓普遍的意识事实相矛盾的命题。

但是，等同这一规定，给报复的观念带来一个重大难题；刑罚在质和量的性状方面的规定是合乎正义的这一问题，诚然比起事物本身实体性的东西来是发生在后的。即使为了对这后来发生的问题作进一步的规定，我们必须探求规定刑罚的普遍物的一些原理以外的其他原理，但是这个普遍物仍然会依它的本来面貌而存在。一般说来，只有概念本身才必然含有对特殊物说来也是基本的原理。但是概念所给予刑罚的这个规定正是上述犯罪和刑罚的必然联系，即犯罪，作为自在地虚无的意志，当然包含着自我否定在其自身中，而这种否定就表现为刑罚。正是这一种内在同一性在外界的反映，对理智说来显得是等同的。然而犯罪的质和量的性状以及犯罪的扬弃是属于外在性的领域，在这一领域中当然不可能有什么绝对规定（参阅第 49 节）；在无限性的天地中，绝对规定不过是一种要求，必须由理智经常对它设定更多的界限，这一点是非常重要的；而且这种要求继续前进，毫无止境，但只是永远接近满足而已。

如果我们不仅忽略有限性的本性，而且完全停留在抽象的种的等同性上，那么，当规定刑罚的时候，不仅会遇到不可克服的困难（尤其心理学还要援引感性冲动的强度以及与之相联系的或者是恶的意志在比例上的更大强度，或者是一般意志的自由在比例上的更小强度——看你喜欢哪一种），而且根据这种观点，很容易指出刑罚上同态报复的荒诞不经（例如以窃还窃，以盗还盗，以眼还眼，以牙还牙，同时我们还可以想到行为人是个独眼龙或者全口牙齿都已脱落等情况）。但是概念与这种荒诞不经根本无关，它应完全归咎于上述那种犯罪和刑罚之间种的等同性的主张。价值这一范畴，作为在实存中和在种上完全不同的物的内在等同性，在契约方面（参照上述[①]）以及在为对抗侵害而提起的民事诉讼方面（第 95

① 参阅本书第 77 节。——译者

节[①]),早已提到了;通过这一规定,我们对物的观念就从物的直接性状提高到普遍物。犯罪的基本规定在于行为的无限性,所以单纯外在的种的性状消失得更为明显,而等同性则依然是唯一的根本规则,以调整本质的东西,即罪犯应该受到什么刑罚,但并不规定这种科罚的外在的种的形态。单从这种外在的种的形态看来,一方面窃盗和强盗他方面罚金和徒刑等等之间存在着显著的不等同,可是从它们的价值即侵害这种它们普遍的性质看来,彼此之间是可以比较的。寻求刑罚和犯罪接近于这种价值上的等同,是属于理智范围内的事,业如上述。如果不理解犯罪及其否定之间自在地存在的联系,不理解关于价值以及两者可按价值进行比较的思想,那么就会(克莱因:《刑法原理》,第9节)在真正的刑罚中只看到祸害和不法行为的任意结合。

补充(作为报复的刑罚) 报复就是具有不同现象和互不相同的外在实存的两个规定之间的内在联系和同一性。对犯罪进行报复时,这一报复具有原来不属他的、异己的规定的外观。可是如我们已经看到的,刑罚毕竟只是犯罪的显示,这就是说,它是必然以前一半为其前提的后一半。报复首先会遭到这种非难,即它显得是某种不道德的东西,是复仇,因而它可能被看作某种个人的东西。但是实行报复的不是某种个人的东西,而是概念。在《圣经》中上帝说:"复仇在我。"[②]如果

① 诺克斯英译本指为第98节。——译者

② 《新约全书·罗马书》,第12章,第19节。——译者

我们从报复这个词中得出主观意志的特殊偏好那种观念，那就不能不指出，报复只是指犯罪所采取的形态回头来反对它自己。欧美尼德斯[①]们睡着，但是犯罪把她们唤醒了，所以犯罪行为是自食其果。现在，报复虽然不能讲究种的等同，但在杀人的场合则不同，必然要处死刑，其理由是，因为生命是人的定在的整个范围，所以刑罚不能仅仅存在于一种价值中——生命是无价之宝，——而只能在于剥夺杀人者的生命。

第 102 节

在法的直接性这一领域中，犯罪的扬弃首先是复仇，由于复仇就是报复，所以从内容上说它是正义的，但是从形式上说复仇是主观意志的行为，主观意志在每一次侵害中都可体现它的无限性，所以它是否合乎正义，一般说来，事属偶然，而且对他人来说，也不过是一种特殊意志。复仇由于它是特殊意志的肯定行为，所以是一种新的侵害。作为这种矛盾，它陷于无限进程，世代相传以至无穷。

附释　在把犯罪不是作为 crimina publica〔公罪〕而只作为 privata〔私罪〕（例如，犹太和罗马的窃盗和强盗，英国今天还存在着的一些犯罪）予以追诉和处罚的场合，刑罚至少还带有一部分复仇的意味，英雄和冒险骑士等等的复仇行为与私人复仇不同，它们是属于建立国家的性质[②]。

补充（作为刑罚形式的复仇）　在无法官和无法律的社会

① 希腊神话中司复仇的女神。——译者

② 参阅本书第 93 节附释和补充以及第 350 节。——译者

状态中，刑罚经常具有复仇的形式，但由于它是主观意志的行为，从而与内容不相符合，所以始终是有缺点的。固然法官也是人，但是法官的意志是法律的普遍意志，他们不愿意把事物本性中不存在的东西加入刑罚之内。反之，被害人看不到不法所具有的质和量的界限，而只把它看作一般的不法，因之复仇难免过分，重又导致新的不法。在未开化民族，复仇永不止息，例如在阿拉伯人中间，只有采用更强大的暴力或者实行复仇已不可能，才能把复仇压制下去。在今天许多立法例中，也还有复仇的残迹存在，例如侵害事件应否提出于法院，可由个人自行决定。

第 103 节

要求解决在这里扬弃不法的方式和方法中所存在的这种矛盾（像在其他不法情况下的矛盾一样）（第 86 节和第 89 节），就是要求从主观利益和主观形态下，以及从威力的偶然性下解放出来的正义，这就是说，不是要求复仇的而是刑罚的正义。在这里首先存在着对这样一种意志的要求，即虽然是特殊的主观意志，可是它希求着普遍物本身。但是这种道德的概念不仅仅是被要求的东西，而且是在概念的运动本身中显现出来的。

从法向道德的过渡

第 104 节

犯罪和复仇的正义揭示着意志发展的形态，这一发展形态呈现为自在的普遍意志和跟它对立的自为地存在的单个意志之间的区分，其次，它揭示着自在地存在的意志通过这一对立的扬弃而返回于自身，从而本身成为自为的和现实的意志。这样，法在纯粹自为地存在的单个意志面前，就通过它的必然性而成为并被证实为现实的。这一形态同时也是意志的内在概念规定的进展过程。意志根据它的概念，在它本身中的现实化是一种过程，它把它自己最初存在的并在抽象法中具有形态的那种自在的存在和直接性的形式加以扬弃(第 21 节)，从而首先在自在地存在的普遍意志和自为地存在的单个意志的对立中设定自己，然后再通过这一对立的扬弃，即通过否定的否定，把自己作为在定在中的意志规定起来，以致它不仅是自在地自由的而且是自为地自由的意志，这就是说，它把自己规定为自我相关的否定性。在抽象法中，意志的人格单单作为人格而存在，如今意志已把人格作为它的对象。这种自为地无限的自由的主观性构成了道德观点的原则。

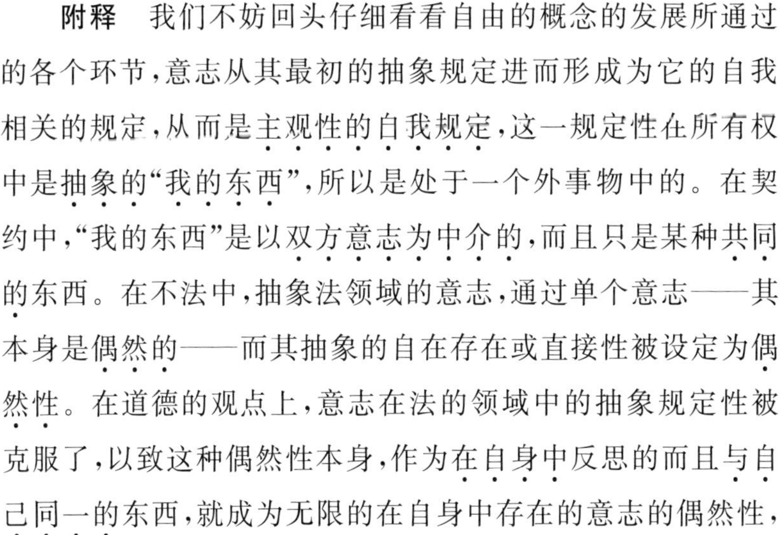

附释 我们不妨回头仔细看看自由的概念的发展所通过的各个环节，意志从其最初的抽象规定进而形成为它的自我相关的规定，从而是主观性的自我规定，这一规定性在所有权中是抽象的“我的东西”，所以是处于一个外事物中的。在契约中，“我的东西”是以双方意志为中介的，而且只是某种共同的东西。在不法中，抽象法领域的意志，通过单个意志——其本身是偶然的——而其抽象的自在存在或直接性被设定为偶然性。在道德的观点上，意志在法的领域中的抽象规定性被克服了，以致这种偶然性本身，作为在自身中反思的而且与自己同一的东西，就成为无限的在自身中存在的意志的偶然性，即意志的主观性。

补充　（向道德的过渡）　概念存在着，而且概念的定在与概念相符合，这就是真理。在抽象法中，意志的定在是在外在的东西中，但在下一阶段，意志的定在是在意志本身即某种内在的东西中。这就是说，意志对它自身来说必须是主观性，必须以本身为其自己的对象。这种对自身的关系是肯定的，但只有通过自己直接性的扬弃才能达到。这样，在犯罪中被扬弃了的直接性通过刑罚，即通过否定的否定，而导向肯定——导向道德。

第二篇　道德

第 105 节

道德的观点是这样一种意志的观点，这种意志不仅是自在地而且是自为地无限的（前节）。意志的这种在自身中的反思和它的自为地存在的同一性，相反于意志的自在存在和直接性以及意志在这一阶段发展起来的各种规定性，而把人规定为主体。

第 106 节

由于主观性如今已成为概念的规定性而与概念本身即自在地存在的意志有别，又由于主观意志同时作为自为地存在的单个人而存在（也还带有直接性），所以主观性就是概念的定在。这样，就对自由规定了一个更高的基地；现在，理念的实存方面或它的实在环节是意志的主观性。只有在作为主观意志的意志中，自由或自在地存在的意志才能成为现实的。

附释　所以，第二个领域即道德是完全表述自由的概念的实在方面的，这一领域的过程如下：最初仅仅自为地存在的意志，即与自在地存在的或普遍的意志直接地、仅仅自在地同一的意志，根据它和普遍意志的差别——它在这种差别中深入到自身——而被扬弃了，并且被设定为与自在地存在的意志自为地同一。所以，这一运动就是对自由今后的基地即主观性进行加工，把这一最初是抽象的即与概念有别的主观性变成与概念相等的东西，从而使理念获得真正的实现。这样一来，主观意志就同时规定自己为客观的，从而是真正具体的。

补充　（作为自为地存在的自由的道德）　在严格意义的抽象法中，还未发生什么是我的原则或我的意图的问题。这一个关于意志的自我规定和动机以及关于故意的问题，现在在道德领域中才被提到日程上来。人都意愿别人对他按他的自我规定来作出评价，所以不问各种外在的规定怎样，他在这种关系中是自由的。人在自身中的这种信念是无法突破的，任何暴力都不能左右它，因此道德的意志是他人所不能过问的。人的价值应按他的内部行为予以评估，所以道德的观点就是自为地存在的自由。

第 107 节

意志的自我规定同时是概念的环节，而主观性不仅仅是意志定在的方面，并且是意志的特有规定（第 104 节）。被规定为主观的、自为地自由的意志，最初是作为概念而存在的，为了成为理念，于是使本身达到定在。所以，道德的观点，从它的形态上看就是主观意志的法。按照这种法，意志承认某种东西，并且是某种东西，但仅以某种东西是意志自己的东西，而且意志在其中作为主观的东西而对自身存在者为限。

附释　道德观点发展的同一过程（见前节附释），从这一方面看来，具有主观意志的法的发展形态，或者是它的定在方式的形态。在这个过程中，主观意志进一步规定它在它的对象中所承认的自己的东西，使之成为它的真实概念，成为表达它的普遍性的客观的东西。

补充（意志的主观性）　意志的主观性这一整个规定是一个整体，这个整体作为主观性也必须具有客观性。在主体中自由才能得到实现，因为主体是自由的实现的真实材料。但是我们叫做主观性的这种意志的定在，与自在自为地存在的意志是有区别的。这就是说，意志为了成为自在自为地存在的意志，必须把自己从纯粹主观性这另一片面性中解放出来。在道德中成为问题的是人的独特利益，而这一独特利益之所以具有高度价值，正因为人知道它自身是绝对的东西，并且是自我规定的。未受教养的人在一切事情中听从暴力和自然因素的支配，小孩子不具有道德的意志，而只听其父母摆布，但是有教养的和能内省的人，希求他本身体现在他所做的一切事情中。

第 108 节

所以，作为直接自为的而与自在地存在的意志区分开来的主观意志（第 106 节附释）是抽象的、局限的、形式的。但是主观性不仅是形式的，而且作为意志的无限的自我规定，它构成一切意志的形式。由于这种形式当初在单个意志中这样出现的时候，尚未被设定为与意志的概念同一，所以道德的观点是关系的观点、应然的观点或要求的观点。再由于主观性的自我区分同时包含着跟作为外部定在的客观性相对立的规定，所以在这里又出现了意识的观点（第8节），总之，这是意志的自我区分，它的有限性和现象的观点。

附释　道德的东西并非自始就被规定为与不道德的东西相对立的，正如法并非规定为直接与不法相对立的，毋宁应该说，道德和不道德的一般观点都是成立在意志主观性这一基础之上的。

补充（应然）　在道德中，自我规定应设想为未能达到任何实在事物的、纯不安和纯活动。唯有在伦理中，意志才与意志的概念同一，而且仅仅以意志的概念为其内容。在道德的领域中意志尚与自在地存在的东西相关联，所以它是自我区分的观点，而这一观点的发展过程就是主观意志跟它的概念的同一化。所以原在道德中的应然在伦理的领域中才能达到，而且主观意志与之处于某种关系中的这种他物具有两重性，一方面它是概念这种实体性的东西；另一方面它是外部定在的东西。即使人们在主观意志中被设定了善，但这并不就是实行。

第109节

按照意志的一般规定，这种形式首先包含着主观性和客观性的对立以及与此相关的活动（第8节）。这种活动的各个环节更精确些说是这样的：定在和规定性在概念中是同一的（参阅第104节），作为主观的东西的意志其本身就是这种概念，把两者区分各自独立，然后把它们设定为同一。在自我规定的意志中，规定性（甲）首先是作为由意志本身在自己内部所设定的东西，这就是意志在它内部的特殊化，自己给予自己的内容。这是第一个否定，它的形式上限度只是一种被设定的东西、主观的东西。作为在自身中的无限反思，这种限度是对意志本身存在着的，而意志（乙）则希求扬弃这种界限，它是把这种内容从主观性转化为一般客观性、转化为直接定在的活动。（丙）在这一对立中的意志跟它自己的简单同一，就是在双方对立面中始终如一，而且是与这种形式的差别漠不相关的内容，这就是意志的目的。

第110节

但是在道德的观点上，意志知觉到它的自由，它的这种自我同一（第105节），于是这种内容的同一就具有下列更详确的独特规定。

（一）该内容作为我的东西，对我是这样规定的：它在主观和客观的同一中，不仅作为我的内在目的，而且当它已具有外在的客观性时，自己意识到包含着我的主观性。

补充（意图的效力）　主观或道德的意志的内容含有一个特有的规定，这就是说，即使内容已获得了客观性的形式，它仍应包含着我的主观性，而且我的行为仅以其内部为我所规定而是我的故意或我的意图者为限，才算是我的行为。凡是我的主观意志中所不存在的东西，我不承认其表示是我的东西，我只望在我的行为中重新看到我的主观意识。

第 111 节

（二）这种内容虽然包含某种特殊物（不论是从哪里来的），它毕竟是在它的规定性中在自身中反思的意志的内容，从而是自我同一的、普遍的意志的内容，所以（甲）这种内容其本身含有与自在地存在的普遍意志相符合的规定，或者具有概念的客观性的规定；但是（乙）由于主观意志是自为地存在的同时仍然是形式的（第 108 节），因之这一符合不过是一种要求，而且它同时含有与概念不相符合的可能性。

第 112 节

（三）由于我在实现我的目的时保持着我的主观性（第 110 节），我就在这些目的客观化的同时，扬弃在这一主观性中直接的东西以及它之所以成为我个人的主观性的东西。但是与我这样同一起来的外在的主观性是他人的意志（第 73 节）。现在，意志实存的基地是主观性（第 106 节），而他人的意志是我给予了我的目的的实存，同时它对我说来是他物。所以我的目的的实现包含着这种我的意志和他人意志的同一，其实现与他人意志具有肯定的关系。

附释　因此，被实现了的目的的客观性包含着三种意义，或者毋宁说，在同一物中包含着三个环节：（甲）外在的直接的定在（第 109 节），（乙）与概念的符合（第 112 节），（丙）普遍主观性。保持在这一客观性中的主观性在于，（甲）客观的目的是我的目的，所以我是作为这个我而在其中保持着自身（第110节）；至于主观性的（乙）和（丙）已经与客观性的（乙）和（丙）两个环节相符合一致。主观性和客观性这些规定，在道德的观点上，是相互区分的，只是成为矛盾而彼此结合起来，正是这一点特别构成了这一领域的现象方面或有限性（第108节）。这一观点的发展就是这些矛盾及其解决的发展，而其解决在道德的领域内只能是相对的。

补充（道德的普遍有效性）　在论述形式法时，我们已经说过[1]，这种法单以禁令为其内容，因之严格意义的法的行为，对他人的意志说，只具有否定规定。反之，在道德的领域中，我的意志的规定在对他人意志的关系上是肯定的，就是说，自在地存在的意志是作为内在的东西而存在于主观意志所实现的东西中。这里可看到定在的产生或变化，而这种产生或变化是与他人意志相关的。道德的概念是意志对它本身的内部关系。然而这里不止有一个意志，反之，客观化同时包含着单个意志的扬弃，因此正由于片面性的规定消失了，所以建立起两个意志和它们相互间的肯定关系。在法中，当我的意志在所有权中给自己以定在时，他人的意志在与我的意志相关中愿意做些什么，殊属无足轻重。反之，在道德领域中，他人的幸福也被牵涉到而成为问题。这种肯定的关系只有在这里才能出现。

① 参阅本书第38节。——译者

第 113 节

意志作为主观的或道德的意志表现于外时，就是行为。行为包含着上述各种规定，即（甲）当其表现于外时我意识到这是我的行为；（乙）它与作为应然的概念有本质上的联系[①]；（丙）又与他人的意志有本质上的联系。

附释　道德的意志表现于外时才是行为。在形式法中，意志是在一种直接物中给予自己以定在的，所以这种定在本身是直接的，而且其本身最初与那尚未跟主观意志相对立的、也未跟它区分的概念，没有明显的关系，也与他人的意志没有任何肯定的关系；法的命令，从它的根本规定说来，只不过是一种禁止（第 38 节）。在契约和不法中才开始与他人意志发生关系，但是在契约中所成立的合意是基于任性的；而且在契约中跟他人意志的本质关系，作为法的东西说来，还是某种消极的东西，即一方面，我还保留着我的所有权（在价值上），另一方面承认着他人的所有权。反之，犯罪的方面，作为发自主观意志的东西以及按它在意志中的实存方式，在这里才初次成为我们所欲考察的问题。至于诉讼上的行为（actio），在内容上已为法规所规定，所以不能归责于我，它仅包含——而且是外表式地——真正道德上的行为的若干环节。因此，其所以成为真正的道德上的行为与其所以成为法律上的行为，其间是有区别的。

① 参阅本书第 131 节。——译者

第 114 节

道德意志的法包括如下三个方面：

（一）行为的抽象法或形式法，即这种行为在直接定在中实施时的内容，一般说来是我的东西，从而它是主观意志的故意。

（二）行为的特殊方面就是它的内部内容，（甲）它的一般性格，对我说来是明确的，而我对这种一般性格的自觉，构成行为的价值以及行为之所以被认为我的行为；这就是意图。（乙）行为的内容，作为我的特殊目的，作为我的特异主观定在的目的，就是福利。

（三）这一内容作为内部的东西而同时被提升为它的普遍性，被提升为自在自为地存在的客观性，就是意志的绝对目的，即善，在反思的领域中，伴随着主观普遍性的对立，这种主观普遍性时而是恶，时而是良心。

补充（道德行为的各个环节）　任何行为如果要算作道德的行为，必须首先跟我的故意相一致，因为道德意志的法，只对于在意志定在内部作为故意而存在的东西，才予以承认。故意仅仅涉及外在的意志应在我的内部也作为内在的东西而存在这一形式的原则。相反地，在第二个环节，就要研究行为的意图，即行为在自我相关中的相对价值。最后第三个环节，不仅仅是行为的相对价值，而且行为的普遍价值，即善。行为的第一个分裂是故意的东西和达到定在而成就了的东西之间之分，第二个分裂是外在地作为普遍意志而存在的东西和我所给予这种意志的特殊内部规定之间之分，最后，第三，意图应同时是行为的普遍内容。善就是被提升为意志的概念的那种意图。

第一章　故意和责任

第 115 节

在行为的直接性中的主观意志的有限性，直接在于其行为假定着外部对象及其种种复杂情况。行动使目前的定在发生某种变化，由于变化了的定在带有“我的东西”这一抽象谓语，所以意志一般说来对其行动是有责任的。

附释　某桩事变，某一既出现的状态，是一种具体的外在现实，所以其中情况不胜繁多。作为这种状态的条件、根据、原因而出现每一个环节，都贡献它的一分力量，而可被看做应对这种状态负责，或者至少有一部分责任。所以形式的理智遇到一种复杂事变（例如法国革命），就要在无数情况中选择其一，而主张其应负责任。

补充（归责）　凡是出于我的故意的事情，都可归责于我，这一点对犯罪说来是特别重要的。不过责任的问题还只是我曾否做过某事这种完全外部的评价问题；我对某事负责，尚不等于说这件事可归罪于我。

第 116 节

我的所有物，作为外在物，处于各色各样的联系中，而且发生着作用(这种情形同样可以对我本身——作为机体或生物——发生)。如果它们对他人造成损害,这诚然不是我自己的作为,但其损害应多少由我负责,因为那些物根本是我的,而且按其独特的性质多少受到我的支配和注意的。

第 117 节

本身能行动的意志,在它所指向目前定在的目的中,具有对这个定在的各种情况的表象。但是,因为意志为了这种假定(第 115 节)的缘故是有限的,所以客观现象对意志说来是偶然的,而且除了意志的表象所包含者外还可能包含着其他东西。但是意志的法,在意志的行动中仅仅以意志在它的目的中所知道的这些假定以及包含在故意中的东西为限,承认是它的行为,而应对这一行为负责。行动只有作为意志的过错才能归责于我。这是认识的法。

补充(责任)　在意志面前摆着其行为所指向的定在。它必须具有对定在的表象,才能作出行为;而且仅仅以摆在我面前的定在为我所认知者为限,我才负真实的责任。因为意志是如此假定的,所以它是有限的;或者不如倒过来说,因为它是有限的,所以它是此假定的。只要我是合乎理性地思考和希求,我就不处于这种有限的地位,因为这时我的行为所指向的对象已不是与我对立的他物了。但是有限性意味着固定的限度和限制。在我的面前有一个他物,它仅仅是偶然的东西,单纯外在的必然的东西,它可能与我相一致也可能与我不同。毕竟我只是与我的自由相关,而我的意志仅以我知道自己所作的事为限,才对所为负责。欧狄普斯不知道他所杀死的是他的父亲，那就不能对他以杀父罪提起控诉。不过古代立法不像今天那样注重主观的方面和归责问题。因此在古代产生了避难所，以庇护和收容逃避复仇的人。

第 118 节

其次，移置于外部定在中、并按其外部的必然联系而向一切方面发展起来的行为，有多种多样的后果。这些后果，作为以行为的目的为其灵魂的形态来说，是行为自己的后果（它们附属于行为的）。但是行为同时又作为被设定于外界的目的，而听命于外界的力量，这些力量把跟自为存在的行为全然不同的东西来与行为相结合，并且把它推向遥远的生疏的后果[①]。所以按照意志的法，意志只对最初的后果负责，因为只有这最初的后果是包含在它的故意之中。

附释　什么是偶然的结果和什么是必然的结果，这是很难确定的，因为有限的东西的内在必然性，是作为外在的必然性，即作为个别事物的相互关系而达到定在的，而这些事物作为独立的东西是互不相关地、相互外在地聚集在一起的。论行为而不问其后果这样一个原则以及另一个原则，即应按其后果来论行为并把后果当作什么是正义的和善的一种标准，两者都属于抽象理智。后果是行为特有的内在形态，是行为本性的表现，而且就是行为本身，所以行为既不能否认也不能

① 席勒：《华伦斯坦之死》，第一场第四幕："一旦离开了它的母床，这安全的心坎，被抛到生疏的人寰，它已经受着了人所不能操纵的恶力的羁绊。"——拉松版（中译文见《华伦斯坦》，生活书店，第 111 页）

轻视其后果。但是另一方面，后果也包含着外边侵入的东西和偶然附加的东西，这却与行为本身的本性无关。有限的东西的必然性所包含的矛盾的发展，在定在中恰恰是必然性转变为偶然性，偶然性转变为必然性。所以从这方面看，做一种行为就等于委身于这一规律。

正是根据这个道理，所以，如果犯罪行为所发生的后果为害不大，这对犯人是有利的（正如善的行为不会有什么后果或者后果很少，那也只好算了），如果犯罪使其后果得到比较完全的发展，就得对这些后果负责。

英雄的自我意识（见于例如欧狄普斯等的古代悲剧），还没有从它的天真中走出，达到反思，以区分行动和行为，外部事件和故意及认识（即对各种情况的认识），也没有达到对种种后果作出分析，而竟接受了对行动的全部范围负责。

补充（故意和意图）　向意图的过渡在于，我只对属于我的表象的东西承认负责。这就是说，人们只能以我所知道的事况归责于我。另一方面，即使我只造成个别的、直接的东西，但是有一些必然的后果是同每一种行为相结合的，这些后果就构成了包含于个别的直接的东西中的普遍物。我固然不能预见到那些也许可以防止的后果，但我必须认识到个别行动的普遍性质。在这里，问题不是个别而是整体，而这不与特殊行为的特定方面相关，而是与其普遍性质相关。现在，由故意向意图的过渡在于，我不但应该知道我的个别行为，而且应知道与它有关的普遍物。这样出现的普遍物就是我所希求的东西，就是我的意图。

第二章　意图和福利

第 119 节

行为的外部定在是一种复杂的综合体，得被视为无限地分成各个单一性，因之行为可认为首先只是与其中一个单一性相接触。但是单一物的真理是普遍物，行为的规定性自身并不是限于外在单一性而孤立的内容，而是在自身中含有复杂联系的普遍内容。出自一个能思维的人的故意，不仅含有单一性，而且实质上含有上述行为的普遍方面，即意图。

附释　在语源学上意图一方面指普遍性的形式这种抽象；另一方面指从具体事物的特殊方面抽出来的抽象。用意图来竭力替行为辩解，就是把单一方面孤立起来，并主张这一方面是行为主观方面的本质。

对一种行为，不先规定其合法或不合法的方面，而作为外界事件加以判断，就等于给它一个普遍谓语，说这种行为是杀人放火等等。

外界现实的零星规定性表明着外界现实的本性无非是外在联系。人们首先仅仅在个别一点上接触现实（例如，放火仅仅同木材的一个小点直接有关，而这样说只是提供一个命题，不是作出判断），但是这一点的普遍性质意味着它的扩张。在生物中，单一物不是直接作为部分而是作为器官而存在的，在器官中存在着普遍物本身。所以在杀人的场合，遭受侵害的不是作为单一物的一块肉，而是其中的生命本身。一方面，主观反思无视普遍与单一的逻辑性质，而把单一部分和各种后果细加分裂；另一方面有限性事件的本性包含着偶然性的这种分离。dolus indirectus〔间接故意〕的发明就是根据上述而来的。

补充（间接故意）　一种行为可能或多或少地受到种种情况的冲击，这是当然的事。在放火的场合，可能不发生火灾，或相反地可能燃烧得比放火者所设想的更厉害。尽管这样，这里不应作出什么吉祥与凶煞的区别，因为人在行为时，必然要同外界打交道。古谚说得好："从手里掷出的石头，变成了魔鬼的石头。"在行为时我本身就暴露在凶煞面前。所以凶煞对我具有权利，也是我自己意志的定在。

第 120 节

意图的法在于，行为的普遍性质不仅是自在地存在，而且是为行为人所知道的，从而自始就包含在他的主观意志中。倒过来说，可以叫做行为的客观性的法，就是行为的法，以肯定自己是作为思维者的主体所认识和希求的东西。

附释　这种对事物洞察的法连带发生一个结果，即小孩、白痴、疯子等等，就其自身行为完全没有或仅有限定的责任能力。但是，正像行为在其外部定在方面包含着种种偶然后果一样，主观的定在也包含着不确定性，而其不确定程度是与自我意识和思虑的力量之强弱有关。可是，这个不确定性只能就痴呆、疯癫等等以及童年加以考虑，因为唯有这种决定性的状态才消灭思维和意志自由的特质，而容许我们把行为人作为缺乏能思维的人的尊严、意志的尊严那样的人来看待。

第 121 节

行为的普遍性质就是还原为普遍性这一简单形式的一般行为的繁复内容。但是，主体作为在自身中反思的，从而是与客观特殊性相关的特殊物，在它的目的中具有他所特有的特殊内容，而这种内容是构成行为的灵魂并给行为以规定的。行为人的这个特殊性的环节之包含于行为中，并在其中得到实现，构成更具体意义上的主观自由，也就是在行为中找到他的满足的主体的法。

补充(动机) 我意识到自身并在自身中反思，这时我还只是与我的行为的特殊性相关的特殊物。我的目的构成规定着我的行为的内容。例如，杀人放火是普遍物，所以还不是我的行为——作为主体的行为——的肯定内容。如果发生了这类犯罪，我们就要问他为什么要犯罪。他决不是为了杀人而杀人，而必然具有一个特殊的肯定目的。假如我们说，杀人是出于他好杀成性，那么，这种好杀成性就已经是主体的肯定内容本身，而其行动则是所以满足主体的欲求的。所以更精确些说，行动的动机就是我们叫做道德的东西，而且照这样说来，道德的东西具有两重意义：在故意中的普遍物与意图的特殊方面。近人特别对行为常常追问动机。以前人们只不过问，这人是否正直的人？他是否在尽他的义务？今天人们却要深入到他们内心，而且同时假定着在行为的客观方面和内在方面——即主观动机——之间隔着一条鸿沟。当然，主体的规定是要考察的；他希求某种东西，他所以希求的理由是在他本身中；他希求满足自己的欲望，满足自己的热情。但是善和正义也是行为的一种内容，这种内容不是纯粹自然的，而是由我的合理性所设定的。以我的自由为我的意思的内容，这就是我的自由本身的纯规定。所以更高的道德观点在于在行为中求得满足，而不停留于人的自我意识和行为的客观性之间的鸿沟上，不过这种鸿沟的看法，无论在世界史中或个人的历史中都有它的一个时期的。

第 122 节

行为通过这种特殊物乃具有主观价值，而对我有利害关系。与这种目的——从内容说即是意图——相对比，行为在它下一个内容上的直接的东西降格为手段。这种目的既然是有限的东西，它可以转而降为再一个意图的手段，如此递进，以至无穷。

第 123 节

关于这些目的的内容，在这里(甲)只存在着形式的活动本身，就是说，主体对其所认为的目的和应予促进的东西所进行的活动；凡是人对某事物作为自己的东西感觉兴趣或应感觉兴趣，他就愿意为它进行活动。(乙)但是主观性的这种还是抽象的和形式的自由，只是在其自然的主观定在中，即在需要、倾向、热情、私见、幻想等等中，具有较为确定的内容。这种内容的满足就构成无论是它一般的和特殊的规定上的福利或幸福。这就是一般有限性所具有的目的。

附释　这里就是关系的观点(第108节),在这观点上主体被规定为自我区分,从而算作特殊物,也就在这里出现了自然意志的内容(第11节)。但是,这里的意志已不是原来直接存在那样的意志,反之,这种内容属于在自身中反思着的意志,并被提升为福利或幸福这种普遍目的(《哲学全书》第395节以下)[①],——即被提升到像克娄苏和梭伦时代的那种思维观点[②],在这种观点上,思维还没有在意志的自由中来掌握意志,而是把意志的内容作为自然的和现成的东西加以反思。

补充(物质的目的)　由于幸福的种种规定是现有的,所以它们不是自由的真实规定。自由只有在自身目的中,即在善中,才对它自己说来是真实的。这里可以提出一个问题:人们是否有权给自己设定未经自由选择而仅仅根据主体是生物这一事实的目的?但是人是生物这一事实并不是偶然的,而是合乎理性的,这样说来,人有权把他的需要作为他的目的。生活不是什么可鄙的事,除了生命以外,再也没有人们可以在其中生存的更高的精神生活了。只有把现有的东西提升为某种自己创造的东西——这种区分并不含有两者极不相容的意义——才会产生善的更高境界。

① 第3版,第478—480节。——拉松版

② 参阅赫罗多德:《历史》,第30—33节;黑格尔:《哲学史讲演录》,第1卷,三联书店1958年版,第169—170页。——译者

第 124 节

由于个人自己的主观满足(包括他的荣誉和声誉得到承认在内)也包括在达成有绝对价值的目的之内,所以要求仅仅有绝对价值的目的表现为被希求或被达到的东西,以及认为客观目的和主观目的在人们希求中是相互排斥的这种见解,两者都是抽象理智所作的空洞主张。不仅如此,如果这种主张再进一步,假定主观满足由于它是存在着(在任何一项完成的工作中它总是存在着),所以它就是行为人实质上的意图,并认定客观目的在他看来只是达到主观满足的手段,那么这种主张就会变成一种恶毒而有害的主张了。主体就等于它的一连串的行为。如果这些行为是一连串无价值的作品,那么他的意志的主观性也同样是无价值的;反之,如果他的一连串的行为是具有实体性质的,那么个人的内部意志也是具有实体性质的。

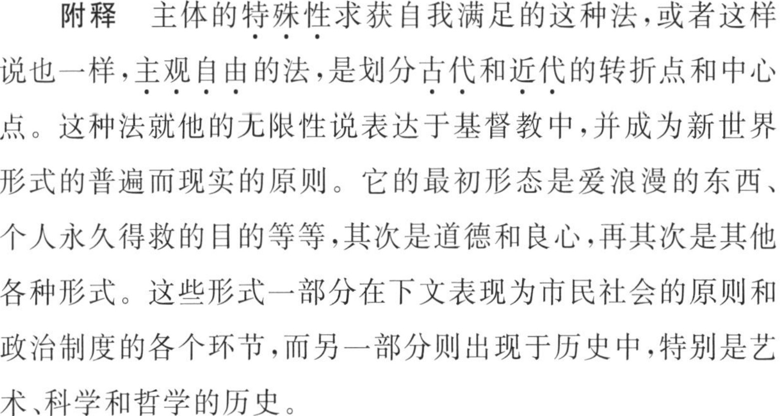

附释　主体的特殊性求获自我满足的这种法,或者这样说也一样,主观自由的法,是划分古代和近代的转折点和中心点。这种法就他的无限性说表达于基督教中,并成为新世界形式的普遍而现实的原则。它的最初形态是爱浪漫的东西、个人永久得救的目的等等,其次是道德和良心,再其次是其他各种形式。这些形式一部分在下文表现为市民社会的原则和政治制度的各个环节,而另一部分则出现于历史中,特别是艺术、科学和哲学的历史。

现在,特殊性这一原则当然是对立面的一个环节,它最初至少是与普遍物同一而又与它有差别的。可是抽象反思却把这一环节在它与普遍物的差别和对立中固定下来，于是就产生一种对道德的见解，以为道德只是在同自我满足作持续不断的敌对斗争，只是要求：

"义务命令你去做的事，你就深恶痛绝地去做。"[①]

正是这种理智产生了心理史观，这种历史观点知道怎样来鄙视和贬低一切伟大事业和伟大人物，把在实体性的活动中同样找到满足——有如名誉、声誉和其他种种后果，总之理智事前断定其本身为有害的这种特殊方面——的倾向和激情，都转变为行为主要意图和有效动机。这种理智断定，一连串这些伟大的行为所构成的伟大行为和活动，固然在世界上创造了伟大的东西，并且给行为人个人带来了权力、名誉和声誉等后果，但是归属于个人的不是那种伟大的东西本身，而只是落在他身上的这种特殊而外在的东西；由于这种特殊的东西是一种结果，因而它好像应该就是他的目的，甚至是他唯一的目的。因为这种反思本身是站在主观立场上，所以它固执伟大人物的主观方面，从而忽视了它自己所造成的空虚性中的实体性的东西。这就是"佣仆的心理，对他们说来，根本没有英雄，其实不是真的没有英雄，而是因为他们只是一些佣仆罢了"（《精神现象学》，第616页）[②]。

补充（志向和实行）In magnis voluisse sat est〔立大志就够了〕，从人们应该立志做伟大事业这个意义上来说，这话是

① 席勒语，见他所著的《哲学家们》。——译者

② 《精神现象学》，拉松版，第430页。——拉松版

对的。但是人们还要能成大事，否则这种志向就等于零。单纯志向的桂冠就等于从不发绿的枯叶。

第 125 节

具有福利这种特殊内容的主观的东西，作为在自身中反思着的东西、无限的东西，是同时与普遍物即自在地存在的意志相关的。最初在这个特殊性自身中所设定的普遍物这一环节，同时也是他人的福利，或者，在完全的但是十分空虚的规定上，可说是一切人的福利。所以其他许多特殊的人的福利也一般地是主观性的实质上目的和法。但是同这种特殊内容有区别的自在自为地存在的普遍物，除被规定作为法之外还没有被进一步地规定，所以特殊物的上述那些目的是与普遍物有区别的，它可能符合也可能不符合普遍物。

第 126 节

但是我的和他人的特殊性，一般说来，只有在我是一个自由的东西时才是一种法。所以特殊性不能肯定自己跟它的这种实体性的基础相矛盾的；不论是对我的还是对他人的福利的意图，——人们特别称后者为道德的意图，——都不能成为替不法行为作辩解的理由。

附释　尤其目前有一种腐朽的格言，源出于康德以前的好心肠时代，构成例如有名的动人的戏剧作品的精华，这种格言对于不法行为注意其所谓道德的意图，而且设想坏人具有恰如其应有的好心肠，即他希求自己的福利以及必要时他人的福利；现时人们重提这种陈腐学说，而且更加夸大，竟把内部灵感和心情，即特殊性的形式本身，变成准则，以衡量什么是合法的、合理的和卓越的。其结果，犯罪及其指导思想——哪怕是极平凡空虚的幻想或极愚蠢的意见——都被认为合法的、合理的和卓越的，就因为它们发自心情和灵感。详细参阅下文第140节附释。

此外，还必须注意这里考察法和福利时所采取的观点。这就是说，这里我们所考察的法是形式法，福利是单个人的特殊福利。所谓普遍福利、国家的福利，也就是现实而具体精神的法，属于一个完全不同的领域，在这个领域，形式法以及个人的特殊福利和幸福同样都是次要的环节。把私权和私人福利作为与国家这一普遍物相对抗的、自在自为的东西，是抽象思维所常犯的错误之一，这在前面已经提到。①

补充（福利与法）当一个诽谤者以 il faut do c que je vive〔那我必须活下去呀〕这话来原谅自己时，他所得到的答复——一个有名的答复——是：je n'en vois pas la necessité〔我看没有这个必要〕，这个回答用在这里也很切合。对着自由这一更高领域面前，生命已非必要。圣克利斯宾偷了皮替穷人制鞋，其行为是道德的，但毕竟是不法的，从而是不能容忍的。

第 127 节

自然意志的各种利益的特殊性，综合为单一的整体时，就是人

① 第29节。——拉松版

格的定在，即生命。当生命遇到极度危险而与他人的合法所有权发生冲突时，它得主张紧急避难权（并不是作为公平而是作为法），因为在这种情况下，一方面定在遭到无限侵害，从而会产生整个无法状态；另一方面，只有自由的那单一的局限的定在受到侵害，因而作为法的法以及仅其所有权遭受侵害者的权利能力，同时都得到了承认。

附释　从紧急避难权派生出债务人一定财产免予扣押的利益，这就是说，从债务人的财产亦即归债权人所有的财物中，取出手工用具、农具、衣服，留给债务人，其数量以认为足以维持债务人——而且与其身份相当——的生活为度。

补充（紧急避难权）　生命，作为各种目的的总和，具有与抽象法相对抗的权利。好比说，偷窃一片面包就能保全生命，此时某一个人的所有权固然因而受到损害，但是把这种行为看作寻常的窃盗，那是不公正的。一人遭到生命危险而不许其自谋所以保护之道，那就等于把他置于法之外，他的生命既被剥夺，他的全部自由也就被否定了。当然有许许多多细节与保全生命有关，我们如果瞻望未来，那就非关涉到这些细节不可。但是唯一必要的是现在要活，至于未来的事不是绝对，而是听诸偶然的。所以只有直接现在的急要，才可成为替不法行为作辩护的理由，因为克制而不为这种不法行为这件事本身是一种不法，而且是最严重的不法，因为它全部否定了自由的定在。由此产生了 beneficium competentiae〔债务人一定财产免予扣押的利益〕，因为同种关系或其他相近关系含有一种法，要求人们不要全面成为法的牺牲品。

第 128 节

紧急避难昭示着无论是法或是福利——法是自由的抽象定在，而不是特殊人的实存，以及福利是特殊意志的领域，是欠缺法的普遍性的——的有限性，从而它们的偶然性。所以法和福利是被设定为片面的和理想性的，正像它们早已在其本身中、在概念中就被这样规定着。法已经（第 106 节）把它的定在规定为特殊意志，主观性在它的包罗万象的特殊性中，其本身是自由的定在（第 127 节），同时作为意志对自己的无限关系，它自在地是自由的普遍物。出现于法和主观性中的两个环节就这样地并合起来而成为它们的真理、它们的同一，但最初它们还处于相对关系中的，这两个环节就是善和良心，前者是被完成了的、自在自为地被规定了的普遍物，后者是在自身中意识着的，在自身中规定其内容的那无限的主观性。

第三章　善和良心

第129节

善就是作为意志概念和特殊意志的统一的理念；在这个统一中，抽象法、福利、认识的主观性和外部定在的偶然性，都作为独立自主的东西被扬弃了，但它们本质上仍然同时在其中被含蓄着和保持着。所以善就是被实现了的自由，世界的绝对最终目的。

补充（善的理念）　每个阶段本来就是理念，不过前几个阶段所包含的理念，只是在它的比较抽象的形式之中。例如，作为人格的自我已经是一个理念，但它是存在于最抽象的形态中的。所以，善就是进一步被规定了的理念，也就是意志概念和特殊意志的统一。善不是某种抽象法的东西，而是某种其实质由法和福利所构成的、内容充实的东西。

第130节

在这一理念中，福利不是作为单个特殊意志的定在，而只是作为普遍福利，本质上作为自在地普遍的、即根据自由的东西，才具有独立有效性。福利没有法就不是善。同样，法没有福利也不是善（fiat justitia〔愿正义实现〕，不应以 pereat mundus〔任世界毁灭〕为其后果）。所以，善，作为通过特殊意志而成为现实的必然性以及同时作为特殊意志的实体，具有跟所有权的抽象法和福利的特殊目的相对抗的绝对法。这些环节的任何一个，一方面是与善有区别的，同时又仅仅以它符合于并从属于善为限，才有效力。

第 131 节

对主观意志说来，善同样是绝对本质的东西，而主观意志仅仅以在见解和意图上符合于善为限，才具有价值和尊严。由于善在这里仍然是善的抽象理念，所以主观意志尚未被接纳于善中，也未被设定为符合善的东西。所以主观意志对善是处于这样一种关系中，即善对主观意志说应该是实体性的东西，也就是说主观意志应以善为目的并使之全部实现，至于从善的方面说，善也只有以主观意志为中介，才进入到现实。

补充（善的理念的各个环节） 善是特殊意志的真理，而意志只是它对善来设定自己的东西。意志不是本来就是善的，只有通过自己的劳动才能变成它的本来面貌。从另一方面说，善缺乏主观意志本身就是没有实在性的抽象，只有通过主观意志，善才能得到这种实在性。所以善的发展包括三个阶段：(1)善对我作为一个希求者说来，是特殊意志，而这是我应该知道的；(2)我应该自己说出什么是善的，并发展善的特殊规定；(3)最后，规定善本身，即把作为无限的自为地存在的主观性的善，予以特殊化。这种内部的规定活动就是良心。

第 132 节

主观意志的法在于，凡是意志应该认为有效的东西，在它看来都是善的；又一种行为，作为出现于外在客观性中的目的，按照主观意志是否知道其行为在这种客观性中所具有的价值，分别作为合法或不合法，善或恶，合乎法律或不合乎法律，而归责于主观意志。

附释　一般说来，善就是意志在它的实体性和普遍性中的本质，也就是在它的真理中的意志；因之它绝对地只有在思维中并只有通过思维而存在。所以，主张人不能认识真理，而只能与现象打交道，又说思维有害于善良的意志，这些以及其他类似的成见，都从精神中取去了一切理智的伦理性的价值和尊严。

凡是我的判断不合乎理性的东西，我一概不给予承认，这种法是主体的最高的法，但是由于它的主观规定，它同时又是形式法；相反地，理性作为客观的东西对主体所具有的法，则依然屹立不动。

由于这种法的形式上规定，判断也可能是真的，也可能是单纯私见和错误。个人达到他的那种判断的法，根据仍然属于道德领域的观点，是属于他特殊的主观教养的问题。我可以对自己提出要求并把以下一点当作自己的主观法：我根据好的理由来判断一种义务，并应对它具有信心，此外，我应从它的概念和本性上来认识它。但是，我为了满足我对某一行为的信念，即这一行为是善的、许可或不许可的，以及连同对行为在这方面的可负责性的信念，所提出的任何要求，对于客观性的法一无妨害。

这种判断善的法和判断行为本身（第 117 节）的法是有区别的。按照后者，客观性的法所具有的形态在于，由于行为是一种变化，应发生于现实世界中，而将在现实世界中获得承认，所以它必须一般地符合在现实世界中有效的东西。谁要在这现实世界中行动，他就得服从现实世界的规律，并承认客观性的法。

同样，在作为理性概念的客观性的国家中，法律上的责任就不应停留在下列几点上：其人是否根据他的理性而行事，他对于合法性或不法性、善或恶的主观判断，以及他为满足其信念而提出的要求等。在国家这一客观领域中，判断的法乃是对合乎法律的或不合乎法律的东西的判断，是对现行法的判断，而且它限于最浅近的意义，即局限于知道什么是合法的，而应在这个范围内负担义务的这类知识。通过法律的公布和通过一般习俗，国家从判断的法除去其在道德观点上尚为主体保留着的形式方面和偶然性。按照善或恶、合法不合法这类规定来知道行为的这种主体的法，对小孩、白痴、疯子所产生的结果是：就在这一方面，也应减轻或免除其责任能力。可是要对这些精神状态及其责任能力划定明确的界限，那是不可能的。但是在确定罪行本身的罪责性质和罚则的时候，如果把霎时眼花、热情激发、酩酊大醉，总之，把所谓强度的感性刺激作为理由（其构成紧急避难的理由的——第 120 节——自当别论），并把类似情况看做似乎可据以免除犯人的责任，那就等于不按照人应享有的法和尊严来处理犯人了（参阅第 100 节和第 119 节[①]附释），因为人的本性正在于它本质上

① 诺克斯英译本指为第 120 节。——译者

是某种普遍物，他的知识不是抽象而霎时的，也不是片段而零碎的。

放火杀人犯所放的火，不是他用火燃点着的、作为孤立着的这一方英吋平面木材，而是这一方英吋中的普遍物，即房屋；同样，作为主体，他既不是这一刹那的单一的东西，也不是孤立着的复仇激情，如果他是这样的话，那他就是一个畜牲，由于他是有害的，危险的，容易突然激怒，就应照准他的脑袋痛打。

犯人在行为的瞬间必然明确地想象到其行为是不法的，要处罚的，必须认定这点，才能使他负有罪责。这种要求初看好像是维护他的道德主观性的法，而其实是否认他的固有的理智本性，而这种本性的有效表现并不限于沃尔弗心理学中所谓明确表象的形态，只有在疯癫的场合，神经是这样地错乱，才可把个别事物的认识和作为跟本性分离开来。

考虑这些情形作为减轻刑罚的理由，那是属于法以外的领域，即特赦的领域。

第 133 节

善对特殊主体的关系是成为他的意志的本质，从而他的意志简单明了地在这种关系中负有责务。由于特殊性跟善是有区别的，而且是属于主观意志之列，所以善最初被规定为普遍抽象的本质性，即义务；正因为这种普遍抽象的规定的缘故，所以就应当为义务而尽义务。

补充（义务的绝对性） 意志的本质对我说来就是义务，

如果现在仅仅知道善是我的义务，那么，我还是停留在抽象的义务上。我应该为义务本身而尽义务，而且我在尽义务时，我正在实现真实意义上的我自己的客观性。我在尽义务时，我心安理得而且是自由的。着重指出义务的这种意义，乃是康德的实践哲学的功绩和它的卓越观点。

第 134 节

任何行为都显然地要求一个特殊内容和特定目的，但义务这一抽象概念并不包含这种内容和目的；于是就发生义务究竟是什么这样一个疑问。关于义务的规定，除了下述以外暂时还没有别的说法：行法之所是，并关怀福利，——不仅自己的福利，而且普遍性质的福利，即他人的福利。

补充（义务的特殊化）　这与人们想知道应该做些什么才能永享生命而向耶稣提出的问题是相同的[①]。其实，善作为普遍物是抽象的，而作为抽象的东西就无法实现，为了能够实现，善还必须得到特殊化的规定。

第 135 节

但是以上这些规定并不包含在义务的规定本身中，相反地，由于两者都是被制约和受限制的，所以它们就导致向不受制约的东西，即义务这一较高领域过渡。因为义务本身在道德的自我意识中构成这自我意识本质的和普遍的东西，而且这自我意识在它内

① 《新约全书》，马太传，第 19 章，第 16 节；路加传，第 10 章，第 25 节。——译者

部只是与自己相关，所以，义务所保留的只是抽象普遍性，而它以之作为它的规定的是无内容的同一，或抽象的肯定的东西，即无规定的东西。

附释　着重指出纯粹的不受制约的意志的自我规定，并把它作为义务的根源，这诚然很重要，又意志的认识——多亏通过康德哲学——只是通过它的无限自主的思想，才获得巩固的根据和出发点（参阅第 133 节），这诚然也很真确，但是固执单纯的道德观点而不使之向伦理的概念过渡，就会把这种收获贬低为空虚的形式主义，把道德科学贬低为关于为义务而尽义务的修辞或演讲。从这种观点出发，就不可能有什么内在的义务学说；固然，我们也可从外面采入某种材料，借以达到特殊的义务，但是，从义务的那种规定，作为是缺乏矛盾的、形式上自我一致的（这无非是肯定下来的）抽象无规定性来说，不可能过渡到特殊义务的规定的；即使在考察行为的这种内容时，这项原则也不含有标准，借以决定该内容是不是义务。相反地，一切不法的和不道德的行为，倒可用这种方法而得到辩解。

康德所提出的进一步的公式，即有可能把一种行为设想为普遍定理，固然导致对某种情况具有较具体的观念，但除了上述缺乏矛盾和形式的同一以外，其本身不包含任何其他原则。

所有权不存在这一句话，跟说这个或那个民族、家庭等等不存在，或者说根本没有人生存一样，其本身都不包含矛盾。否则如果已经确定了而且假定了生命财产是应存在的，并应受到尊重，那么盗窃或杀人就是一种矛盾。矛盾只能是跟某种东西，即跟预先被建立为固定原则的内容，所发生的矛盾。只有在跟这种原则相关中，才说得上某种行为是跟它一致的，或是跟他相矛盾的。但是，如果应该为义务而不是为某种内容而尽义务，这是形式的同一，正是这种形式的同一排斥一切内容和规定。

此外，还有二律背反和永世不绝的应然的其他各种形态，在其中，关系的单纯道德观点徘徊往来，既未能把它们解决，也未能越出应然一步，这些我已在《精神现象学》第 550 页以下加以论述（参阅《哲学全书》，第 420 节以下）[①]。

补充（康德无上命令之不足）　上面我们着重指出，康德的哲学观点，提出义务和理性应符合一致，这一点是可贵的，这里还必须指出它的缺点，它完全缺乏层次。如果我们关于应该做什么已经具有确定的原则，那么，请考察你的处世格言是否可被提出作为普遍原则这一命题就很好。这就是说，要求某一原则也可成为普遍立法的一种规定，就等于假定它已经具有一个内容，如果有了内容，应用原则就很容易了。但是，在康德的情形，原则本身还不存在，至于他认为不该有什么矛盾，这一标准不会有什么结果，因为什么东西都没有的地方，也就不会有矛盾。

① 《精神现象学》，道德的世界观，虚矫，拉松版，第389 页以下；《哲学全书》，第 3 版，第 507 节以下。——拉松版

第 136 节

由于善的抽象性状，所以理念的另一环节，即一般的特殊性，是属于主观性的，这一主观性当它达到了在自身中被反思着的普遍性时，就是它内部的绝对自我确信（Gewissheit），是特殊性的设定者，规定者和决定者，也就是他的良心（Gewisen）。

补充（良心观点的崇高地位）　人们可以用高尚的论调谈论义务，而且这种谈话是激励人心、开拓胸襟的，但是如果谈不出什么规定来，结果必致令人生厌。精神要求特殊性，而且它对它拥有权利。与此相反，良心是自己同自己相处的这种最深奥的内部孤独，在其中一切外在的东西和限制都消失了，它彻头彻尾地隐遁在自身之中。人作为良心，已不再受特殊性的目的的束缚，所以这是更高的观点，是首次达到这种意识、这种在自身中深入的近代世界的观点。在过去意识是较感性[①]的时代，有一种外在的和现在的东西，无论是宗教或法都好，摆在面前。但是良心知道它本身就是思维，知道我的这种思维是唯一对我有拘束力的东西。

第 137 节

真实的良心是希求自在自为地善的东西的心境，所以它具有固定的原则，而这些原则对它说来是自为的客观规定和义务。跟

---

① 关于感性意识和意识的较高类型之间的区别，参阅本书第 21 节和第 35 节两节的附释。——译者

它的这种内容即真理有别，良心只不过是意志活动的形式方面，意志作为这种意志，并无任何特殊内容。但是这些原则和义务的客观体系，以及主观认识和这一体系的结合，只有在以后伦理观点上才会出现。这里在道德这一形式观点上，良心没有这种客观内容，所以它是自为的、无限的、形式的自我确信，正因为如此，它同时又是这种主体的自我确信。

附释　良心表示着主观自我意识绝对有权知道在自身中和根据它自身什么是权利和义务，并且除了它这样地认识到是善的以外，对其余一切概不承认，同时它肯定，它这样地认识和希求的东西才真正是权利和义务。良心作为主观认识跟自在自为地存在的东西的统一，是一种神物，谁侵犯它就是亵渎。但是，特定个人的良心是否符合良心的这一理念，或良心所认为或称为善的东西是否确实是善的，只有根据它所企求实现的那善的东西的内容来认识。权利和义务的东西，作为意志规定的自在自为的理性东西，本质上既不是个人的特殊所有物，而其形式也不是感觉的形式或其他个别的即感性的知识，相反地，本质上它是普遍的、被思考的规定，即采取规律和原则的形式的。所以良心是服从它是否真实的这一判断的，如果只乞灵于自身以求解决，那是直接有背于它所希望成为的东西，即合乎理性的、绝对普遍有效的那种行为方式的规则。正因为如此，所以国家不能承认作为主观认识而具有它独特形式的良心，这跟在科学中一样，主观意见、专擅独断以及向主观意见乞灵都是没有价值的。在真实的良心中未被区分的东西，是可以区分的，而且正是认识和希求的主观性这种

决定性的要素，才能使自己跟真实的内容分离，使自己独立存在，并使这真实的内容降低为形式和假象。所以良心的意义是模棱两可的，它被假定为指主观认识和意志跟真实的善的同一而言，因而它主张和承认为一种神圣的东西，可是同时，作为自我意识仅仅在自身中的主观反思，它却要求自己有权能，而这种权能只有属于上述同一本身，因为它具有绝对有效的、合乎理性的内容。在本书中道德的观点和伦理的观点是有分别的，前者只涉及形式的良心；如果也提到真实的良心的话，那只是为了指明其与形式的良心的区别，并为了消除误会，否则在仅仅考察形式的良心的时候，可能误会以为在讨论真实的良心。真实的良心包含在下一章所讨论的伦理性的情绪中。至于宗教的良心根本不属于这个范围之内。

补充（良心观点的界限） 当我们谈到良心的时候，由于它是抽象的内心的东西这种形式，很容易被设想为已经是自在自为地真实的东西了。但是作为真实的东西，良心是希求自在自为的善和义务这种自我规定。这里，我们仅仅谈到抽象的善而已，良心还不具有这种客观内容，它只是无限的自我确信。

第 138 节

这一主观性作为抽象的自我规定和纯粹的自我确信，在自身中把权利、义务和定在等一切规定性都蒸发了，因为它既是作出判断的力量，只根据自身来对内容规定什么是善的，同时又是最初只是被观念着的、应然的善借以成为现实的一种力量。

附释　自我意识一旦达到了这种在自身中的绝对反思，它就在这种反思中认识到自己是一切现存的和现成的规定既不能又不应干涉的这样一种意识。有一种在历史上作为较普遍的形态（如苏格拉底、斯多葛派等等）出现的倾向，想在自己内部去寻求并根据自身来认识和规定什么是善的和什么是正义的，在那个时代，在现实和习俗中被认为正义的和善的东西不能满足更善良的意志。到了更善良的意志已不信任目前自由的世界的时候，它就不会再在现行的义务中找到自己，因而不得不在理想的内心中去寻求已在现实中丧失了的协调。自我意识这样地把握并获得了形式法之后，如今要看它所赋予自己的内容是什么性质。

补充（作为否定性的主观性）　当我们更仔细地考察这一蒸发过程，看到一切规定都在这一简单概念中消失而必须从这里重新出发的时候，我们所发觉的是：这一过程首先在于，所有一切被认为权利或义务的东西，都会被思想指明为虚无的、局限的和完全不是绝对的东西。反之，主观性既可把一切内容在自身中蒸发，又可使它重新从自身中发展起来。在伦理的领域所产生的一切，都是精神的这种活动创造出来的。但是另一方面，这种道德观点是有缺点的，因为它是纯粹抽象的。如果我知道我的自由是我自身中的实体，那我就不积极，不做什么了。但是，如果我进而行动起来，并寻求据以行动的种种原则，那我就在捉摸各种规定，随后我要求把这些规定从自由意志的概念中引申出来。所以，即使把权利和义务在主观性中蒸发是正当的，但是另一方面，如果不再使这种抽象基础发展起来，那是不正当的。只有在现实世界处于空虚的、无精神和不安定的实存状态中的时代，才容许个人逃避现实生活而遁入内心生活。苏格拉底生活在雅典民主衰颓时期，他逃避了现实，而退缩到自身中去寻求正义和善。目前也多少有这种情况：人们对巩固地存在着的东西已不再敬畏，他们硬要把现行有效的东西作为自己的意志、作为自己所承认的东西。

第 139 节

当自我意识把其他一切有效的规定都贬低为空虚，而把自己贬低为意志的纯内在性时，它就有可能或者把自在自为的普遍物作为它的原则，或者把任性即自己的特殊性提升到普遍物之上，而把这个作为它的原则，并通过行为来实现它，即有可能为非作歹。

附释　良心如果仅仅是形式的主观性，那简直就是处于转向作恶的待发点上的东西，道德和恶两者都在独立存在以及独自知道和决定的自我确信中有其共同根源。

恶的根源一般存在于自由的神秘性中，即自由的思辨方面，根据这种神秘性，自由必然从意志的自然性走出，而成为与意志的自然性对比起来是一种内在的东西。作为自我矛盾并在这个对立中同自己不两立而达到实存的，正是意志的这种自然性，而且正是意志本身的这种特殊性，随后把自己规定为恶。申言之，特殊性总是两面性的，这里就是意志的自然性和内在性的对立。在这个对立中后者不过是相对的、形式的那种自为的存在，它只能从情欲、冲动和倾向等自然意志的规定中汲取其内容。现在谈起这种情欲和冲动等等,它们可能是善的,也可能是恶的。但是因为意志拿来规定它的内容的,一方面是在偶然性规定中的冲动(冲动作为自然的冲动已具有这种规定),从而另一方面是意志在这一阶段所具有的形式,即特殊性本身,其结果,意志就被设定为与普遍物(作为内在客观物)、与善相对立,这种善,随着意志在自身中反思以及意识成为能认识的意识,就作为直接客观性、纯粹自然性的另一极端而出现;就在这种对立中,意志的这种内在性是恶的。所以人在他自在的即自然的状态跟他在自身中的反思之间的联接阶段上是恶的。因此,本性作为本性,即如果它不是停留在特殊内容上的意志的自然性的话,其本身并不是恶的,同时,走向自身中的反思即一般认识,如果不固守在上述那种对立状态的话,其本身也不是恶的。

与恶的必然性这一方面绝对地结合着的,乃是这种恶被规定为必然不应存在的东西,即应该把它扬弃;这不是说最初那种特殊性和普遍性分裂的观点根本不应当出现——这一分裂的观点倒是无理性的动物和人之间的区别所在,——而是意志不应停留在这一观点上,不应死抱住特殊性,仿佛这个特殊性而不是普遍物才是本质的东西,这就是说,它应把这一分裂的观点作为虚无的东西加以克服。其次,关于恶的这种必然性,其面对着这种对立而存在于其中的,乃是作为这一反思的无限性的那主观性。如果这个主观性停留在这个对立上,即如果它是恶的,那么它就是自为的,承认自己为单一物,而且其本身就是这种任性。正因为如此,个别主体本身对自己的恶行是绝对要负责的。

补充(恶的根源)　把自己看做一切东西的基础的那种抽象确信,在自身中既包含着希求概念这种普遍物的可能性,又包含着把某种特殊内容作为原则并加以实现的可能性。所以自我确信这一抽象始终属于后者,即恶。唯有人是善的,只因为他也可能是恶的。善与恶是不可分割的,其所以不可分割就在于概念使自己成为对象,而作为对象,它就直接具有差别这种规定。恶的意志希求跟意志的普遍性相对立的东西,而善的意志则是按它的真实概念而行动的。意志何以也可能是恶的,这一问题之所以难于理解,通常是由于人们只想到意志是跟它自己处在肯定关系之中的,又由于人们想象意志的希求是意志所面对着的某种被规定了的东西,即善。但是关于恶的渊源问题具有更精确的意义:否定的东西怎么会进入肯定的东西之内?如果我们假定在创造世界的时候神是绝对肯定的东西,那么,我们无论怎样穿凿,也不能在这肯定的东西中寻出否定的东西来,因为如果我们承认在它的方面是容许恶的,这就等于把这种否定的关系归诸神,那是不能令人满意的,而且也是毫无意义的。在宗教神话的观念中,人们不去理解恶的渊源,也就是说,不在肯定的东西和否定的东西之中相互去认识;在这种神话中,只有前后继起和左右并列的观念,可见否定的东西是从外边加到肯定的东西中去的。但是,这种说法是不能满足思想的,因为思想要求某种理由和必然性,并把否定的东西理解为其本身源出于肯定的东西。现在问题的解决,正如概念所理会的,已经包含在概念中。其实概念,

或者更具体地说，理念，本质上具有区分自己并否定地设定自己的因素。如果我们仅仅停留在肯定的东西上，这就是说，如果我们死抱住纯善——即在它根源上就是善的，那么，这是理智的空虚规定，而理智是坚持这种抽象的和片面的东西的，而它之提出问题，正好把它推上成为难题。但是从概念的观点出发，肯定性被理解为积极性和自我区分。所以恶也同善一样，都是导源于意志的，而意志在它的概念中既是善的又是恶的。自然的意志自在地是一种矛盾，它要进行自我区分而成为自为的和内在的。如果我们说，恶包含着更详细的规定，即人从他是自然意志这一点来说，是恶的，那么，这与通常见解刚相反，因为通常见解恰恰把自然意志设想为无辜的善的意志。然而自然意志跟自由的内容是对立的，所以具有这种自然意志的小孩和无教养的人，只有轻度的责任能力。当我们谈到人的时候，所指的不是小孩，而是具有自我意识的成人；又谈到善的时候，所指的是对善的认识。不用说，自然的东西自在地是天真的，既不善也不恶，但是一旦它与作为自由的和认识自由的意志相关时，它就含有不自由的规定，从而是恶的。人既然希求自然的东西，这种自然的东西早已不是纯粹自然的东西，而是与善，即意志的概念相对抗的否定的东西了。

现在如果说，恶既然存在于概念中，而且是不可避免的，那么纵然他为非作恶，他也没有罪责，那就不能不答说，人的决心是它自己的活动，是本于他的自由作出的，并且是他自己的责任。在宗教神话中有一种说法：“人有善恶的认识，便与神相似。”[①]这里，不可避免性并不是自然的不可避免性，而决心是善和恶这两面性的扬弃，所以的确有些像神的地方。当我面对着善和恶，我可以抉择于两者之间，我可对两者下定决心，而把其一或其他同样接纳在我的主观性中，所以恶的本性就在于，人能希求它，而不是不可避免地必须希求它。

第 140 节

在自我意识的主体的每一目的中，必然存在着肯定的方面（第135节），因为目的属于具体现实行为所预谋的。他知道怎样抽出而强调这个方面，随后把它视为义务和卓越的意图。在作这样解释时，他有可能对别人和对自己主张他的行为是善的，尽管由于他在自身中反思着，从而意识到意志的普遍方面，他是认识到这个方面跟他的行为的否定基本内容是相对照的。对别人说来这是伪善，对他自己说来，这是主张自己为绝对者的主观性的最高度矫作。

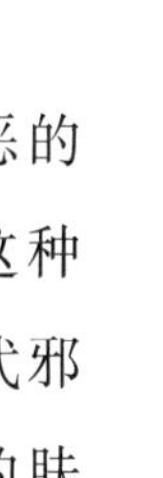

附释　把恶曲解为善，善曲解为恶这种高深莫测的恶的形式，以及自知为实行这种曲解的力量从而是绝对者的这种意识，乃是道德观点中的主观性的最高峰，它是在我们时代邪恶猖獗泛滥的形式，这是哲学造成的结果，就是说，哲学的肤浅思想把深刻的概念曲解成这种形态而竟僭称为哲学，正如把恶冒称为善一样。在这项附释中，我想把当前流行的这种主观性的主要形态扼要论述如次：

① 《旧约全书》，创世记，第三章，第6节，第22节。——译者

（一）拿伪善来说，伪善包含下列环节：(1)关于真实普遍物的知识，不问它只是采取法和义务的感情这种形式，还是采取法和义务的进一步的知识和认识这种形式；(2)与这种普遍物相对抗的特殊物的意向；以及(3)把上述两个环节作有意识的比较，以便希求的意识本身明了它的特殊意向是被规定为恶的。这些规定只是表达具有恶的意识的行为，还不是伪善本身。

具有恶的意识，即具有对上述三个环节的明确意识所做的行为是否是恶的，有过一个时候曾经是一个极其重要的问题。

巴斯卡尔从对问题的肯定答案中得出很妙的结论（《给乡下人的信》，第 4 封信），他说："那些多少爱好美德的半罪人都将堕入地狱。但是地狱不收留那些坦直的罪人，顽强的罪人，彻头彻尾、不折不扣的罪人，由于他们委身于魔鬼而欺骗了魔鬼。"①

① 巴斯卡尔在同处又引证着十字架上的基督对他的敌人所作的祈祷："父呵！赦免他们；因为他们所作的，他们不晓得。"（见《新约全书》，路加福音，第 23 章，第 34 节。——译者）。如果说，他们不晓得他们所作的事这一情况，赋予他们的行为以不是恶的这种性质，那就不需要赦免，从而祈祷是多余的。此外，他还引证亚里士多德的见解（见《尼可马克伦理学》，第三卷，第 2 节）。亚里士多德把行为人区分为 οὐχ εἰδὼs〔由于无知〕的和 αγιοῶν〔出于不知〕的。在前者即由于无知的场合，行为人不是本于自由意志而行动（这里的无知是与外部情况相关的）（参阅同上第 117 节），所以他的行为不能归责于他。但关于后者的场合，亚里士多德说："所有的恶人都不认识什么是应为和什么是不应为的，正是这一缺陷（ἁμαρτία）使人成为不公正的，一般是恶的。不知在善恶之间有所抉择，并不使其行为成为非出于其自由意志（不能归责于他），相反地，只意味着其行为是恶的。"亚里士多德对于认识和意志的关系，当然要比当前流行的那种肤浅的哲学具有更深刻的见解，因为这种肤浅的哲学是把无知、心情、灵感说成伦理性行为的真实原则的。

自我意识的主观法，即认识行为在规定上是否绝对善的或恶的，不可设想为与这种规定的客观性的绝对法相冲突，并认为两者是可以分离的，彼此漠不相关的，偶然地相对立的；正是关于这种关系的观念尤其构成有效恩宠这样一个老问题的基础。从形式方面看，恶是个人最特有的东西，因为恶正是个人把自己设定为完全自为的东西的主观性，因而完全应该由他自己负责（参阅第139节和前节附释）。然而从客观方面看，人在他的概念上是作为精神即一般理性的东西而存在的，他在自身中完全具有认识自己普遍性的这种规定。因此，如果把善这个方面同人分离开来，从而把人的恶行作为恶这个方面的规定也同人分离开来，于是不把恶的行为作为恶而归责于他，那就等于不把人按其概念的尊严来处理了。至于对以上这些环节相互区别的意识是多么确定，这种意识发展到如何明朗或晦涩的程度才成为对它们的认识，以及到如何程度一种恶的行为是出于或多或少明白的恶的意识而完成的，所有这些都是比较无足轻重，而且多半属于经验方面的。

（二）但是恶以及出于恶的意识的行为，还不是伪善。伪善须再加上虚伪的形式的规定，即首先对他人把恶主张为善，把自己在外表上一般地装成好像是善的、好心肠的、虔敬的等等；这种行为不过是欺骗他人的伎俩而已。此外恶人还可在其他场合下在他的善行中或他的虔敬中，总之在有利的理由中，为他本身找到替恶行作辩护的根据，因为凭借这种根据他就可黑白颠倒变恶为善了。这种可能性的根源在于主观性，作为抽象的否定，它知道一切规定都从属于己，而且源出于己。属于这种曲解的：

（三）首先要推人所熟知的盖然论那种形态。它的原则是：只要行为人能替某种行为找到任何一种好的理由，无论这种理由只是某一神学家的权威，而且行为人也知道其他神学家对这一权威的判断在意见上有极大分歧，这种行为就是许可的，行为人也可感到心安理得。甚至在这种观念中存在着正确的意识，认为类此的理由和权威仅仅提供盖然性，可是这一点似乎已足使行为人心安理得。盖然性认为一个好的理由只是这样一种性质，即除了这种理由以外还可能并存着其他至少同样好的理由。在这里我们必须承认还有客观性的痕迹，因为作为决定性因素的正是理由。但是因为善与恶的决定是根据许多好的理由，包括上述种种权威在内，而这些理由又是很多而互相矛盾的，所以在这里同时存在着这样一个道理：作出决定的不是事物的客观性，而是主观性。这等于说好恶和任性变成了善与恶的裁判员，其结果伦理和宗教心都遭到毁灭。但是盖然论还没有把作出决定的是自己的主观性这一点说成原则，反之，它提出理由是决定性的，已如上述；可见盖然论仍然是一种伪善的形态。

（四）下一个更高阶段是：善的意志在于希求为善，对抽象的善的这种希求似乎已经足够——甚至是唯一要求——使行为成为善的。因为行为，作为被规定了的希求，具有一定内容，而抽象的善却没有任何规定，所以给内容以规定和成分，实有待于特殊的主观性。在盖然论中，自己如果不是一个博学的 Révérend Père〔神父〕，就有这样一个神学家的权威替他把一定内容归属于善这一普遍规定下；同样，在这里，每个主体都直接置身于这种尊严地位，把内容装入抽象的善，或者这样说也是一样，把某种内容归属于普遍物下。这种内容是整个具体行为的一个方面，它还有其他许多方面，而这些方面或许竟会给它一个犯罪的和邪恶的谓语。但是上述我对善的主观规定是在行为中我所知道的善，即善的意图（第111节）[①]。因此产生各种规定的对立，即从其中之一看来，行为是善的，从其他规定看来它是犯罪的。所以关于实际行为，似乎也就发生了意图实际上是否善的问题。但善是实际意图，不仅一般情况可能如此，而且从主体是以抽象的善为决定动机这一观点来说，甚至必然始终如此。如果一种行为出于善良意图——但从其他方面说则被规定为犯罪的和邪恶的——造成了损害，这种损害也当然是善的；看来就会发生一个问题：在这些方面中哪个是最本质的？可是在这里提出这个客观问题并不确当，或者更正确些说，这里决定客观的东西的，仅仅是意识本身的主观性。本质的和善的本来是同义的，两者同样都是一种抽象。从意志说善的就是本质的东西，从这方面说，本质的东西就应该在于，我的行为在我看来是被规定为善的。但是把随便一个内容归属于善之下，显然直接由于抽象的善不具有任何内容，它仅仅被归结为指某种肯定的东西而言，即在某一种观点上是有效的东西，而且在其直接规定上也可作

① 诺克斯英译本照本书第1版指为第114节，但在附注中仍谓第120节似更适合。——译者

为本质的目的而有效，例如，对穷人做些好事，关怀我、我的生活、我的家庭等等。其次，正像善是抽象的，恶也是无内容的，它从我的主观性获得它的规定。从这方面也就产生一种道德的目的，即憎恨和铲除没有规定性的恶。

盗窃、胆怯、杀人等等，作为行为，即一般地作为主观意志所完成的东西，直接具有满足这种意志的、从而是某种肯定的东西的规定。为使行为成为善的，问题只在于承认行为的这一肯定方面是我的意图，而这一方面，它使行为成为善的，就成为本质的方面，正因为我在我的意图中认识到它是善的。为了赈济穷人而盗窃，为了对自己的生命和家庭（或许是可怜的家庭）尽其应尽的义务而盗窃和临阵脱逃，出于憎恨和复仇而杀人，总而言之，就是为了满足对自己的权利和对一般的法所抱的自信以及为了满足对他人的邪恶、对他人加于自己或别人、全世界或一般人的不法所抱的感情，因而消灭这种包藏邪恶本性的坏人，以期对杜绝邪恶至少有所贡献，——所有这些行为，都是用这种方法而使其内容具有肯定的一面，所以他们都成为出于善良意图，从而都是善行。要像上述那些博学的神学家那样在任何行为中找出肯定的一面，从而找出某种善的理由和意图，其实只需要极少一点理智教养就够了。

因此人们说，世界上没有一个真正恶人，因为没有一个人是为恶而恶，即希求纯否定物本身，而总是希求某种肯定的东西，从这种观点说，就是某种善的东西。在这种抽象的善中，善和恶的区别以及一切现实义务都消失了。因此之故，仅仅志欲为善以及在行为中有善良意图，这毋宁应该说是恶，因为所希求的善既然只是这种抽象形式的善，它就有待于主体的任性予以规定。

这里牵涉到"只要目的正当，可以不择手段"这一恶名昭彰的命题。这一说法就其本身说自始是庸俗的，毫无意义的。我们可以同样笼统地回答它：正当的目的使手段正当，至于不正当的目的就不会使手段正当。目的是正当的手段也是正当的这一句话是一种同语反复的说法，因为手段本来就是虚无的，它不过为他物而存在，而只是在他物中即在目的中才有其规定和价值，也就是说，它如果真正是手段的话。不过上述命题不止具有这种同语反复的形式意义，而且指某种更确定的东西而言，即为了某种善良目的，把原来完全不是手段的东西用作手段，把某种本来是神圣的加以毁损，总之，把罪行当作某种善良目的的手段，以上种种都变成许可的，甚至还是人们的义务。当人们谈到上述命题时，在他们脑际浮现出对上述在法和伦理的孤立规定中肯定要素的辩证法的模糊意识，或者浮现出对同样模糊的一般命题的模糊意识，这些命题有如，你不得杀人，你应关心你的福利和你的家庭的福利。诚然，法官和士兵不仅有权而且有义务杀人，但是，杀哪种人和在什么情况下杀人是许可的而且是义务，都有详确的规定。所以哪怕是我的福利或我家庭的福利，都要服从更高的目的，被降到次要地位，而成为手段。可是标志某种行为为罪行的，不是依然模糊的而受制于某种辩证法的那种普遍性，相反地，它早具有客观上已经确定的界限。现在，被设定为与罪行的这种规定相对立的东西，以及仿佛可以从罪行中除去犯罪性质的那

种东西，就是正当目的，它无非是关于善的和更善的东西的**主观意见**。这种情况同样就是意志死抱住抽象的善不放，这就是说，一切关于善恶邪正的、自在自为地存在而且有效的规定都被一笔勾销，而这种善恶邪正的规定都被归结为个人的感情，表象和偏好。

主观意见终于被宣示为法和义务的规则，因为

（五）**把某种东西视为正当的这种信念**似乎该是规定行为的伦理本性的那种东西。我们所希求的善尚未具有任何内容，而信念的原则则更肯定，把某种行为归属于善之下的规定只是**主体**权限范围内的事。在这种情况下，甚至伦理客观性的假象也完全消失了。这种学说是与屡次被提到的那种自命哲学有直接联系，这种自命哲学否定有可能认识**真理**，然而伦理的命令正是精神作为意志的真理，也就是精神在自我实现中的合理性。由于这种哲学把对真理的认识宣称为越出认识范围的（照他们看来认识只限于现象方面）空虚的自负，于是在行为方面也必然直接以显现的东西作为原则，从而把伦理性的东西设定在个人**特有的**世界观和他**特殊的信念**中。哲学就这样地衰退颓废，这当然最初只是作为学院式的废话，从而是一件非常平凡无足轻重的事件出现于世，但这种观点必然要深入到伦理——哲学的一个重要部门——而成为伦理的观点，到了那个时候，它这种观点的真正意义才会显现于现实界，而为现实界所领会。

由于行为的伦理本性完全是主观信念所规定的这种观点传播很广，所以从前人们所常谈的**伪善**，如今几乎已不再成为

问题了。其实，品定邪恶为伪善是以下述为基础的：某些行为是自在自为地属于犯过、罪恶和犯罪之类，又犯错误的人必然知道这些行为的本性，因为即使在假装中他滥用虔敬和正直的原则和外表上行为，他也必然知道并承认这些原则和行为的。换句话说，关于邪恶，一般总是假定，认识善和知道善与恶的区别乃是每个人的义务。但无论如何，有一个绝对的要求，即任何人不得从事罪恶和犯罪的行为，人既然是人而不是禽兽，这种行为就必须作为罪恶或罪行而归责于他。但是，如果好心肠、善良意图和主观信念被宣布为行为的价值所由来，那么什么伪善和邪恶都没有了，一个人不论做什么，他都可通过对善良意图和动机的反思而知道在做某种善的东西，而且通过他的信念的环节，他所做的事也就成为善的了[①]。这样就再没有什么自在自为的罪行和罪恶了，代替上述那种坦直而自由的、顽强的、干脆的罪人，出现了凭借意图和信念而完全得到辩解的意识。在行动中所抱的善良意图以及我对这一点的信念，就可使我的行为成为善的。我们在判断和评估一种行为时，如果依照这种原则，那只好以行为人的意图和信念

① “他感到完全具有信心，对这一点我是绝不怀疑。但是世间多少人不是开始都由于这种确信的感觉而干出了罪大恶极的勾当！所以，如果一切都根据这种理由而得到饶恕，那么对于善与恶的决定、荣与辱的决定，不再可能有任何合理的判断了。于是疯癫将与理性具有同等的权利，换句话说，理性将不再有任何权利，不再有任何效力和威信；理性的呼声变成了空谷之音，而真理就在完全不怀疑的人这一边了！

这种宽容完全对于无理性有利，结果所届，殊属不堪设想。”

雅可比给霍尔麦伯爵的信，论斯托尔堡伯爵改变宗教信仰，1800 年 8 月 5 日于奥依丁（载《布伦奴斯》，柏林，1802 年 8 月号）。

即他的信仰作为标准。然而他的这种信仰不是像基督要求信仰客观真理的那种意义上的信仰，因此，对具有虚伪信仰的人，即具有内容上是坏的信念的人，所作的判断也是坏的，即与其坏的内容相适应的。相反地，他的这种信仰指忠于信念而言，这里要问的是：人在行动中是否一直对他的信念保持忠诚，这是形式的主观的忠诚，它成为义务的唯一尺度。

在这种信念的原则之下，由于信念同时被规定为某种主观的东西，所以错误可能性这种思想也必然会冒出来，这一点从而含有绝对规律这一前提。但是规律不会行动，只有现实的人才会行动。根据上述原则，在评估人的行为时，唯一重要的是，看他在何种程度上把上述规律采纳在他的信念中。但是，如果按照这种原则，应当根据上述规律作出评价的，即应当一般地据此来测定的，不是行为，那就看不出上述规律究竟是为什么的和有什么用处。这种规律就蜕变为具文，事实上就成为空洞字句。其实，它只有通过我的信念才能成为一种规律，成为使我负义务和对我具有约束力的东西。

这种规律得主张本身具有神的或国家的权威，甚至具有数千年之久的权威；在这几千年中它是人类和人的一切行动及命运赖以联结起来和巩固地存在的一根纽带，——这就是一些包含着无数个人的信念的权威。但是我也可把我的个别信念的权威跟它们对抗，因为作为我的主观信念，它的唯一有效性就是权威。初看起来这好像是自负透顶，但根据主观信念是唯一尺度这个原则，那就根本不是自负了。

即使理性和良心——究非浅薄科学和恶劣诡辩所能驱除

的——由于高度的前后不一致，而承认错误的可能性，但是把犯罪和一般的恶说成是一种错误，那就把错误缩减到最小限度。其实，过错是人的常事，谁不曾在这一点或那一点上有过错误呢？我昨天中午吃的是卷心菜还是白菜呢？关于无数重要和不重要的事情，都可以有错误。但是，如果一切都以信念的主观性和坚持信念为转移，那么重要和不重要事情之间的区别也就消失了。但是，上述承认有可能犯错误这种高度的前后不一致，系根源于事物的本性，如果换一个论调，说成恶的信念只是一种错误，那它实际上就转变为另一个前后不一致——不诚实的前后不一致。一方面既然说，信念应该是伦理性的东西和人类最高价值的根据，从而被宣布为至高无上和神圣的东西，另一方面又说一切问题都是关于错误，我的信念是一种卑不足道的和偶然的东西，其实是某种外在的东西，可能这样地或那样地对我出现。事实上，如果我不能认识真理，则我之所谓确信是极其无聊而卑不足道的。所以我无论怎么想，反正都是一样；存在我的思考中的，只是那种空洞的善，理智的抽象。

此外还应该注意的是，根据以信念为理由来作辩解的这个原则，可以得出，在应付他人反对我的行为所采取的行为方式时，我得承认他们是完全正当的，因为至少他们依据他们的信仰和信念主张我的行为为犯罪；根据这种逻辑，我不仅自始得不到任何东西，甚至反而从自由和光荣的地位降到不自由和不光荣的情况。这就是说，我感觉到正义——在它的抽象形态中既是他人的也是我的——只是他人的主观信念，而在

它对我实行的时候，我认为自己只是遭到外力的强制。

（六）最后，这种主观性在它的最高形式中才被完全领会和表达出来，这种最高形式借用柏拉图的名称就是叫做讽刺（Ironile）的那种形态。不过这里仅仅从柏拉图那里借用名称而已。他用这个词[①]描述苏格拉底在个人谈话中所应用的一种谈论方式，那时苏格拉底是为了维护真理和正义的理念，反对无教养者和诡辩家的荒诞思想。但是，苏格拉底用讽刺的方式所处理的，只是那种类型的意识，而不是理念自身。讽刺仅仅是用来反对人的一种谈话态度。除了用来对人以外，思想的本质运动却是一种辩证法。柏拉图远没有把辩证的东西本身，更没有把讽刺看做最后的东西和理念本身，相反地，他结束了思想——完全是主观意见——的起伏消长，而使之没入于理念的实体性中[②]。

① 参阅柏拉图：《理想国》，第 337 节 α；黑格尔：《哲学史讲演录》，第 2 卷，三联书店 1956 年版，第 54—57 页。——译者

② 我的同事已故索尔格尔教授（K. W. F. 索尔格尔，1780—1819 年。——拉松版）从弗里德里希·封·施雷格尔那里采用了讽刺这一个词。施雷格尔在其著述生涯早期就已使用它，并把它提高到指上述那种知道自己是至高无上的主观性的原则而言。但索尔格尔教授所见则异于这一规定，他采取了较好的意义，他具有哲学的识见，他抓住并强调主要是施雷格尔的观点中真正辩证的一面，即思辨考察的运动脉搏这一面。但是我不能完全明白他，也不能同意他在他最后的内容丰富的著作中所阐明的概念，这部著作是对奥古斯特·威廉·封·施雷格尔的《戏剧艺术和文学的讲演》的详尽批判（《维也纳年鉴》，第 7 卷，第 90 页以下）。索尔格尔在该《年鉴》第 92 页上说，“真正的讽刺是从下述观点出发的：人既然生活在现在这个世界中，他只能在这个世界中完成他的使命，而且也是从这个词的最崇高意义说。如果我们相信可以超脱有限的目的，那么所有这种想法都是虚无而空洞的妄想。就算是最高的东西，对我们的行为来说，也只是采取被限制的和有限的形态而存在的。”如果我们没有理解错的话，这是柏拉图的学说，并且为了反对他在同处已经提到过的、企图达到（抽象）无限而作的空虚

这里所应该考察的，还有把自己看作最终审的主观性的顶峰，这不可能是别的，而仍然只是那种自命为真理、法和义务的仲裁员和裁判员的主观性，它早在上述各种形式中潜在地存在

努力，他的话说得真对。但是，说最高的东西是跟伦理性的东西——而伦理性的东西本质上是现实生活和行为——同样采取被限制的和有限的形态这一句话，与说最高的东西是有限的目的这一句话，其间大有区别。外部形态，有限的东西的形式，未曾丝毫从伦理生活的内容中夺去其本身所固有的实体性和有限性。索尔格尔继续说："正因为这个缘故，它（最高的东西）在我们内部是和最低的东西同样无价值的，而且必然会同我们和我们无价值的感官一起消灭的。其实最高的东西只有在神那里存在着，当它在我们内部消灭时，它就转化而成为神的东西，这种神的东西如果没有它的直接现在——这正是在我们的现实消灭时显示出来的，——那我们就对它没有份儿。但是，直接用人世事件本身来说明这种过程的那种心情就是悲剧的讽刺。"关于随便用讽刺这名词的问题，姑且不管，但是说最高的东西跟我们的虚无性同归于尽，又我们的现实消灭时神的东西才显示出来，这些话却不大明了。又如同上《年鉴》第 91 页上说："我们看到主人公们，不仅在成就方面，而且在它们的来源和价值方面，错认了在他们的情绪和感情中最高贵和最优美的东西，甚至最好的东西本身毁灭了，我们才提高了自己。"最高的伦理性人物的悲惨下场之所以能使我们发生兴趣（骄矜万恶的流氓罪犯的公正下场，如现代悲剧《罪过》——缪尔纳作品，拉松版——中的主人公就是一个例子，虽然是刑法上一个有兴趣的问题，但是我们这里所讨论的真正艺术对它丝毫不感觉兴趣），使我们提高，并使我们与所发生的事调和，只是因为这些人物作为具有同等权利的各种不同伦理力量在彼此对立中出现，它们由于某种不幸而发生冲突；又因为其结果是这些人物由于跟伦理性的东西相对立而获有罪责。于是在这种情况下产生了双方的法与不法，从而真正伦理理念，经过纯化并克服了这种片面性之后，就在我们心目中得到调和。所以所毁灭的不是在我们内部最高的东西。我们并不是在最好的东西的毁灭中，而是相反地在真的东西的胜利中得到提高的。正是这一点构成古代悲剧真实的、纯伦理的旨趣（在浪漫派的悲剧中这一规定受到若干修正——参阅黑格尔：《美学》，全集，第 10 卷，第 2 版，1843 年，第 542 页以下。——拉松版）。以上这些论点，我在《精神现象学》中业经详加论述（第 404 页以下，并参阅 683 页）（《精神现象学》，即哲学丛书，第 114 卷，第 305 页以下，第 47 页以下。——拉松版）。但是，伦理理念之现实地和现存地存在于伦理世界中，就没有那种冲突的不幸，也没有个人由于这种不幸而遭到毁灭的事。这种最高的东西并没有在它的现实中作为无价值的东西显示出来，这一点正是实在的伦理性的实存即国家所企图达到的目的，并予以实行的，也是伦理性的自我意识在国家中所占有、直觉和知道的东西，以及能为思维的认识所理解的。

着。所以这种主观性就在于，它的确知道伦理性的客观东西，但却没有舍身忘我地浸沉于它——伦理性的东西——的认真的东西中，并根据它而行动。相反地，这种主观性只是与伦理性的东西保持着若即若离的关系，它知道自己是如此希求和决定的主体，虽然它同样可以希求别的东西，作出别种决定。

它说，您事实上承认一种规律，而且尊重它作为绝对存在的东西；我也是这样，不过我比您更进一步，我越出了规律，并且还能把它变成这样或那样。事物说不上是优越的，我才是优越的，才是规律和事物的主宰者，我可以玩弄它们，如同我玩弄我的偏好一样，而且在这种讽刺的意识中，我使最高的东西毁灭，而沾沾自喜。这种形态的主观性不仅使权利、义务和法的一切伦理的内容变成虚无——它就是恶，甚至是彻头彻尾的普遍的恶，——而且还加上它的形式是一种主观的虚无性，它知道自己是缺乏一切内容的虚无，并在这种知识中知道自己是绝对者。

我在《精神现象学》第605页以下[①]曾经论述这种绝对的自我满足是怎样地不安于孤僻的自我崇拜，它还会组成一种共同体，它的纽带和实体大旨就是：相互保证善心善意，欢享这种彼此的纯洁性，以及，而且尤其是对这种自己知道、自己表达的荣耀和对保护培养这种经验的荣耀所感到的神清气爽。我又曾论述一种叫做美的灵魂、一种更高贵的主观性怎样地把一切客观性都目为虚无，从而连自己也因丧失一切现

① 《精神现象学》，拉松版，第419页以下。——拉松版

实性而消灭；这种美的灵魂乃是主观性的另一种形态，它同我们这里所考察的其他各种形态是血脉相联的。上述种种可以参阅《精神现象学》中良心章全部，尤其是讨论关于向更高阶段过渡的那一部分，虽然这一阶段是具有不同的规定的。

补充（道德的诡辩）一般观念可以再进一步把恶的意志曲解为善的假象。它虽然不能改变恶的本性，但可给恶以好像是善的假象。因为任何行为都有其肯定的一面，又因为与恶相反的那种善的规定同样是属于肯定的方面，所以我可以主张我的行为在与我的意图相关中是善的。因此，不仅在意识上，而且在肯定的方面，恶是与善相结合的。如果自我意识对着他人号称自己的行为是善的，那么这种主观性的形式是伪善。但是，如果它竟主张它的作为本身是善的，那么这是自命为绝对者的那种最高峰的主观性。对这种主观性来说，什么绝对的善和绝对的恶都消失了，它就可随心所欲，装成各种样子。这正是绝对诡辩的观点，这种诡辩俨然以立法者自居，并根据其任性来区别善恶。至于伪善，尤其例如宗教方面的伪君子（塔尔丘夫[①]之流），他们遵循一切宗教仪式，外表上也十分虔敬，但是另一方面，他们为所欲为。关于伪善最近谈得很少了，这一方面由于非难伪善似乎失之过酷；另一方面因为伪善或多或少不再以直接的形态出现了。这种露骨的谎骗，这种善的伪装今天已经变得太透明了，谁都能把它拆穿，另一方面，自从人们教养得到提高，而把善恶的对立削弱以来，一手

① 莫里哀的名著“Tartuffe”喜剧中的主人公。——译者

为善一手作恶的这种分离现象已不再见。反之，现在伪善采取了更精巧的形态，这就是盖然论的形态。它的含义是：行为人根据自己的良心企图把犯规行为设想为一种善行。这种学说，只有当道德和善由权威来决定时才会发生；其结果，有多少个权威，就有多少个把恶主张为善的理由。精于良心学的神学家们，尤其是耶稣教会教徒，曾经加工精制诸如此类的良心事件，并使这种事件的数量无限增加。

现在这些事件已被加工精制得十分细腻，于是难免产生许多冲突，善恶的对立已成为极不分明，以致在个别场合出现善恶颠倒的现象。人们所要求的，只是盖然的东西，即接近于善的东西，它可以得到某种理由或由某种权威的证明。因之这种观点所具有的独特性质是：它仅仅包含着抽象的东西，至于具体的内容则被主张为某种非本质的东西，因而倒是一直被交托给单纯意见。这样，谁都可以犯罪，而谁都是立志为善的。例如，恶人被杀时，就可从肯定的方面来说，杀他是为了反抗恶，是想减少恶。现在，从盖然论再进一步，就不再是他人的权威和主张的问题，而是主体本身即他的信念的问题了，因为只有通过他的信念某种东西才能成为善的。这里的缺陷就在于一切但凭信念，自在自为地存在的法已不复存在。然而对后者来说，这种信念只不过是形式而已。我在做某事时，我还是依据风俗习惯，还是因为我受到风俗习惯中所含的真理的驱使，这当然不是无足轻重的。但是客观真理跟我的信念仍然是不同的，信念并无善恶之分。信念始终是信念，只有我所不确信的东西才算是恶的。现在，这种观点是一种抹煞

善的最高观点，人们承认这种观点也会犯错误的，在这种情况下，它又不免从高处下降而变为偶然的东西，并且看来没有资格受人尊敬。但是这种主观性的形式就是讽刺，就是这样一种意识，即这种信念的原则不值一文，而在这种最高标准中占支配地位的只是任性。这种观点严格地说是导源于费希特的哲学，费希特的哲学宣称自我是绝对的东西，即绝对确信，普遍的自我性，由此进一步发展而达到客观性。关于费希特本人，严格地不能说他在实践的领域中把主体的任性作为原则，但是后来费里特里希·封·施雷格尔在特殊自我性的意义上，把这个特殊物本身在美和善的方面奉之为神，其结果，客观的善仅仅变成了我的信念的产品，只从我那里得到支持，而且我作为主人和主宰者，既可使它出现也可使它消灭。在我与某种客观的东西发生关系时，这种客观的东西就会马上在我的眼前消失。这样，我凌空飘荡，俯瞰广阔无垠的空间，唤出各种形态，而又把它们消灭。主观性的这种最高形态只有在高度文化的时期才能产生，这时信仰的诚挚性扫地以尽，而它的本质仅仅是一切皆空。

从道德向伦理的过渡

第 141 节

善是自由的实体性的普遍物，但仍然是抽象的东西，因此它要求各种规定以及决定这些规定的原则，虽然这种原则是与善同一的。同样，良心作为起规定作用的纯粹抽象的原则，也要求它所作的各种规定具有普遍性和客观性。如果两者各自保持原样而上升为独立的整体，它们就都成为无规定性的东西，而应被规定的了。但是，这两个相对整体融合为绝对同一，早已自在地完成了，因为意识到在它的虚无性中逐渐消逝的这种主观性的纯自我确信，跟善的抽象普遍性是同一的。善和主观意志的这一具体同一以及两者的真理就是伦理。

附释　关于概念的这种过渡的详情，在逻辑中已经阐明。这里所要谈的是，局限的和有限的东西——这里是抽象的只是应然的善和同样抽象的应是善的主观性——的本性，在它自身中有其对立面，即善以它的现实性为对立面，主观性（伦理成为现实的这个环节）以善为对立面；但由于它们是片面的，所以它们尚未被设定为自在地存在的东西。它们在它们的否定性中才达到这种被设定的地位，这就是说，在它们的片面性中，那时它们的每一个都不欲在自身中具有自在地存在的东西——善没有了主观性和规定，决定者即主观性没有了自在地存在的东西，——它们构成为独立的整体，于是两者就被扬弃从而降为环节，即概念的环节。这一概念是作为两者的统一而显现，并因其各个环节这样地被设定而获得实在性，从而，作为理念而存在，理念就是已把自己的种种规定发展成为实在性，同时在这些规定的同一中作为其自在地存在的本质而存在的概念。

直接作为法而存在的自由的定在，在自我意识的反思中被规定为善，现在，这里要过渡到的是第三个阶段，它是这个

善和主观性的真理，所以同时也是主观性和法的真理。

伦理性的东西是主观情绪，但又是自在地存在的法的情绪。这一理念是自由概念的真理，这一点不是什么被假定的，也不是从感情或其他什么地方采取来的，而是在哲学上应予以证明的道理。这一道理的演绎完全包含在下述事实中：即法和道德的自我意识在它们自身中都表明返回于作为其成果的理念。那些认为在哲学中没有证明和演绎也行的人们，表明他们离开懂得什么是哲学这种初步思想还很远，他们尽可以谈别的，但是在哲学中，如果想不用概念立论，那就没有参加谈论的权利。

补充（抽象法和道德的片面性）　到此为止所考察的两种原则即抽象的善和良心，都缺少它的对立面。抽象的善消融为完全无力的东西，而可由我加入任何内容，精神的主观性也因其欠缺客观的意义，而同样是缺乏内容的。所以为了摆脱空虚性和否定性的痛苦，就产生了对客观性的渴望，人们宁愿在这客观性中降为奴仆，完全依从。最近有许多新教徒之所以转入天主教，就因为发见其内心空虚，于是便想抓到某种结实的东西、某种支持或某种权威，虽然，结果他们所拿到手的不是思想上稳固的东西。主观的善和客观的、自在自为地存在的善的统一就是伦理，在伦理中产生了根据概念的调和。其实，如果道德是从主观性方面来看的一般意志的形式，那么伦理不仅仅是主观的形式和意志的自我规定，而且还是以意志的概念即自由为内容的。无论法的东西和道德的东西都不能自为地实存，而必须以伦理的东西为其承担者和基础，因为法欠缺主观性的环节,而道德则仅仅具有主观性的环节,所以法和道德本身都缺乏现实性。只有无限的东西即理念,才是现实的。法不过是整体的一个分支或是像藤类植物,攀缘在自在自为地屹立着的树上。

第三篇　伦理

第 142 节

伦理是自由的理念。它是活的善，这活的善在自我意识中具有它的知识和意志，通过自我意识的行动而达到它的现实性；另一方面自我意识在伦理性的存在中具有它的绝对基础和起推动作用的目的。因此，伦理就是成为现存世界和自我意识本性的那种自由的概念。

第 143 节

因为意志的概念和它的定在（即特殊意志）的这种统一就是知识，所以就有了对理念的这两个环节的差别的意识，这就是说，现在这两个环节的每一个就其本身说来都是理念的整体，都是以理念的整体为它的基础和内容的。[①]

① 这两个整体分别在下面第 144—145 节和第 146—147 节中说明。——译者

第 144 节

（甲）代替抽象的善的那客观伦理，通过作为无限形式的主观性而成为具体的实体。具体的实体因而在自己内部设定了差别，从而这些差别都是由概念规定的，并且由于这些差别，伦理就有了固定的内容。这种内容是自为地必然的，并且超出主观意见和偏好而存在的。这些差别就是自在自为地存在的规章制度。

补充（实体性的伦理）　整个伦理既有客观环节，又有主观环节，但是两者都只是伦理的形式。这里，善就是实体，就是说在客观的东西中充满着主观性。如果我们从客观方面来观察伦理，那么可以说，人们在其中不自觉具有伦理观念。安悌果尼[①]就是从这一含义宣称，谁也不知道法律是从什么地方来的；法律是永恒的，这就是说，法律是自在自为地存在的，它们是从事物本性中产生出来的规定。但是这个实体性的东西同样具有意识，尽管这种意识总是处在环节的地位的。

第 145 节

伦理性的东西就是理念的这些规定的体系，这一点构成了伦理性的东西的合理性。因此，伦理性的东西就是自由，或自在自为地存在的意志，并且表现为客观的东西，必然性的圆圈。这个必然性的圆圈的各个环节就是调整个人生活的那些伦理力量。个人对

---

① 古希腊悲剧作家索福客俪所编的悲剧《安悌果尼》中的主人公；正确引文，参阅本书第 166 节附释。——译者

这些力量的关系乃是偶性对实体的关系，正是在个人中，这些力量才被观念着，而具有显现的形态和现实性。

补充（伦理性的实体和个人） 因为伦理性的规定构成自由的概念，所以这些伦理性的规定就是个人的实体性或普遍本质，个人只是作为一种偶性的东西同它发生关系。个人存在与否，对客观伦理说来是无所谓的，唯有客观伦理才是永恒的，并且是调整个人生活的力量。因此，人类把伦理看作是永恒的正义，是自在自为地存在的神，在这些神面前，个人的忙忙碌碌不过是玩跷跷板的游戏罢了

第 146 节

（乙） 实体在它这种现实的自我意识中认识自己，从而就是认识的客体。伦理性的实体，它的法律和权力，一方面作为对象，对主体说来都是存在的，而且是独立地——从独立这一词的最高涵义来说——存在着，它们是绝对的权威和力量，要比自然界的存在无限巩固。

附释 日、月、山、河以及我们周围的一切自然物体都存在着。它们对意识所具有的权威，不仅在于它们是存在着的而已，而且在于它们具有一种特殊本性。意识承认这种本性，而且在对待这些物体并在处理和利用它们时，总是顺应着这种本性的。至于伦理性的法律所具有的权威是无限崇高的，因为自然物体只是极其表面地、支离破碎地体现着合理性，而且把合理性隐藏在偶然性的外观中。

第 147 节

另一方面，伦理性的实体，它的法律和权力，对主体说来，不是一种陌生的东西，相反地，主体的精神证明它们是它所特有的本质。在它的这种本质中主体感觉到自己的价值，并且像在自己的、同自己没有区别的要素中一样地生活着。这是一种甚至比信仰和信任更其同一的直接关系。

附释　信仰和信任是和反思一同开始出现的，并以表象和差别为前提。例如，信仰多神教和是一个多神教徒这两者不是一回事。伦理性的东西在其中成为自我意识的现实生命力的那种关系，或更确切些说，那种缺乏关系的同一，诚然可以转变为信仰和信念的关系，和转变为通过进一步反思而产生的关系，即依据某些原因所作出的判断——这些原因在开始时可能是某些特殊目的、利益和考虑，是恐惧或希望，或者是历史情况；然而充分认识这种同一则属于能思维的概念的事。

第 148 节

法律和权力这些实体性的规定，对个人说来是一些义务，并拘束着他的意志的，因为个人作为主观的东西和在本身中没有规定性的东西，或者作为被规定了的特殊的东西，是同这些法律和权力有差别，因而把它们作为他的实体性的东西来对待的。

附释　伦理学中的义务论，如果是指一种客观学说，就不应包括在道德主观性的空洞原则中，因为这个原则不规定任何东西（第 134 节）。因此，这种义务论就是伦理必然性的圆圈的系统发展，将在这里第三篇中加以论述。这一论述不同于义务论的形式，其不同之处仅仅在于，下述各种伦理性的规定都表现为必然的关系，并且论述到此为止，而不再给每一规定加上结语说：“因此，这一规定对人们说来是一种义务。”

义务论不是一种哲学科学，它从现存的关系中获取它的素材，并表明这种素材同本人观念的联系，或同到处出现的原则以及思想、目的、冲动和感觉等等的联系。它还能把每一种义务，在与其他伦理关系相关中、与福利和意见相关中所产生的其他后果作为理由而补充进去。但是一种内在的、彻底的义务论不外是由于自由的理念而是必然的、因此是现实的那些关系在它们全部范围内即在国家中的发展。

第 149 节

具有拘束力的义务，只是对没有规定性的主观性或抽象的自由、和对自然意志的冲动或道德意志（它任意规定没有规定性的善）的冲动，才是一种限制。但是在义务中个人毋宁说是获得了解放。一方面，他既摆脱了对赤裸裸的自然冲动的依附状态，在关于应做什么、可做什么这种道德反思中，又摆脱了他作为主观特殊性所陷入的困境；另一方面，他摆脱了没有规定性的主观性，这种主观性没有达到定在，也没有达到行为的客观规定性，而仍停留在自己内部，并缺乏现实性。在义务中，个人得到解放而达到了实体性的自由。

补充（作为向自由前进的义务）　义务仅仅限制主观性的

任性，并且仅仅冲击主观性所死抱住的抽象的善。当人们说，我们要自由，这句话的意思最初只是：我们要抽象的自由，因此国家的一切规定和组织便都成了对这种自由的限制。所以，义务所限制的并不是自由，而只是自由的抽象，即不自由。义务就是达到本质、获得肯定的自由。

第 150 节

伦理性的东西，如果在本性所规定的个人性格本身中得到反映，那便是德。这种德，如果仅仅表现为个人单纯地适合其所应尽——按照其所处的地位——的义务，那就是正直。

附释　一个人必须做些什么，应该尽些什么义务，才能成为有德的人，这在伦理性的共同体中是容易谈出的：他只须做在他的环境中所已指出的、明确的和他所熟知的事就行了。正直是在法和伦理上对他要求的普遍物。但从道德观点看，正直容易显现为一种较低级的东西，人们还必须超越正直而对自己和别人要求更高的东西；其实，要成为某种特殊的东西这种渴望，不会满足于自在自为的存在和普遍的东西；它只有在例外情形中才能获得独特性的意识。

正直的各个不同方面都同样可以叫做德，因为它们都同样是个人的特质（虽然同别人比起来，并不显得特别）。但是关于德的言论，容易迹近空话，因为这种言论尽是讲些抽象的和没有规定性的东西，并且这种言论中的论据和阐明都是对着作为一种任性或主观偏好的个人而提出的。在现存伦理状态中，当它的各种关系已经得到充分发展和实现的时候，真正的德只有在非常环境中以及在那些关系的冲突中，才有地位并获得实现。冲突必须是真正的，因为道德的反思可以到处为自己的目的制造冲突，并且使自己意识到是某种特殊物，意识到已经作出了牺牲。正因为如此，所以当社会和共同体还处在未开化状态时，尤其可以常常看到德本身的形式，因为在这里，伦理性的东西及其实现在很大程度上是个人偏好和个人特殊天才的表现。例如，古人特别对于海格立斯认为是有德的。又在古代国家，伦理还没有成长为独立发展和客观性这样一种自由体系，这个缺陷就必须由个人特有的天才来弥补。

因为关于德的学说不是一种单纯的义务论，它包含着以自然规定性为基础的个性的特殊方面，所以它就是一部精神自然史。

因为德是伦理性的东西而应用于特殊物，又因为从这个主观方面来看德是某种没有规定性的东西，所以对德的规定就出现了较多和较少的量的因素。因此对德的考察势必导致同德相对立的缺点或邪恶。亚里士多德正是这样做的，他按照德的正确涵义，把特殊的德规定成为既不过多也不过少的中间物。

采取义务的形式、然后采取德的形式的那种内容，与具有冲动的形式的那种内容是相同的(第19节附释)。冲动也同样以这种内容为其基础。但是，因为在冲动中这种内容还是属于直接意志和本性感觉，而没有发展到伦理性的规定的高度，所以冲动同义务和德具有共同的内容，而这个内容仅仅是

一个抽象的对象。这个对象因为本身没有规定性，所以不含有划分冲动善恶的界限，或者抽象地从肯定的方面看，冲动是善的，或者抽象地从否定的方面看，冲动是恶的（第18节）。

补充（作为个人造诣的德）　一个人做了这样或那样一件合乎伦理的事，还不能就说他是有德的；只有当这种行为方式成为他性格中的固定要素时，他才可以说是有德的。德毋宁应该说是一种伦理上的造诣。如果我们现在已经不像以前那样常谈德，这是因为伦理已经不再是特殊个人性格的形式了。在世界各民族中，法国人最常谈德，这是因为在他们看来个人的伦理生活在更大程度上属于个人特性和行为的自然方式的问题。德国人则相反，他们更习惯于沉思，因此同一内容在德国人就采取了普遍性的形式。

第151节

但在跟个人现实性的简单同一中，伦理性的东西就表现为这些个人的普遍行为方式，即表现为风尚。对伦理事物的习惯，成为取代最初纯粹自然意志的第二天性，它是渗透在习惯定在中的灵魂，是习惯定在的意义和现实。它是像世界一般地活着和现存着的精神，这种精神的实体就这样地初次作为精神而存在。

补充（风尚、教育、习惯）　风尚是属于自由精神方面的规律，正如自然界有自己的规律，动物、树木、太阳都遵循着自己的规律一样。法和道德还没有达到叫做风尚的那种东西，即精神。在法中，特殊性还不是概念的特殊性，而只是自然意志的特殊性。同样，在道德的观点上，自我意识也还不是精神的意识，在那里问题只在于主体在他本身中的价值，就是说，主体按照善的东西比照恶的东西来规定自己，但他还具有任性的形式。反之，在这里，即在伦理的观点上，意志才是精神的意志，而且具有与自己相适应的实体性的内容。教育学是使人们合乎伦理的一种艺术。它把人看做是自然的，它向他指出再生的道路，使他的原来天性转变为另一种天性，即精神的天性，也就是使这种精神的东西成为他的**习惯**。在习惯中，自然意志和主观意志之间的对立消失了，主体内部的斗争平息了，于是习惯成为伦理的一部分，也像它成为哲学思想的一部分一样，因为哲学思想要求训练精神以反对任性的想法，并要求对这些任性的想法加以破坏和克服，来替合乎理性的思维扫清道路。又人死于习惯，这就是说，当他完全习惯于生活，精神和肉体都已变得迟钝，而且主观意识和精神活动之间的对立也已消失了，这时他就死了。因为一个人之所以在活动，是因为他还没有达到某种目的；而在争取达到目的时，他就要创造自己发挥自己。目的一经达到，活动和生命力也就消失了，接着而来的乃是对一切失去兴趣，也就是精神或肉体的死亡。

第 152 节

伦理实体性就这样地达到了它的**法**，法也获得了它的**实效**，这就是说，个人的自我意志和他自身的良心在伦理实体性中消失了，这种良心曾经自为地存在，也曾与伦理实体性相抗衡。当他成为伦理性的性格时，他就认识到他的起推动作用的目的就是普遍物，这种普遍物是不受推动的，而是在它的规定中表现为现实的合理性。他还认识到，他的尊严以及他的特殊目的的全部稳定性都建立在这种普遍物中，而且他确在其中达到了他的尊严和目的。主观性本身是实体的绝对形式和实体的实存的现实性，主体同作为他的对象、目的和力量的实体之间的区别，仅仅是形式上的区别，而且这种区别也就同时直接消失。

附释　主观性构成自由这一概念借以存在的基础（第106节）。在道德的观点上，主观性还是同自由、即主观性的概念有区别的，但是在伦理的观点上，它是这一概念的实存，而且适合于概念本身。

第153节

个人主观地规定为自由的权利，只有在个人属于伦理性的现实时，才能得到实现，因为只有在这种客观性中，个人对自己自由的确信才具有真理性，也只有在伦理中个人才实际上占有他本身的实质和他内在的普遍性（第147节）。

附释　一个父亲问："要在伦理上教育儿子，用什么方法最好"，毕达哥拉斯派的人曾答说（其他人也会作出同样的答复）："使他成为一个具有良好法律的国家的公民。"

补充（实验教育）　教育家想把人从日常一般生活中抽出，而在乡村里教育他（如卢梭的《爱弥尔》），但这种实验已经失败，因为企图使人同世界的规律疏隔是不可能的。虽然对青年的教育必须在偏静的环境中进行，但是切不要以为精神世界的芬芳气味到底不会吹拂这偏静的地方，也不要以为世界精神的力量是微弱而不能占据这些偏远地带的。个人只有成为良好国家的公民，才能获得自己的权利。

第 154 节

个人对他特殊性的权利也包含在伦理性的实体性中，因为特殊性是伦理性的东西实存的外部现象。

第 155 节

在普遍意志跟特殊意志的这种同一中，义务和权利也就合而为一。通过伦理性的东西，一个人负有多少义务，就享有多少权利；他享有多少权利，也就负有多少义务。在抽象法的领域，我有权利，别一个人则负有相应的义务；在道德的领域，对我自己的知识和意志的权利，以及对我自己的福利的权利、还没有、但是都应当同义务一致起来，而成为客观的。

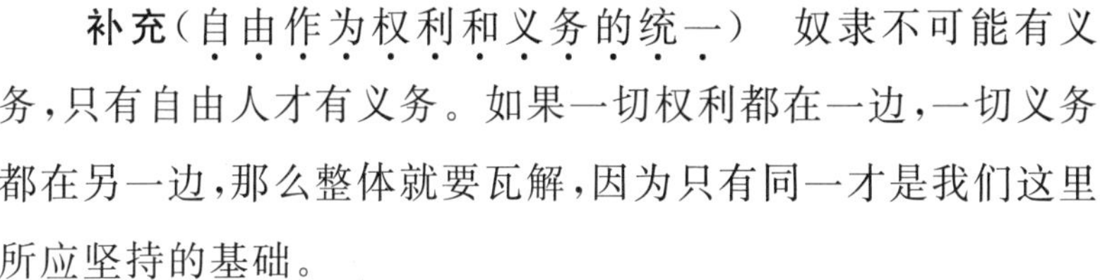

补充（自由作为权利和义务的统一）　奴隶不可能有义务，只有自由人才有义务。如果一切权利都在一边，一切义务都在另一边，那么整体就要瓦解，因为只有同一才是我们这里所应坚持的基础。

第 156 节

伦理性的实体包含着同自己概念合一的自为地存在的自我意识，它是家庭和民族的现实精神。

补充（伦理性的东西作为具体的现实）　伦理性的东西不像善那样是抽象的，而是强烈地现实的。精神具有现实性，现实性的偶性是个人。因此，在考察伦理时永远只有两种观点可能：或者从实体性出发，或者原子式地进行探讨，即以单个的人为基础而逐渐提高。后一种观点是没有精神的，因为它只能做到集合并列，但是精神不是单一的东西，而是单一物和普遍物的统一。

第 157 节

这一理念的概念只能作为精神，作为认识自己的东西和现实的东西而存在，因为它是它本身的客观化、和通过它各个环节的形式的一种运动。因此它是：

第一，直接的或自然的伦理精神——家庭。

这种实体性向前推移，丧失了它的统一，进行分解，而达于相对性的观点，于是就成为，

第二，市民社会，这是各个成员作为独立的单个人的联合，因而也就是在形式普遍性中的联合，这种联合是通过成员的需要，通过保障人身和财产的法律制度，和通过维护他们特殊利益和公共利益的外部秩序而建立起来的。这个外部国家，

第三，在实体性的普遍物中，在致力于这种普遍物的公共生活所具有的目的和现实中，即在国家制度中，返回于自身，并在其中统一起来。

第一章 家庭

第 158 节

作为精神的直接实体性的家庭，以爱为其规定，而爱是精神对自身统一的感觉。因此，在家庭中，人们的情绪就是意识到自己是在这种统一中、即在自在自为地存在的实质中的个体性，从而使自己在其中不是一个独立的人，而成为一个成员。

补充（爱的概念） 所谓爱，一般说来，就是意识到我和别一个人的统一，使我不专为自己而孤立起来；相反地，我只有抛弃我独立的存在，并且知道自己是同别一个人以及别一个人同自己之间的统一，才获得我的自我意识。但爱是感觉，即具有自然形式的伦理。在国家中就不再有这种感觉了，在其中人们所意识到的统一是法律，又在其中内容必然是合乎理性的，而我也必须知道这种内容。爱的第一个环节，就是我不欲成为独立的、孤单的人，我如果是这样的人，就会觉得自己残缺不全。至于第二个环节是，我在别一个人身上找到了自己，即获得了他人对自己的承认，而别一个人反过来对我亦同。因此，爱是一种最不可思议的矛盾，决非理智所能解决的，因为没有一种东西能比被否定了的、而我却仍应作为肯定的东西而具有的这一种严格的自我意识更为顽强的了。爱制造矛盾并解决矛盾。作为矛盾的解决，爱就是伦理性的统一。

第 159 节

个人根据家庭统一体所享有的权利，首先是他在这统一体中的生活，只有在家庭开始解体，而原来的家庭成员在情绪上和实际上开始成为独立的人的时候，才以权利（作为特定单一性的抽象环节）的形式出现；从前他们在家庭中以之构成一个特定环节的东西，现在他们分别地只是从外部方面（财产、生活费、教育费等等）来接受。

补充（家庭和主观性）　其实，家庭的权利严格说来在于家庭的实体性应具有定在，因此它是反对外在性和反对退出这一统一体的权利。但是，再说一遍，爱是感觉，是一种主观的东西，对于这种主观的东西，统一无能为力。如果要求统一的话，那只能对按本性说来是外在的而不是决定于感觉的东西提出这种要求。

第 160 节

家庭是在以下三个方面完成起来的：

（一）婚姻，即家庭的概念在其直接阶段中所采取的形态；

（二）家庭的财产和地产，即外在的定在，以及对这些财产的照料；

（三）子女的教育和家庭的解体。

第一　婚姻

第161节

婚姻作为直接伦理关系首先包括自然生活的环节。因为伦理关系是实体性的关系，所以它包括生活的全部，亦即类及其生命过程的现实（见《哲学全书》，第167节以下和第288节以下）[①]。但其次，自然性别的统一只是内在的或自在地存在的，正因为如此，它在它的实存中纯粹是外在的统一，这种统一在自我意识中就转变为精神的统一，自我意识的爱。

补充（婚姻的概念）　婚姻实质上是伦理关系。以前，特别是大多数关于自然法的著述，只是从肉体方面，从婚姻的自然属性方面来看待婚姻，因此，它只被看成一种性的关系，而通向婚姻的其他规定的每一条路，一直都被阻塞着。至于把婚姻理解为仅仅是民事契约，这种在康德那里也能看到的观念，同样是粗鲁的，因为根据这种观念，双方彼此任意地以个人为订约的对象，婚姻也就降格为按照契约而互相利用的形式。第三种同样应该受到唾弃的观念，认为婚姻仅仅建立在爱的基础上。爱既是感觉，所以在一切方面都容许偶然性，而这正是伦理性的东西所不应采取的形态。所以，应该对婚姻作更精确的规定如下：婚姻是具有法的意义的伦理性的爱，这

① 第3版，第220节以下和第366节以下。——拉松版

样就可以消除爱中一切倏忽即逝的、反复无常的和赤裸裸主观的因素。

第 162 节

婚姻的主观出发点在很大程度上可能是缔结这种关系的当事人双方的特殊爱慕，或者出于父母的事先考虑和安排等等；婚姻的客观出发点则是当事人双方自愿同意组成为一个人，同意为那个统一体而抛弃自己自然的和单个的人格。在这一意义上，这种统一乃是作茧自缚，其实这正是他们的解放，因为他们在其中获得了自己实体性的自我意识。

附释　因此，我们的客观使命和伦理上的义务就在于缔结婚姻。婚姻的外在出发点的性质，按事件本性说来，总是偶然的，而且特别以反思的发展水平为转移的。这理有两个极端，其中一个是，好心肠的父母为他们作好安排，作了一个开端，然后已被指定在彼此相爱中结合的人，由于他们知道自己的命运，相互熟悉起来，而产生了爱慕。另一个极端则是爱慕首先在当事人即在这两个无限特异化的人的心中出现。

可以认为以上第一个极端是一条更合乎伦理的道路，因为在这条道路上，结婚的决断发生在先，而爱慕产生在后，因而在实际结婚中，决断和爱慕这两个方面就合而为一。

在上述第二个极端中，无限特殊的独特性依照现代世界的主观原则（见上述第 124 节附释）提出了自己的要求。

但是在以性爱为主题的现代剧本和各种文艺作品中，可以见到彻骨严寒的原质被放到所描述的激情热流中去，因为它们把激情完全同偶然性结合起来，并且把作品的全部兴趣表述为似乎只是依存于这些个人；这对这些个人说来可能是无限重要，但就其本身说来完全不是这么一回事。

补充（婚姻和爱慕）　在不太尊重女性的那些民族中，父母从不征询子女的意见而任意安排他们的婚事。他们也听从安排，因为感觉的特殊性还没有提出任何要求。从少女看来，问题只是嫁个丈夫，从男子看来只是娶个妻子。在其他一些情况下，对财产、门第、政治目的等考虑可能成为决定性因素。这里，由于把婚姻当作图达其他目的的手段，所以可能发生巨大困难。相反地，在现代，主观的出发点即恋爱被看作唯一重要因素。大家都理会到必须等待，以俟时机的到来，并且每个人只能把他的爱情用在一个特定人身上。

第 163 节

婚姻的伦理方面在于双方意识到这个统一是实体性的目的，从而也就在于恩爱、信任和个人整个实存的共同性。在这种情绪和现实中，本性冲动降为自然环节的方式，这个自然环节一旦得到满足就会消灭。至于精神的纽带则被提升为它作为实体性的东西应有的合法地位，从而超脱了激情和一时特殊偏好等的偶然性，其本身也就成为不可解散的了。

附释　上面已经指出（第 75 节），就其实质基础而言，婚姻不是契约关系，因为婚姻恰恰是这样的东西，即它从契约的观点、从当事人在他们单一性中是独立的人格这一观点出发来扬弃这个观点。由于双方人格的同一化，家庭成为一个人，而其成员则成为偶性(实质上,实体乃是偶性同实体本身的关系——见《哲学全书》,第 98 节[①])。这种同一化就是伦理的精神。这种伦理的精神本身,被剥去了表现在它的定在中即在这些个人和利益(这些利益受到时间和许多其他因素的规定)中的各色各样的外观,就浮现出供人想象的形态,并且曾经作为家神等而受到崇敬。这种伦理的精神一般就是婚姻和家庭的宗教性即家礼之所在。再进一步的抽象化就在于把神或实体性的东西同它的定在相分离,连同对精神统一的感觉和意识,一并固定起来,这就是人们误谬地所谓"纯洁"的爱。这种分离是和僧侣观点相通的,因为僧侣观点把自然生活环节规定为纯粹否定的东西;正由于它建立了这种分离,所以就赋予自然生活环节本身以无限重要性。

补充(婚姻的神圣)　婚姻和蓄妾不同。蓄妾主要是满足自然冲动,而这在婚姻却是次要的。因此,在婚姻中提到性的事件,不会脸红害臊,而在非婚姻关系中就会引起羞怯。根据同样原因,婚姻本身应视为不能离异的,因为婚姻的目的是伦理性的,它是那样的崇高,以致其他一切都对它显得无能为力,而且都受它支配。婚姻不应该被激情所破坏,因为激情是服从它的。但是婚姻仅仅就其概念说是不能离异的,其实正如基督所说的:只是"为了你的铁石心肠",[②]离婚才被认许。因为婚姻含有感觉的环节,所以它不是绝对的,而是不稳定

---

① 第 3 版,第 150 节。——译者

② 《新约全书》,马太福音,第 19 章,第 8 节。——译者

的，且其自身就含有离异的可能性。但是立法必须尽量使这一离异可能性难以实现，以维护伦理的法来反对任性。

第 164 节

契约的订定本身就包含着所有权的真实移转在内（第 79 节），同样，庄严地宣布同意建立婚姻这一伦理性的结合以及家庭和自治团体（教会在这方面参加进来是另一规定，不在本书论列之内）[①]对它相应的承认和认可，构成了正式结婚和婚姻的现实。只有举行了这种仪式之后，夫妇的结合在伦理上才告成立，因为在举行仪式时所使用的符号，即语言，是精神的东西中最富于精神的定在（第 78 节），从而使实体性的东西得以完成。其结果，感性的、属于自然生活的环节，就作为一种属于伦理结合的外部定在的后果和偶性，而被设定在它的伦理关系中，至于伦理结合则完全在于互爱互助。

附释　如果有人问，什么才应该是婚姻的主要目的，以便据以制定或评断法规，那么，这一问题应该了解为：婚姻现实的各个方面，哪一方面应该被认为最本质的？其实任何一个方面单独说来都不构成自在自为地存在的内容（即伦理性的东西）的全部范围。实存的婚姻可能在这一方面或那一方面有所欠缺，而仍无害于婚姻的本质。

缔结婚姻本身即婚礼把这种结合的本质明示和确认为一种伦理性的东西，凌驾于感觉和特殊倾向等偶然的东西之上。

① 参阅本书第 270 节附释第 2 个脚注。——译者

如果这种婚礼只是当作外在的仪式和单纯的所谓民事命令，那么这种结婚就没有其他意义，而似乎只是为了建立和认证民事关系，或者它根本就是一种民事命令或教会命令的赤裸裸的任意。这种命令不仅对婚姻的本性说无足轻重，而且还辱没了爱的情感，并作为一种异物而破坏这种结合的真挚性，因为，由于命令之故，心情就赋予这种结婚仪式以意义，并把它看作全心全意彼此委身的先决条件。这种意见妄以为自己提供了爱的自由、真挚和完美的最高概念，其实它倒反否认了爱的伦理性，否认了较高的方面，即克制和压抑着单纯自然冲动的那一方面，这种克制和压抑早已天然地含蕴在羞怯中，并由于意识达到更多的精神上规定而上升为贞洁和端庄。更确切些说，这种意见排斥了婚姻的伦理规定，这种伦理性的规定在于，当事人的意识从它的自然性和主观性中结晶为对实体物的思想，它不再一直保留着爱慕的偶然性和任性，而是使婚姻的结合摆脱这种任性的领域，使自己在受家神约束中服从实体性的东西。它贬低感性环节，使其受真实的和伦理的婚姻关系的制约、受承认婚姻结合为伦理性的结合的制约。

只有厚颜无耻和支持这种无耻的理智才不能领会实体性的关系的思辨本性，但是伦理上纯洁的心情以及基督教民族的立法莫不与这种思辨本性相适应的。

补充（“自由”恋爱）　弗里德里希·封·施雷格尔在所著《卢辛德》一书中和它的一个信徒在《一个匿名者的信札》（卢卑克和莱比锡，1800年版）中，提出了一种见解，认为结婚仪式是多余的，是一种形式，可以把它抛弃，因为爱才是实体性的东西，甚至爱由于隆重的仪式会丧失它的价值。他们认为感性地委身于对方对证明爱的自由和真挚说来是必要的。这种论据对诱奸者说来原不生疏。就男女关系而论，必须指出，女子委身事人就丧失了她的贞操；其在男子则不然，因为他在家庭之外有另一个伦理活动范围。女子的归宿本质上在于结婚。因此，所要求于她的是：她的爱应采取婚姻的形态，同时爱的各种不同环节应达到它们彼此间真正合乎理性的关系。

第 165 节

两性的自然规定性通过它们的合理性而获得了理智的和伦理的意义。这种意义为差别所规定，作为概念的那种伦理性的实体性在它本身中分为这种差别，以便从中获得它作为具体统一的生命力。

第 166 节

因此，一种性别是精神而自身分为自为的个人的独立性和对自由普遍性的知识和意志，也就是说分为思辨的思想的那自我意识和对客观的最终目的的希求。另一种性别是保持在统一中的精神，它是采取具体单一性和感觉的形式的那种对实体性的东西的认识和希求。在对外关系中，前一种性别是有力的和主动的，后一种是被动的和主观的。因此，男子的现实的实体性的生活是在国家、在科学等等中，否则就在对外界和对他自己所进行的斗争和劳动中，所以他只有从他的分解中争取同自身的独立统一，在家庭中他具有对这个统一的安静的直观，并过着感觉的主观的伦理生活。

至于女子则在家庭中获得她的实体性的规定，她的伦理性的情绪就在于守家礼。

附释 因此，一本非常推崇家礼的著作，即索福客俪[①]的《安悌果尼》，说明家礼主要是妇女的法律；它是感觉的主观的实体性的法律，即尚未完全达到现实的内部生活的法律；它是古代的神即冥国鬼神的法律；它是“永恒的法律，谁也不知道它是什么时候出现的”；这种法律是同公共的国家的法律相对立的。这种对立是最高的伦理性的对立，从而也是最高的、悲剧性的对立；该剧本是用女性和男性把这种对立予以个别化（参阅《精神现象学》，第383页以下，第417页以下[②]）。

补充（妇女的教养） 妇女当然可以教养得很好，但是她们天生不配研究较高深的科学、哲学和从事某些艺术创作，这些都要求一种普遍的东西。妇女可能是聪明伶俐，风趣盎然，仪态万方的，但是她们不能达到优美理想的境界。男女的区别正像动物与植物的区别：动物近乎男子的性格，而植物则近乎女子的性格，因为她们的舒展比较安静，且其舒展是以模糊的感觉上的一致为原则的。如果妇女领导政府，国家将陷于危殆，因为她们不是按普遍物的要求而是按偶然的偏好和意见行事的。妇女——不知怎么回事——仿佛是通过表象的气氛而受到教育，她们在很大程度上是通过实际生活而不是通过获得知识而受到教育的。至于男子则唯有通过思想上的成

① 索福客俪，公元前496—前406年，古希腊悲剧作家。——译者

② 《精神现象学》，拉松版，第282页以下，第309页以下。——拉松版

就和很多技术上的努力，才能达到他的地位。

第 167 节

婚姻本质上是一夫一妻制，因为置身在这个关系中并委身于这个关系的，乃是人格，是直接的排他的单一性。因此，只有从这种人格全心全意的相互委身中，才能产生婚姻关系的真理性和真挚性（实体性的主观形式）。人格如果要达到在他物中意识到他自己的权利，那就必须他物在这同一中是一个人即原子式的单一性，才有可能。

附释　婚姻，也就是按本质说一夫一妻制，是任何一个共同体的伦理生活所依据的绝对原则之一。因此，婚姻制度被称为神的或英雄的建国事业中的环节之一。

第 168 节

其次，婚姻是由于本身无限独特的这两性人格的自由委身而产生的，所以在属于同一血统、彼此熟知和十分亲密的这一范围内的人，不宜通婚。在这一范围内，个人相对之间不具有自身独特的人格。因此婚姻必须相反地在疏远的家庭间和异宗的人格间缔结。血亲间通婚是违背婚姻的概念的，从而违背真实的自然的感觉的，因为按照婚姻的概念，婚姻是自由的那伦理性的行动，而不是建立在直接天性及其冲动上的结合。

附释　人们有时认为婚姻本身不是建立在自然法上，而光是建立在性的本能冲动上，并且还把它看做任意缔结的契约。人们有时甚至根据男女人口比数的物质关系来替一夫一妻制找外在的根据，有人光提出幽暗的感情作为禁止血亲通婚的理由。以上这些见解都是以自然状态和法的自然性那种普通观念为根据，而缺乏合理性和自由的概念的。

补充（血亲通婚）　首先，血亲之间通婚已为羞耻之心所不容，但是嫌弃这种通婚在事物的概念中就得到了论证。就是说，已经结合起来的，不可能通过婚姻而初次结合起来。单从自然关系的方面来看，大家都知道，属于同族动物之间交配而产生的小动物比较弱，因为应予结合的东西，必须首先是分离的。生殖力好比精神力所由以获得再生的对立愈是显明，它就愈强大。亲密、相识和共同活动的习惯都不应该在结婚以前存在，而应该初次在婚姻关系中发生，这种发展，其内容愈丰富，方面愈多，其价值也愈大。

第 169 节

家庭作为人格来说在所有物中具有它的外在实在性。它只有在采取财富形式的所有物中才具有它的实体性人格的定在。

第二　家庭财富

第 170 节

家庭不但拥有所有物，而且作为普遍的和持续的人格它还需要设置持久的和稳定的产业，即财富。这里，在抽象所有物中单单一个人的特殊需要这一任性环节，以及欲望的自私心，就转变为对一种共同体的关怀和增益，就是说转变为一种伦理性的东西。

附释 在关于国家创立或至少关于文明社会生活创立的传说中，实施固定的所有制是同实施婚姻制度相联系的。至于上述家庭财富的性质如何，用哪种适当方式来巩固它，这类问题将在市民社会一章中予以解答①。

第171节

家庭作为法律上人格，在对他人的关系上，以身为家长的男子为代表。此外，男子主要是出外谋生，关心家庭需要，以及支配和管理家庭财产。这是共同所有物；所以家庭的任何一个成员都没有特殊所有物，而只对于共有物享有权利。但是这种权利可能同家长的支配权发生冲突，这是因为在家庭中伦理性的情绪还在直接的阶段(第158节)，于是不免于分歧和偶然性之弊。

第172节

通过婚姻而组成了新的家庭，这个家庭对它所由来的宗族和家族来说，是一个自为的独立体。它同这些宗族和家族的联系是以自然血统为基础的，但是它本身是以伦理性的爱为基础的。因此，个人所有物同他的婚姻关系有本质上联系，而同他的宗族或家族的联系则较为疏远。

附释 对夫妻共同财产加以限制的婚姻协定，以及继续给予女方以法律上辅助等等的安排，只有在婚姻关系由于自

① 参阅第199节以下和第253节。——译者

然的死亡和离婚等原因而消灭的情况下，才有意义。这些都是保障性的措施，以保证在这种情况下家庭成员各从共有物中取得其应有部分。

补充（亲族和家庭） 许多立法把更大规模的家庭固定下来，并把这种家庭看做是本质上的结合；至于另一种结合，即各个特别家庭的结合，则相反地显得比较次要。例如在古代罗马法中，在非严格的婚姻关系中的女方，同她的亲族的关系比同她的儿女和丈夫的关系还要密切。又在封建法时代，为了维持 splendor familiae〔门楣光辉〕，于是有必要光把男性算做家庭成员，并以整个大家族为主，至于新成立的小家庭同大家族相比则显得非常渺小。尽管如此，各个新家庭比之疏远的血亲关系是更本质的东西。夫妇与子女组成真正的核心，以与在某种意义上亦称为“家庭”的东西相对抗。因此，个人的财产关系同婚姻之间的联系必然要比它同疏远的血亲关系之间的联系更为重要。

第三 子女教育和家庭解体

第 173 节

在实体上婚姻的统一只是属于真挚和情绪方面的，但在实存上它分为两个主体。在子女身上这种统一本身才成为自为地存在的实存和对象；父母把这种对象即子女作为他们的爱、他们的实体性的定在而加以爱护。从自然的观点看来，作为父母而直接存在的人这一前提，在这里变成了结果。这是一个世世代代无穷进展的历程，每一代产生下一代而又以前一代为前提；这就是家神的简单精神在有限自然界中作为类而显示它存在的一种方式。

补充（父母的爱）　在夫妻之间爱的关系还不是客观的，因为他们的感觉虽然是他们的实体性的统一，但是这种统一还没有客观性。这种客观性父母只有在他们的子女身上才能获得，他们在子女身上才见到他们结合的整体。在子女身上，母亲爱她的丈夫，而父亲爱他的妻子，双方都在子女身上见到了他们的爱客观化了。在财产中，统一只是体现在外在物中，至于在子女身上，它体现在精神的东西中，在其中父母相互恩爱，而子女则得到父母的爱。

第 174 节

子女有被抚养和受教育的权利，其费用由家庭共同财产来负担。父母有要求子女为自己服务——姑且说是服务——的权利，但仅以一般性的照顾家庭为基础，并以此为限。同样，父母矫正子女任性的权利，也是受到教训和教育子女这一目的所规定的。惩罚的目的不是为了公正本身，而是带有主观的、道德的性质，就是说，对还在受本性迷乱的自由予以警戒，并把普遍物陶铸到他们的意识和意志中去。

补充（教育子女）　应该怎样做人，靠本能是不行的，而必须努力。子女受教育的权利就是以这一点为根据的。在家长制政体下的人民亦同，他们受到公库的给养，而不视为独立的人和成年人。因此，所要求于子女的服务，只能具有教育的目的，并与教育有关。这些服务不应以自身为目的，因为把子女当做奴隶，一般说来，是最不合乎伦理的。教育的一个主要环节是纪律，它的含义就在于破除子女的自我意志，以清除纯粹感性的和本性的东西。不得以为这里单靠善就够了，其实直接意志正是根据直接的恣性任意，而不是根据理由和观念行动的。如果对子女提出理由，那就等于听凭他们决定是否要接受这些理由，这样来，一切都以他们的偏好为依据了。由于父母构成普遍的和本质的东西，所以子女需要服从父母。如果不培养子女的服从感——这种服从感使他们产生长大成人的渴望，——他们就会变成唐突孟浪，傲慢无礼。

第 175 节

子女是自在地自由的，而他们的生命则是仅仅体现这种自由的直接定在。因此他们不是物体，既不属于别人，也不属于父母。从家庭关系说，对他们所施教育的肯定的目的在于，灌输伦理原则，而这些原则是采取直接的、还没有对立面的感觉的那种形式的，这样，他们的心情就有了伦理生活的基础，而在爱、信任和服从中度过它的生活的第一个阶段。又从同一关系说，这种教育还具有否定的目的，就是说，使子女超脱原来所处的自然直接性，而达到独立性和自由的人格，从而达到脱离家庭的自然统一体的能力。

附释　罗马时代，子女处于奴隶地位，这是罗马立法的一大污点。伦理在其最内部和最娇嫩的生命中所受的这种侮辱，是了解罗马人在世界历史上的地位以及他们的法律形式主义倾向[①]的一个最重要关键。

儿童所以感到有受教育的必要，乃是出于他们对自己现状不满的感觉，也就是出于他们要进入所想望的较高阶段即成年人世界的冲动和出于他们长大成人的欲望。游戏论的教育学认为稚气本身就具有自在的价值，于是就把稚气给予儿童，并把认真的事物和教育本身在儿童面前都降为稚气的形式，但这种形式就连儿童自己也认为不很高明的。这种教育学乃是把自己感到还处在没有成熟的状态中的儿童，设想为已经成熟，并力求使他们满足于这种状态。但是这样来，它破坏了、玷辱了他们对更好东西的真实的、自发的要求。它一方面使儿童对精神世界实体性的关系漠不关心和麻木不仁；另一方面使他们轻视人，因为人自己对儿童表现得像儿童那样稚气可鄙，最后，使他们产生自以为高明的那种虚无心和自负。

补充（儿童的感觉）　作为一个孩子，人必然有一个时期处于为父母所爱和信任的环境中，而理性的东西也必然在他身上表现为他自己特有的主观性。在他幼年时代，母亲的教育尤其重要，因为伦理必须作为一种感觉在儿童心灵中培植起来。必须指出，总的说来，子女之爱父母不及父母之爱子女，这是因为子女正迎着独立自主前进，并日益壮大起来，于是会把父母丢在后面；至于父母则在子女身上获得了他们结合的客观体现。

① 参阅本书第180节。——译者

第 176 节

由于婚姻只是一种直接的伦理理念，所以它是在真挚的主观情绪和感觉中获得了它的客观现实。它的实存的最初偶然性也就在这里。强迫结婚既然很少可能发生，同时，当两个主体的情绪和行动变得水火不相容时，也很少可能有单纯法的积极的纽带来硬把他们联系在一起。于是遂要求第三个[①]伦理性的权威来维持婚姻（伦理的实体性）的法，以对抗出于这种敌对情绪的单纯的意见，以对抗只是一时脾气的偶然性，如此等等。这种权威把上述各种情形同完全隔阂相区别，只有在确证完全隔阂的情况下才准离婚。

补充（离婚） 因为婚姻所依存的只是主观的、偶然性的感觉，所以它是可以离异的。相反地，国家是不容分裂的，因为国家所依存的乃是法律。诚然，婚姻应该是不可离异的，但我们也只是说“应该”而已。又因为婚姻是伦理性的东西，所以离婚不能听凭任性来决定，而只能通过伦理性的权威来决定，不论是教堂或法院都好。如果好比由于通奸而发生了完全隔阂，那么宗教的权威也必须准其离婚。

第 177 节

家庭的伦理上解体在于，子女经教养而成为自由的人格，被承认为成年人，即具有法律人格，并有能力拥有自己的自由财产和组成自己的家庭。儿子成为家长，女儿成为妻子，从此他们在这一新

① 婚姻当事人双方是其他两个权威。——译者

家庭中具有他们实体性的使命。同这一家庭相比,仅仅构成始基和出发点的第一个家庭就退居次要地位,更不必说宗族了,因为它是一种抽象的,是没有任何权利的。

第 178 节

由于父母特别是父亲的死亡所引起家庭的自然解体,就财产来说,发生继承的后果。这种继承按其本质就是对自在的共同财产进行独特的占有。这种占有是在有远房亲属以及在市民社会中个人和家庭各自独立分散的情况下进行的;因此,由于家庭的统一感越来越淡薄,又由于每一次婚姻放弃了以前的家庭关系而组成了新的独立的家庭,这种财产移转也就越来越不确定。

附释　有这样的想法:继承的基础乃是由于死亡而财产成为无主之物,作为无主物,它便归首先占有者所有,而取得占有的多半是亲属,因为他们通常是死者最接近的人。于是为了维持秩序,这种经常发生的偶然事件就通过实定法而上升为规则。殊不知这种想法忽视了家庭关系的本性。

第 179 节

由于家庭的解体,个人的任性就获得了自由。一方面,他愈加按照单一性的偏好、意见和目的来使用他的全部财产;另一方面,他把周围一批朋友和熟人等等看成是他的家人,并在遗嘱中如此声明,使之发生继承的法律效果。

附释　以意志作这样一种财产处理似乎是以这样一批人的组成为其伦理根据。但在组成时有很多的偶然性、任性追求自私目的的企图等等因素在起作用——尤其是因为这种组成与立遗嘱有关，——致使伦理环节变成某种非常模糊的东西。承认有权任意订立遗嘱，很容易造成伦理关系的破坏，并引起卑鄙的钻营和同样卑鄙的顺从。这种承认更使愚昧任性和奸诈狡猾获得机会和权能，把立遗嘱人死亡后（那时财产已非为他所有）生效的虚荣的和专横而困扰的条件，同所谓善举和馈赠结合起来。

第 180 节

家庭成员成为独立的法律上人格（第 177 节）这一原则，使在家庭范围内部出现了一种任性以及在自然继承人中间的差别。然而这种任性与差别应当受到严格的限制，以免破坏家庭的基本关系。

附释　不能把死亡者赤裸裸的直接任性建立为立遗嘱权的原则，尤其如果这种任性违反了家庭的实体性的法。其实，主要是家庭对已死家庭成员的心爱和崇敬，才使它在他死后还重视他的任性。这种任性本身不包含任何比家庭法更值得尊重的东西，恰恰相反。又有人认为最后意志的处分之所以有效，就在于别人对它任意承认。这样一种有效性，只有在家庭关系（遗嘱处分是它所固有的）变得更加疏远而无效时，才能被认许。如果这种家庭关系实际上存在而又无效的话，那是不合乎伦理的。扩大上述任性的有效性以对抗家庭关系，就等于削弱后者的伦理性。

把家庭内部的这种任性确立为继承的主要原则，乃是罗马法的残酷性和不合伦理性的一部分，上已述及。根据罗马法，父亲可以把儿子出卖，如果儿子被人释放而获得自由，他又重新处在父权之下。只有在他第三次从奴役中被释放而获得自由之后，他才算是实际上自由的人。又根据罗马法，一般说来，儿子不能依法成为成年人，也没有法律上人格，他只能占有战利品（peculium castrense）作为他的所有物。如果他经过三次被卖、三次获释而脱离了父权之后，这时如无遗嘱规定，他就不能同其他依旧处于父权下的一些人一同继承。同样，妻子如果不是处于作为奴隶关系的婚姻关系中（in manum conveniret，in mancipio esset），而是作为matrona〔主妇〕的话，她就不是新家庭的成员，然而这一家庭她正是通过结婚而协作建立起来的，而且现在实际上是她的家。但她依然属于她出生的那个家庭。因此，她被排除于实际上是她的家庭的财产继承之外，而这个家庭也不继承妻子和母亲的财产。

随后，由于对合理性的感情的增长，审判上规避这些或那些法律中不合伦理性的部分而不予采用。例如审判上借助bonorum possessio〔资产占有〕（这一术语又同possessio bonorum〔财产占有〕一词有别，但这是渊博的法学专家们进行研究的问题）一词来代替hereditas〔继承〕[①]，又通过拟制把filia〔女儿〕改称filius〔儿子〕。前面已经指出（第3节附释），这一点对裁判官说来是一种悲惨的必然性，因为他必须用机

① 市民法上的继承称hereditas，裁判官法上的继承称bonorum possessio。——译者

巧的手段，把理性的东西偷运进去，来对抗坏的法律，或至少对抗它们所产生的某些后果。各种最重要制度的极端不稳定性，以及为了防止这些法律所产生的恶果而进行杂乱的立法工作，都是与这种情况有联系的。

在罗马人立遗嘱时这种任性的权力引起了哪些不合乎伦理的后果，从历史中、在卢西安和其他人的描写中可以充分看到。

婚姻是在直接阶段中的伦理，依据它的本性，它必然是实体性的关系、自然的偶然性和内部任性的混合体。如果现在由于子女的奴隶地位，由于上述其他种种法律规定并与之相关联的规定，又完全由于罗马人离婚并不困难，于是任性被赋予优越的地位，以对抗实体性的法（甚至**西塞罗**——他在所著《义务论》(*De Officiis*)和在其他作品中到处说着不知道多少关于 Honestum〔诚实〕和 Decorum〔礼节〕的漂亮话——都作了一番投机，他逐出他的妻子，而用再娶新嫁娘的妆奁来偿还债务），那么，这就等于替败坏风尚铺平一条合法的道路，或更正确些说，法律成了败坏风尚的必要条件。

制定继承法而用**信托遗赠**或**指定后备继承人**的办法来**保持家庭**或**门楣光辉**，不论是排除女儿而只让儿子继承，或排除其他子女而只让长子继承都好，或者一般地使继承人之间受到不平等的待遇也好，总之，这种制度一方面破坏了财产自由的原则（第 62 节）；另一方面，它是以绝对无权获得承认的一种任性为基础的，或更正确些说，是以希望维持**这一**宗族或家族而不是**这一**家庭这种思想为基础的。但是，不是**这一**家族

或宗族而是家庭本身才是理念，而有权获得承认。伦理的形态将由于财产自由与平等继承权而得到维持，因为家庭不会由于相反的情形而得到维持的。

这些制度，好比罗马那样的制度，一般地误解了婚姻法（第172节）。婚姻完全在于组成一个独特的现实的家庭，同这种家庭相比，一般所谓的家庭，stirps〔家系〕或gens〔氏族〕，只是一种抽象（第177节），由于世代相隔，它愈来愈生疏，愈来愈不现实。爱是婚姻的伦理性的环节，作为爱，它是一种感觉，它的对象是现实的当前的人，而不是一种抽象。

这种理智的抽象之表现为罗马帝国的世界史原则，见下述第356节。

但在更高政治领域中出现的长子世袭权连同不可让与的宗族财产，却不是一种任性，而是从国家理念中产生出来的必然结果。关于这一点见下述第306节。

补充（遗嘱） 在罗马早期，父亲可以剥夺其子女的继承权，如同他可以把他们杀死一样。后来，他再不许这样做了。人们总想把不合乎伦理的东西同它的伦理化之间的这种不彻底性建成一种体系。坚持这种不彻底性就是德国继承法所以是烦难和错误的原因。立遗嘱当然是容许的，但是我们的观点应该是，这种任性的权利必须随着家庭成员的分散和疏远而产生或扩大；其次，用遗嘱造成的所谓友谊家庭，只有在缺乏婚姻所组成的较亲近的家庭和缺乏子女时，才能成立。遗嘱一般是跟那些令人生厌和惹人不快的事联系着的，因为在遗嘱中我总是宣布哪些人是我所宠爱的。然而宠爱是任性的,它可用这种或那种不光彩的手法获得,也可能同这种或那种愚蠢的理由相联结,此外,被指定为继承人的人可能因此被要求去做最卑鄙龌龊的事。在英国,异想天开的事屡见不鲜,而与遗嘱相关的愚蠢想法更是层出不穷。

从家庭向市民社会的过渡

第 181 节

家庭自然而然地和本质地通过人格的原则分成多数家庭,这些家庭一般都以独立的具体的人自居,因而相互见外地对待着。换句话说,由于家庭还是在它的概念中的伦理理念,所以结合在家庭的统一中的各个环节必须从概念中分离出来而成为独立的实在性。这就是差别的阶段。首先抽象地说,这种情况提供特殊性的规定,诚然这种特殊性与普遍性有关,不过普遍性是基础,尽管还只是内部的基础;因此,普遍性只是在作为它的形式的特殊性中假象地映现出来。所以,这种反思关系首先显示为伦理的丧失,换句话说,由于伦理作为本质必然假象地映现出来(见《哲学全书》,第 64 节以下,第 81 节以下)[①],所以这一反思关系就构成了伦理性的东西的现象界,即市民社会。

附释 家庭的扩大,作为它向另一个原则的过渡,在实存中,有时是家庭的平静扩大而成为民众,即民族,所以民族是

---

① 第 3 版,第 115 节以下,第 131 节以下。——拉松版

出于共同的自然渊源的，有时分散的家庭团体通过霸道者的暴力或出于自愿而集合一起，自愿结合是由于相互钩系的需要和相互满足这些需要所引起的。

补充（作为特殊性的领域的社会）　这里，普遍性是以特殊性的独立性为出发点，从这一观点看，伦理看来是丧失了，因为对意识说来，最初的东西、神的东西和义务的渊源，正是家庭的同一性。但是，现在却出现了这样的关系，即特殊物对我说来应当成为最初规定者，从而伦理性的规定也就被扬弃了。其实，这不过是我的错误，因为在我信以为坚持着特殊物的时候，联系的必然性和普遍物依旧是最初的和本质的东西。所以我终究还是在假象的阶段上，并且当我的特殊性对我说来还是规定者、即还是目的的时候，我也正因此而为普遍性服务，正是这种普遍性归根到底支配着我。

第二章　市民社会

第 182 节

具体的人作为特殊的人本身就是目的；作为各种需要的整体以及自然必然性与任性的混合体来说，他是市民社会的一个原则。但是特殊的人在本质上是同另一些这种特殊性相关的，所以每一个特殊的人都是通过他人的中介，同时也无条件地通过普遍性的形式的中介，而肯定自己并得到满足。这一普遍性的形式是市民社会的另一个原则。

补充（市民社会的概念）　市民社会是处在家庭和国家之间的差别的阶段，虽然它的形成比国家晚。其实，作为差别的阶段，它必须以国家为前提，而为了巩固地存在，它也必须有一个国家作为独立的东西在它面前。此外，市民社会是在现代世界中形成的，现代世界第一次使理念的一切规定各得其所。如果把国家想象为各个不同的人的统一，亦即仅仅是共同性的统一，其所想象的只是指市民社会的规定而言。许多现代的国家法学者都不能对国家提出除此之外任何其他看法。在市民社会中，每个人都以自身为目的，其他一切在他看来都是虚无。但是，如果他不同别人发生关系，他就不能达到他的全部目的，因此，其他人便成为特殊的人达到目的的手段但是特殊目的通过同他人的关系就取得了普遍性的形式，并且在满足他人福利的同时，满足自己。由于特殊性必然以普遍性为其条件，所以整个市民社会是中介的基地；在这一基地上，一切癖性、一切秉赋、一切有关出生和幸运的偶然性都自由地活跃着；又在这一基地上一切激情的巨浪，汹涌澎湃，它们仅仅受到向它们放射光芒的理性的节制。受到普遍性限制的特殊性是衡量一切特殊性是否促进它的福利的唯一尺度。

第 183 节

利己的目的，就在它的受普遍性制约的实现中建立起在一切方面相互倚赖的制度。个人的生活和福利以及他的权利的定在，都同众人的生活、福利和权利交织在一起，它们只能建立在这种制度的基础上，同时也只有在这种联系中才是现实的和可靠的。这种制度首先可以看成外部的国家，即需要和理智的国家。

第 184 节

理念在自己的这种分解中，赋予每个环节以独特的定在，它赋予特殊性以全面发展和伸张的权利，而赋予普遍性以证明自己既是特殊性的基础和必要形式、又是特殊性的控制力量和最后目的的权利。正是这种在两极分化中消失了的伦理制度，构成了理念的实在性的抽象环节。这里，理念只是作为相对的整体和内在的必然性而存在于这种外界现象的背后。[①]

① 关于这一点，参阅《精神现象学》，教育及其现实性的王国（哲学丛书，第 114 卷，第 320 页以下）。——拉松版

补充(特殊和普遍的不可分性)　这里，伦理性的东西已丧失在它的两极中，家庭的直接统一也已涣散而成为多数。这里，实在性就是外在性，就是概念的分解，概念的各个环节的独立——这些环节现在已经获得了它们的自由和定在。在市民社会中特殊性和普遍性虽然是分离的，但它们仍然是相互束缚和相互制约的。其中一个所做的虽然看来是同另一个相对立的，并且以为只有同另一个保持一定距离才能存在，但是每一个毕竟要以另一个为其条件。例如，大部分人认为纳税损害了他们的特殊性，是同他们敌对的，并且妨害了他们的目的。然而，尽管这看来是真实的，终究没有普遍物，目的的特殊性就不可能达到。况且公民不缴纳任何捐税的国家，也不见得由于特殊性的力量加强而显得优越。同样，有人认为如果普遍性把特殊性的力量都吸收过来，诚如柏拉图在他的《理想国》中所阐述的那样，看来普遍性的景况会好些。但这也只是一种幻想，因为普遍性和特殊性两者都只是相互倚赖、各为他方而存在的，并且又是相互转化的。我在促进我的目的的同时，也促进了普遍物，而普遍物反过来又促进了我的目的。

第 185 节

从一方面说，特殊性本身既然尽量在一切方面满足了它的需要，它的偶然任性和主观偏好，它就在它的这些享受中破坏本身，破坏自己实体性的概念。从另一方面说，必然需要和偶然需要的得到满足是偶然的，因为这种满足会无止境地引起新的欲望，而且它完全倚赖外在偶然性与任性，同时它又受到普遍性的权力的限制。市民社会在这些对立中以及它们错综复杂的关系中，既提供了荒淫和贫困的景象，也提供了为两者所共同的生理上和伦理上蜕化的景象。

附释　特殊性的独立发展（参阅第124节附释）是这样一个环节，即它在古代国家表现为这些国家所遭到的伤风败俗，以及它们衰亡的最后原因。在这些国家中，有些是建立在家长制的和宗教的原则之上的，另有一些是建立在比较富有精神的、但仍然比较简单的伦理原则之上的，总之，它们都是建立在原始的、自然的直观之上的。因此，它们抵抗不住这种精神状态的分解，抵抗不住自我意识在自身中的无限反思；于是当反思开始显现时，它们就屈服于这种反思，首先在情绪方面，随后在现实方面，因为古代国家的那种还是简单的原则是缺乏真实无限的力量的。这种力量仅仅见于这样的统一中，这种统一使理性的对立面施展全力，分道扬镳，随后加以克服，使它能在对立中保存自己，并结合对立在自身之中。

柏拉图在他的《理想国》中描绘了实体性的伦理生活的理想的美和真，但是在应付独立特殊性的原则（在他的时代，这一原则已侵入希腊伦理中）时，他只能做到这一点，即提出他的纯粹实体性的国家来同这个原则相对立，并把这个原则——无论它还在采取私有制（见第46节附释）和家庭形式的最初萌芽状态中，或是在作为主观任性、选择等级等等的较高发展形式中——从实体性的国家中完全排除出去。正是这个缺陷使人们对他《理想国》的伟大的实体性的真理，发生误

解，使他们把这个国家通常看成抽象思想的幻想，看成一般所惯称的理想。单个人独立的本身无限的人格这一原则，即主观自由的原则，以内在的形式在基督教中出现，而以外在的从而同抽象普遍性相结合的形式在罗马世界中出现，它在现实精神的那个纯粹实体性的形式中却没有得到应有的地位。这个原则在历史上较希腊世界为晚，同样，深入到这种程度的哲学反思也晚于希腊哲学的实体性的理念。

补充（作为社会正当防卫调节器的国家）　特殊性本身是没有节制的，没有尺度的，而这种无节制所采取的诸形式本身也是没有尺度的。人通过表象和反思而扩张他的情欲——这些情欲并不是一个封闭的圈子，像动物的本能那样，——并把情欲导入恶的无限。但是，另一方面，匮乏和贫困也是没有尺度的。这种混乱状态只有通过有权控制它的国家才能达到调和。柏拉图的《理想国》要把特殊性排除出去，但这是徒然的，因为这种办法与解放特殊性的这种理念的无限权利相矛盾的。主观性的权利连同自为存在的无限性，主要是在基督教中出现的，在赋予这种权利的同时，整体必须保持足够的力量，使特殊性与伦理性的统一得到调和。

第 186 节

但是特殊性的原则，正是随着它自为地发展为整体而推移到普遍性，并且只有在普遍性中才达到它的真理以及它的肯定现实性所应有的权利。由于上述两种原则是各自独立的，所以从分解的观点看（第 184 节），这种统一不是伦理性的同一，正因为如此，它不是作为自由、而是作为必然性而存在的，因为特殊的东西必然要把自己提高到普遍性的形式，并在这种形式中寻找而获得它的生存。

第 187 节

个别的人，作为这种国家的市民来说、就是私人，他们都把本身利益作为自己的目的。由于这个目的是以普遍物为中介的，从而在他们看来普遍物是一种手段，所以，如果他们要达到这个目的，就只能按普遍方式来规定他们的知识、意志和活动，并使自己成为社会联系的锁链中的一个环节。在这种情况下，理念的利益——这是市民社会的这些成员本身所意识不到的——就存在于把他们的单一性和自然性通过自然必然性和需要的任性提高到知识和意志的形式的自由和形式的普遍性的这一过程中，存在于把特殊性教养成为主观性的这一过程中。

附释　有一种思想，认为自然状态是纯洁的，未开化民族的风俗是淳厚质朴的，根据这种思想，教育就被看成只是某种外在的东西和腐蚀性的东西；另有一种见解，认为私人生活上的需要、需要的满足、享受、舒适，如此等等，都是绝对目的，根据这种见解，教育就被看成只是达到上述那些目的的手段。不论是第一种或第二种看法，都表示着对于精神的本性和理性的目的一无所知。如果精神要达到它的现实性，那只有在它自身中进行分解，在自然需要中和在这种外在必然性的相互关联中对自己设定界限和有限性，并且就在这界限和有限性内使自己受到教养，以便克服它们，并在其中获得它的客观定在。因此，理性的目的既不是上述的自然的质朴风俗，也不是在特殊性发展过程中通过教养而得到的享受本身。理性的目的乃在于除去自然的质朴性，其中一部分是消极的无我性，另一部分是知识和意志的朴素性，即精神所潜在的直接性和单一性，而且首先使精神的这个外在性获得适合于它的合理性，即普遍性的形式或理智性。只有这样，精神才会在这种纯粹外在性本身中感觉自己安若家居。精神的自由在这种外在性中就有了定在，而且精神在这个要素——这个要素自在地同精神的规定即自由是格格不入的——中也就成为自为的，它于是只跟它所盖上印记的和它所创造的东西发生关系。正是这样，普遍性的形式才自为地在思想中达到实存，而这种形式对理念的实存说来是唯一可贵的要素。

因此，教育的绝对规定就是解放以及达到更高解放的工作。这就是说，教育是推移到伦理的无限主观的实体性的绝对交叉点，这种伦理的实体性不再是直接的、自然的，而是精神的、同时也是提高到普遍性的形态的。

在主体中，这种解放是一种艰苦的工作，这种工作反对举动的纯主观性，反对情欲的直接性，同样也反对感觉的主观虚无性与偏好的任性。就因为解放是这样一种艰苦的工作，所以造成了对教育的一部分不利的看法。但正是通过这种教育工作，主观意志才在它自身中获得客观性，只有在这种客观性中它才有价值和能力成为理念的现实性。

同时，特殊性通过锻炼自己和提高自己所达到的这普遍性的形式，即理智性，又使特殊性成为真实的自为存在的单一性。由于特殊性给予普遍性的充实的内容和无限的自我规定，所以它自己在伦理中就成为无限独立的和自由的主观性。这种观点表明教育是绝对的东西的内在环节，并具有无限的意义。

补充(教养与无教养)　有教养的人首先是指能做别人做的事而不表示自己特异性的人，至于没有教养的人正要表示这种特异性，因为他们的举止行动是不遵循事物的普遍特性的。在对其他人的关系上，没有教养的人还容易得罪别人，因为这些人只顾自己直冲，而不想到别人如何感觉。诚然，他们并非有意得罪别人，但是他们的行动却跟他们的本意并不一致。教育就是要把特殊性加以琢磨，使它的行径合乎事物的本性。创造事物的这种真正创造性要求真正的教育，至于假的创造性只采用无教养的人们头脑中所想出来的荒诞事物。

第 188 节

市民社会含有下列三个环节：

第一，通过个人的劳动以及通过其他一切人的劳动与需要的满足，使需要得到中介，个人得到满足——即需要的体系。

第二，包含在上列体系中的自由这一普遍物的现实性——即通过司法对所有权的保护。

第三，通过警察和同业公会，来预防遗留在上列两体系中的偶然性，并把特殊利益作为共同利益予以关怀。

第一　需要的体系

第189节

最初，特殊性一般地被规定为跟意志的普遍物相对抗的东西（第60节）[①]，它是**主观需要**。这种需要通过下列两种手段而达到它的客观性，达到它的**满足**：（甲）通过外在物，在目前阶段这种外在物也同样是别人需要和**意志**的**所有物**和产品；（乙）通过活动和劳动，这是主观性和客观性的中介。这里，需要的目的是满足主观**特殊性**，但**普遍性**就在这种满足跟别人的需要和自由任性的关系中，肯定了自己。因此发生在这一有限性的领域中的合理性的这种表现，就是**理智**，这一个方面在我们考虑这一领域时极为重要，它本身构成这一领域内部的调和因素。

附释　**政治经济学**就是从上述需要和劳动的观点出发、然后按照群众关系和群众运动的质和量的规定性以及它们的复杂性来阐明这些关系和运动的一门科学。

这是在现代世界基础上所产生的若干门科学的一门。它的发展是很有趣的，可以从中见到**思想**（见斯密，塞伊，李嘉图[②]）是怎样从最初摆在它面前的无数个别事实中，找出事物

① 诺克斯的英译本指为第59节。——译者

② 亚当·斯密，1723—1790年；《原富》，伦敦1776年版。约翰·巴蒂斯特·塞伊，1767—1832年；《政治经济学概论》，巴黎1803年版。大卫·李嘉图，1772—1823年；《论政治经济学与赋税原理》，伦敦1817年版。——拉松版

简单的原理，即找出在事物中发生作用并调节着事物的理智。

在需要的领域中认识这种包含在事物中而且在起作用的合理性的表现，一方面是为了要找到调和的东西，但从相反的观点看，这又是主观目的和道德意见的理智发泄它的不满情绪和道德上愤懑的场地。

补充（政治经济学）　某些普遍需要如吃、喝、穿等等，它们的得到满足完全系于偶然的情况。土壤有的肥沃些有的贫瘠些；年成的丰歉每岁不同；一个人是勤劳的，另一个人是懒惰的。但是从这样乱纷纷的任性中就产生出普遍规定。这种表面上分散的和混沌的局面是靠自然而然出现的一种必然性来维系的。这里所要发现的这种必然性的东西就是政治经济学的对象。这门科学使思想感到荣幸，因为它替一大堆的偶然性找出了规律。在这里，一切的联系怎样地起着反作用，各特殊领域怎样地分类并影响别的领域，以及别的领域又怎样促进或阻挠它，这些都是有趣的奇观。这种相互交织的现象，初看令人难以置信，因为看来一切都是听从个人任性摆布的，然而它是最值得注意的；它同太阳系相似，在我们眼前太阳系总是表现出不规则的运动，但是它的规律毕竟是可以认识到的。

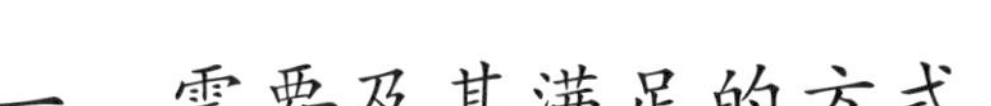

一　需要及其满足的方式

第 190 节

动物用一套局限的手段和方法来满足它的同样局限的需要。

人虽然也受到这种限制，但同时证实他能越出这种限制并证实他的普遍性，借以证实的首先是需要和满足手段的殊多性，其次是具体的需要分解和区分为个别的部分和方面，后者又转而成为特殊化了的，从而更抽象的各种不同需要。

附释　在法中对象是人(Person)，从道德的观点说是主体，在家庭中是家庭成员，在一般市民社会中是市民(即bourgeois〔有产者〕)，而这里，从需要的观点说(参阅第123节附释)是具体的观念，即所谓人(Mensch)。因此，这里初次、并且也只有在这里是从这一含义来谈人的[①]。

补充(人的需要)　动物是一种特异的东西，它有其本能和满足的手段，这些手段是有限度而不能越出的。有些昆虫寄生在特定一种植物上，有些动物则有更广大的范围而能在不同的气候中生存。但是跟人的生存范围比较起来总是有某种限制的。人有居住和穿衣的需要，他不再生吃食物，而必然加以烹调，并把食物自然直接性加以破坏，这些都使人不能像动物那样随遇而安，并且作为精神，他也不应该随遇而安。能理解差别的理智使这些需要殊多化了。趣味和用途成为判断的标准，因此需要本身也受其影响。必须得到满足的，终于不再是需要，而是意见了。教育的作用就在于把具体物分解为它的特殊性。需要的殊多化就包含着对情欲的抑制，因为如果人们使用多数东西，那么他们对任何一种可能需要的东西的渴望心理，便不会那么强。这就表明需要本身一般说来不

① 参阅本书第209节附释。——译者

是那么迫切的。

第 191 节

同样，为特异化了的需要服务的手段和满足这些需要的方法也细分而繁复起来了，它们本身变成了相对的目的和抽象的需要。这种殊多化继续前进，至于无穷；殊多化就是这些规定的区分和关于手段对目的的适宜性的评断，总的说来，就是精炼。

补充（舒适）　英国人所谓 comfortable〔舒适的〕是某种完全无穷无尽的和无限度前进的东西，因为每一次舒适又重新表明它的不舒适，然而这些发现是没有穷尽的。因此，需要并不是直接从具有需要的人那里产生出来的，它倒是那些企图从中获得利润的人所制造出来的。

第 192 节

需要和手段，作为实在的定在，就成为一种为他人的存在，而他人的需要和劳动就是大家彼此满足的条件。当需要和手段的性质成为一种抽象时（见上节），抽象也就成为个人之间相互关系的规定[①]。这种普遍性，作为被承认的东西，就是一个环节，它使孤立的和抽象的需要以及满足的手段与方法都成为具体的、即社会的。

补充（习俗）　我必须配合着别人而行动，普遍性的形式就是由此而来的。我既从别人那里取得满足的手段，我就得

① 关于本节和下节中的思想运动，参阅第 48 节，第 49 节和第 71 节。——译者

接受别人的意见，而同时我也不得不生产满足别人的手段。于是彼此配合，相互联系，一切各别的东西就这样地成为社会的。在服装式样和膳食时间方面有着一定的习俗，人们必须接受，因为在这些事情上，用不着白费力气坚持表示自己的见解；最聪明的办法是按着别人那样的去做。

第 193 节

因此，这一环节无论对手段自身及其占有来说，以及对满足需要的方式和方法来说，都成为特殊目的的规定者。此外，它还直接包含着同别人平等的要求。这种平等的需要和向别人看齐即摹仿，以及同样在这里存在着的另一个需要，即特殊性用某种突出标志肯定自己，——这两种需要本身就成为需要殊多化和扩张的现实泉源。

第 194 节

社会需要是直接的或自然的需要同观念的精神需要之间的联系，由于后一种需要作为普遍物在社会需要中占着优势，所以这一社会环节就含有解放的一面，这就是说，需要的严格的自然必然性被隐蔽了，而人就跟他自己的、同时也是普遍的意见，以及他独自造成的必然性发生关系，而不是跟仅仅外在的必然性、内在的偶然性以及任性发生关系。

附释　有这样一种观念，仿佛人在所谓自然状态中，就需要说，其生活是自由的；在自然状态中，他只有所谓简单的自然需要，为了满足需要，他仅仅使用自然的偶然性直接提供给他的手段。这种观念没有考虑到劳动所包含的解放的环节——这点以后再谈,——因此是一种不真确的意见,因为自然需要本身及其直接满足只是潜伏在自然中的精神性的状态,从而是粗野的和不自由的状态,至于自由则仅存在于精神在自己内部的反思中,存在于精神同自然的差别中,以及存在于精神对自然的反射中。

第 195 节

这种解放是形式的,因为这些目的的特殊性仍然是基本内容。社会状况趋向于需要、手段和享受的无穷尽的殊多化和细致化。这一过程如同自然需要与高尚需要之间的差别一样,是没有质的界限的。这就产生了奢侈。在同一过程中,依赖性和贫困也无限增长。贫困跟对它进行无限抵抗的物质有关,即跟成为自由意志所有物的那特殊种类的外部手段有关,因此,这种物质的抵抗是绝对顽强的。

补充(鄙视奢侈)　第欧根尼所采取的完全犬儒派的生活方式,原只是雅典社会生活的产物;他的整个生活方式所反抗的那种意见决定了他。因此,他的生活方式不是无所依据,而是那种社会的东西所产生的;它本身是奢侈的一种粗野的产物。一方面,穷奢极侈;另一方面,贫病交迫,道德败坏,犬儒主义就是由于反对精炼而产生的。

二　劳动的方式

第 196 节

替特异化了的需要准备和获得适宜的，同样是特异化了的手段，其中介就是劳动。劳动通过各色各样的过程，加工于自然界所直接提供的物资，使合乎这些殊多的目的。这种造形加工使手段具有价值和实用。这样，人在自己消费中所涉及的主要是人的产品，而他所消费的正是人的努力的成果。

补充（劳动的必要）　用不着加工的直接物资为数极少。甚至空气也要用力去得来，因为我们必须把它变成温暖。几乎只有水是例外，现成的水就可以喝。人通过流汗和劳动而获得满足需要的手段。

第 197 节

理论教育是在多种多样有兴趣的规定和对象上发展起来的，它不仅在于获得各种各样的观念和知识，而且在于使思想灵活敏捷，能从一个观念过渡到另一个观念，以及把握复杂的和普遍的关系等等。这是一般的理智教育，从而也是语文教育。通过劳动的实践教育首先在于使做事的需要和一般的勤劳习惯自然地产生；其次，在于限制人的活动，即一方面使其活动适应物质的性质；另一方面，而且是主要的，使能适应别人的任性；最后，在于通过这种训练而产生客观活动的习惯和普遍有效的技能的习惯。

补充(野蛮和实践教育)　野蛮人是懒惰的,他同有教化的人的区别在于他只对着面前的事物呆想;其实,实践教育就在于养成做事的习惯和需要。笨拙的人总是做出不是他本来所想的东西,因为他对自己的活儿作不了主。只有够得上称为熟练的工人,才能制造应被制造出的物件来,而且在他的主观活动中找不到任何违反目的的地方。

第 198 节

但是劳动中普遍的和客观的东西存在于抽象化的过程中,抽象化引起手段和需要的细致化,从而也引起了生产的细致化,并产生了分工。个人的劳动通过分工而变得更加简单,结果他在其抽象的劳动中的技能提高了,他的生产量也增加了。同时,技能和手段的这种抽象化使人们之间在满足其他需要上的依赖性和相互关系得以完成,并使之成为一种完全必然性。此外,生产的抽象化使劳动越来越机械化,到了最后人就可以走开,而让机器来代替他。

三　财富

第 199 节

在劳动和满足需要的上述依赖性和相互关系中,主观的利己心转化为对其他一切人的需要得到满足是有帮助的东西,即通过普遍物而转化为特殊物的中介。这是一种辩证运动。其结果,每个人在为自己取得、生产和享受的同时,也正为了其他一切人的享受而生产和取得。在一切人相互依赖全面交织中所含有的必然性，现在对每个人说来，就是普遍而持久的财富（见第170节）。这种财富对他说来包含着一种可能性，使他通过教育和技能分享到其中的一份，以保证他的生活；另一方面他的劳动所得又保持和增加了普遍财富。

第200节

但是分享普遍财富的可能性，即特殊财富，一方面受到自己的直接基础（资本）的制约；另一方面受到技能的制约，而技能本身又转而受到资本，而且也受到偶然情况的制约；后者的多样性产生了原来不平等的禀赋和体质在发展上的差异。这种差异在特殊性的领域中表现在一切方面和一切阶段，并且连同其他偶然性和任性，产生了各个人的财富和技能的不平等为其必然后果。

附释　理念包含着精神特殊性的客观法。这种法在市民社会中不但不扬弃人的自然不平等（自然就是不平等的始基），它反而从精神中产生它，并把它提高到在技能和财富上，甚至在理智教养和道德教养上的不平等。提出平等的要求来对抗这种法，是空洞的理智的勾当，这种理智把它这种抽象的平等和它这种应然看做实在的和合理的东西。这种特殊性的领域自以为是普遍物，其实只是与普遍物相对的同一，因此，它在自身中还保持着自然的、亦即任性的特殊性，换句话说，保持着自然状态的残余。此外，正是内在于人的需要体系和需要运动中的理性，把这一体系组成为具有各种差别的有机整体（见下节）。

第 201 节

无限多样化的手段及其在相互生产和交换上同样无限地交叉起来的运动，由于其内容中固有的普遍性而集合起来，并区分为各种普遍的集团；全部的集合就这样地形成在需要、有关需要的手段和劳动、满足的方式和方法，以及理论教育和实践教育等各方面的特殊体系，——个别的人则分属于这些体系——，也就是说，形成等级的差别。

补充（等级的必然性）　分享普遍财富的方式和方法，任由每个人的特殊性去决定，但是市民社会之区分为众多普遍部门乃是必然的。如果说，国家的第一个基础是家庭，那么它的第二个基础就是等级。等级之所以重要，就因为私人虽然是利己的，但是他们有必要把注意力转向别人。这里就存在着一种根源，它把利己心同普遍物即国家结合起来，而国家则必须关心这一结合，使之成为结实和坚固的东西。

第 202 节

从概念上说，等级得被规定为实体性的或直接的等级，反思的或形式的等级，以及普遍的等级。

第 203 节

（一）实体性的等级以它所耕种土地的自然产物为它的财富，这种土地可以成为它的专属私有物，它所要求的，不仅是偶尔的使用，而是客观的经营。由于劳动及其成果是与个别固定的季节相联系，又由于收成是以自然过程的变化为转移，所以这一等级的需要就以防患未然为目的。但是，这里的条件使它保持着一种不大需要以反思和自己意志为中介的生活方式。这一等级在这种生活方式中一般地具有这样一种伦理的实体性的情绪，即其伦理是直接以家庭关系和信任为基础的。

附释　把国家的真正开端和最初缔造归之于农业的倡导和婚姻的实施是正确的，因为农业的原则使生地变为熟地，并带来了专属私有制（参阅第170节附释）。它又使游荡闲散的野蛮人的游牧生活回复到私权的静止状态，并使需要的满足得到保证。与此同时，性爱限于婚姻，这种结合又扩大而成为一种持续的，就其本身说是普遍的联盟，需要则扩大成为对一家的关怀，个人占有也成为家庭产业。安全、巩固、需要的持久满足等等——所有这些最初由农业和婚姻制度所提供的性格，都不外是普遍性的形式，以及理性或绝对最终目的在这些对象中肯定自己的形态。

关于这方面问题的实质，再没有比我最敬重的朋友克劳伊泽尔先生[①]所作既精深又渊博的阐明更饶兴趣的了。他尤其在所著神话学与象征研究一书的第4卷中阐述了古代农业节日、偶像和圣物等，表明古人已意识到农业的实施及一切连带的制度都是神所施与的，于是对它们表示宗教式的虔敬。

随后这一等级的实体性格，通过私法法规，尤其是通过司

① 乔治·弗里德里希·克劳伊泽尔，1771—1858年，1804年以后担任海德堡大学教授，著有《古代民族特别是希腊人的象征研究与神话学》一书。——拉松版

法,以及教育、教养和宗教等,而起了变化,这些变化并不影响这一等级的实体性的内容,而只牵涉到它的形式和反思的发展。其实,这种进一步的后果也同样发生在其他等级中的。

补充(农业) 在我们时代,农业也像工厂一样根据反思的方式而经营,因此它具有第二等级的性格而违反了它原来的自然性。不过,这第一等级将始终保持住家长制的生活方式和这种生活的实体性情绪。这一等级的人以直接的感觉接纳所给予的和所受领的东西,他们感谢上帝的这种恩赐,并在虔诚信仰中生活着,相信这种好事会源源而来。他所得到的,对他已是足够的了,他消费了之后,又来了更多的东西。这是简单的、不是专心争取财富的情绪。我们也可以把它叫做旧贵族的情绪:消耗一切现有的东西。在这一等级那里,自然界所提供的是主要的,而本身的勤劳相反地是次要的。至于在第二等级那里,理智才是本质的东西,而自然产物则只能看做是材料。

第 204 节

(二)产业等级以对自然产物的加工制造为其职业。它从它的劳动中,从反思和理智中,以及本质上是从别人的需要和劳动的中介中,获得它的生活资料。它所生产的以及它所享受的,主要归功于它自己,即它本身的活动。它的行业又可区分为下列三种:以较具体的方式和根据个人的要求来满足个别需要的劳动,即手工业等级,此其一;为满足属于一种较普遍需求的个别需要所作出的较抽象而集体的劳动,即工业等级,此其二;拿零星物资主要通过货币这一普遍交换手段(在货币中所有一切商品的抽象价值都成为现实的)而进行相互交换的行当,即商业等级,此其三。

补充(产业和自由感)　在产业等级中,个人都依靠自己。这种自尊感跟建立法治状态这一要求有着紧密的联系。因此,自由和秩序的感觉主要是在城市中发生的。相反地,第一等级很少想到自身。它所取得的是外界的即自然界的恩赐。在它那里这种依赖心是基本的;逆来顺受的那种心理很容易跟这种依赖心相结合。因此,第一等级比较倾向屈从,第二等级则比较倾向自由。

第 205 节

(三)普遍等级以社会状态的普遍利益为其职业,因此,必须使它免予参加直接劳动来满足需要,它或者应拥有私产,或者应由国家给予待遇,以补偿国家所要求于它的活动,这样,私人利益就可在它那有利于普遍物的劳动中得到满足。

第 206 节

等级,作为对自身成为客观的特殊性来说,一方面就这样地按照概念而分为它的普遍差别;至于另一方面,个人应属于哪一特殊等级,却受到天赋才能、出生和环境等的影响,但是最后的和基本的决定因素还在于主观意见和特殊任性,它们在这一领域中具有它们的权利,它们的功绩和它们的尊严。所以,在这一领域中由于内在必然性而发生的一切,同时也以任性为中介的,并且对主观意识说来,具有他自己意志作品的形态。

附释　就在这方面，关于特殊性和主观任性的原则，也显示出东方与西方之间以及古代与现代之间政治生活的差别。在前者，整体之分为等级，是自动地客观地发生的，因为这种区分自身是合乎理性的。但是主观特殊性的原则并没有同时得到它应有的权利，因为，例如个人之分属于各等级是听凭统治者来决定的，像在柏拉图的《理想国》中那样（柏拉图：《理想国》，第3篇），或听凭纯粹出生的事实来决定的，像在印度的种姓制度中那样。所以主观特殊性既没有被接纳在整体的组织中，也并未在整体中得到协调。因此，它就表现为敌对的原则，表现为对社会秩序的腐蚀（见第185节附释），因为作为本质的环节，它无论如何要显露出来的；或者它颠覆社会秩序，像在古希腊各国和罗马共和国所发生的，或者，如果社会秩序作为一种权力或者好比宗教权威而仍然保持着，那它就成为一种内部腐化和完全蜕化，在某种程度上像斯巴达人的情形，而现在十足像印度人的情形那样。但是，如果主观特殊性被维持在客观秩序中并适合于客观秩序，同时其权利也得到承认，那么，它就成为使整个市民社会变得富有生气、使思维活动、功绩和尊严的发展变得生动活泼的一个原则了。如果人们承认在市民社会和国家中一切都由于理性而必然发生，同时也以任性为中介，并且承认这种法，那么人们对于通常所称的自由，也就作出更详密的规定了（第121节）。

第207节

个人只有成为定在，成为特定的特殊性，从而把自己完全限制于需要的某一特殊领域,才能达到他的现实性。所以在这种等级制度中,伦理性的情绪就是正直和等级荣誉,这就是说,出于自己的决定并通过本身的活动、勤劳和技能,使自己成为市民社会中某一个环节的成员,使自己保持这一成员的地位,并且只是通过普遍物的中介来照料自己的生活,以及通过同样的办法使他的意见和别人的意见都得到承认。在这一领域中,道德具有它独特的地位,这里,个人对自己活动的反思、特殊需要和福利的目的,乃是支配的因素,并且在满足这些东西中的偶然性使偶然的和个别的援助成为一种义务。

附释 个人最初(即尤其在少年时代)对于替自己决定一个特殊等级的想法是抗拒的,他认为这是对于他的普遍规定的限制,是纯粹外在的必然性。这是因为他的思维是一种抽象的思维,这种思维始终死抱住普遍物、从而是非现实的东西;它不认识到,如果概念要达到定在,概念本身就得进入概念与它的实在之间的差别,从而进入规定性和特殊性(见第7节),它也不认识到,只有这样,概念才能达到现实性和伦理客观性。

补充(等级和个人的价值) 人必须成为某种人物,这句话的意思就是说,他应隶属于某一特定阶级,因为这里所说的某种人物,就是某种实体性的东西。不属于任何等级的人是一个单纯的私人,他不处于现实的普遍性中。另一方面,个人在他特殊性中可能认为自己是普遍物,并且推想,如果他参加一个等级,他就会牺牲自己而屈从一个卑贱的东西。如果以为某物获得了它所必要的定在,它就因而限制了自己、舍弃了自己,这种思想是错误的。

第 208 节

这种需要体系的原则,作为知识和意志所特有的特殊性,在自身中含有自在自为地存在的普遍性,即自由的普遍性,但它还是抽象的,从而是所有权法。不过在这里,所有权法不再是自在的,而已达到了它的有效的现实性,因为有司法保护着所有权。

第二　司法

第 209 节

需要跟为满足需要的劳动之间相互关系中的关联性,最初是在自身中的反思,即在无限的人格、(抽象的)法中的反思。但是,正是这种关联性的领域,即教养的领域,才给予法以定在;这种定在就是被普遍承认的、被认识的和被希求的东西,并且通过这种被认识和被希求的性格而获得了有效性和客观现实性。

附释　自我被理解为普遍的人,即跟一切人同一的,这是属于教养的问题,属于思维——采取普遍性的形式的个人意识——的问题。人之所以为人,正因为他是人的缘故,而并不是因为他是犹太人、天主教徒、基督教徒、德国人、意大利人等等不一。重视思想的这种意识是无限重要的。只有当这种意识把自己例如作为世界主义固定起来而与具体的国家生活相对立时,它才是有缺陷的。

补充（特殊法律的产生）　从一方面看来，正是通过特异性的体系，法才对保护特殊性成为外部必要的东西。虽然这种结果是从概念而来，但毕竟因为法对人的需要说来是有用的，所以它才变成实存。为了具有法的思想，必须学会思维而不再停留在单纯感性的东西中。必须予对象以普遍性的形式，同样，也必须按照某种普遍物来指导意志。只有在人们发现了许多需要，并且所得到的这些需要跟满足交织在一起之后，他们才能为自身制定法律。

第 210 节

法的客观现实性，一方面对意识而存在，总之是被知道的；另一方面具有现实性所拥有的力量，并具有效力，从而也是被知道为普遍有效的东西。

一　作为法律的法

第 211 节

法律是自在地是法的东西而被设定在它的客观定在中，这就是说，为了提供于意识，思想把它明确规定，并作为法的东西和有效的东西予以公布。通过这种规定，法就成为一般的实定法。

附释　把某物设定为普遍物，就是说，把它作为普遍物而提供于意识，这大家晓得就是思维（参阅上述第 13 节附释和第 21 节附释）。在把内容归结为它的最简单的形式时，思维就给了它最后的规定性。法的东西要成为法律，不仅首先必须获得它的普遍性的形式，而且必须获得它的真实的规定性。所以，想要进行立法，不宜只看到一个环节，即把某物表达为对一切人有效的行为规则，而且要看到比这更重要的、内在而本质的环节，即认识它的被规定了的普遍性中的内容。甚至习惯法（因为只有动物是以本能为它们的法律的，而人是把法律当作习惯的）也包含这一环节，即作为思想而存在、而被知道。习惯法所不同于法律的仅仅在于，它们是主观地和偶然地被知道的，因而它们本身是比较不确定的，思想的普遍性也比较模糊。此外，认识法的这个方面或那个方面，以及认识一般的法，只是少数人偶然所有的本领。有人认为习惯法由于它们是习惯的形式，所以应具有成为生活一部分的这种优点（此外，今天正是那些精通最无生气的题材和最无生气的思想的人们，才最常谈到生活和成为生活一部分）。但这是一种幻想，因为一个民族的现行法律，不因为它是成文的并经汇编就终止其为习惯。当习惯法一旦被汇编而集合起来——在稍开化的民族中必然会发生的，——这一汇编就是法典。正因为它仅仅是一种汇编，所以它显然是畸形的，模糊的和残缺的。它同一部真正所谓法典的区别主要在于，真正的法典是从思维上来把握并表达法的各种原则的普遍性和它们的规定性的。如所周知，英国的国内法是包含在成文法规（制定的法律）和一种所谓不成文的法规中。其实，这种不成文法同样是成文的；要获得对不成文法的知识，只能而且必须阅读多本满载着不成文法的四开型书籍。不论在英国的司法或在它的立

法事业中，都存在着惊人的混乱，这一点已由行家们加以描述。他们尤其提到这种情况，即因为不成文法是包含在法院和法官的判决中，所以法官就成为经常的立法者。法官受到先例权威的拘束，因为这些先例不外表达了不成文法；但也可以说他们并不受其拘束，因为他们自己有一套不成文法，所以他们有权对已往的裁判作出判断，判定其是否符合不成文法。

罗马帝国后期的司法，由于所有著名而不同的法学家们都享有权威，很可能发生类似的混乱情形。这时一位皇帝[①]为补救计采取了巧妙的措施，命名为引证法，他成立了一种由已故法学家组成的合议机构，其中也有主席，一切取决于多数（见胡果：《罗马法史教科书》，第354节）。

否认一个文明民族和它的法学界具有编纂法典的能力，这是对这一民族和它的法学界莫大的侮辱[②]，因为这里的问题并不是要建立一个其内容是崭新的法律体系，而是认识即思维地理解现行法律内容的被规定了的普遍性，然后把它适用于特殊事物。

补充（实定法和习惯法）　太阳和行星也都有它们的规律，但是它们不知道这些规律。野蛮人受冲动、风俗、感情等的支配，但是他们没有意识到这一点。由于法被制定为法律而被知道了，于是感觉和私见等一切偶然物，以及复仇、同情自私等形式都消失了。法就这样地初次达到了它的真实规定

① 西罗马帝国华伦丁第三大帝，425—455年。——译者

② 黑格尔反对萨维尼的著作《论当代立法与法学的使命》。——拉松版

性，并获得了它的尊严。只有培养了对法的理解之后，法才有能力获得普遍性。在适用法律时会发生冲突，而这里法官的理智有它的地位，这一点是完全必然的，否则执行法律就会完全成为机械式的。如果人们要想把许多东西听由法官随意决定，借以消灭冲突，那将是一种比较起来坏得多的办法，因为冲突也是思想、能思考的意识和它的辩证法所固有的，而单由法官来裁决，就难免恣意专横之弊。人们通常替习惯法辩解，说它是充满活力的。但是这种活力，即规定和主体的同一，还不是事物的本质。法必须通过思维而被知道，它必须自身是一个体系，也只有这样它才能在文明民族中发生效力。最近有人否认各民族具有立法的使命，这不仅是侮辱，而且还含有荒谬的想法，认为个别的人并不具有这种才干来把无数现行法律编成一个前后一贯的体系。其实，体系化，即提高到普遍物，正是我们时代无限迫切的要求。同样也有人认为像在Corpus Juris〔法规大全〕中看到的那种判例汇编，比用最普遍的方式精密编订的法典要高明些；其理由是这些判例总是保持着某种特殊性和人们不愿放弃的对历史的回忆。这些汇编是多么恶劣，英国法的实践已经表明得够清楚的了。

第 212 节

只有在自在的存在和设定的存在(Gesetztsein)的这种同一中，法律的东西才作为法而具有拘束力。由于设定的存在是一种定在，也可能有自我意志和其他特殊性等偶然物加入在内，因之，法律的内容和自在的法是可能不同的。

附释 因此，在实定法中，符合法律的东西才是认识的渊源，据以认识什么是法，或者更确切些说，据以认识什么是合法的东西。照这样说，实定法学是一种历史科学，它是以权威为其原则的。此外可能发生的问题是理智范围的事，而且涉及外部整理、分类、推论、对新事实的适用、如此等等。当理智干涉了事物本身的本性时，它连同它的演绎会作出些什么来，可以从例如刑法的理论中看到。

一方面，实定法学不仅有权利而且必然有义务从它的实证材料中，极其详细地演绎现行法规的历史进程以及他们的适用和分类，并证明它们的前后一贯性；另一方面，在提出这一切证明之后，如果有人要问某一法律规定是否合乎理性的，这纵然对于从事这种科学的人说来好像是反复盘问，但是他们至少不应该感到绝对惊讶（关于理智地了解法律，参阅第 3 节附释）。

第 213 节

法首先以实定法的形式而达到定在，然后作为适用而在内容方面也成为定在，这就是对于所有权和契约在市民社会中无限零星和复杂的关系和种类等素材的适用，其次是对于以心情、爱和信任为基础的伦理关系的素材的适用，但后者仅以包含抽象法方面的伦理关系为限（第 159 节）。道德的方面和道德戒律涉及意志所最特有的主观性和特殊性，因之，不可能成为实定立法的对象。渊源于司法本身和国家等等的权利义务又提供了更多的素材。

补充（法律和主体的内心） 婚姻、爱、宗教和国家等较高级的关系，其可能成为立法对象的，仅以按其本性能自在地具有外在性的这些方面者为限。虽然如此，在这方面，各民族的立法大有不同。例如中国法律规定丈夫对元配的爱应胜过其对其他妻妾的爱。如经证明有相反的行为，则科以笞刑。在古代立法中，同样可以找到许多关于忠实和诚实的规定，但这些都与法律本性不相适合，因为它们完全属于内心生活。唯有在宣誓的场合，事情全凭良心决定，那时忠实和诚实才必须被看做实体性的东西。

第 214 节

但是，体现在实定法中的法除适用于特殊物外，还适用于个别的场合。这样它就进入不是由概念规定的量的东西的领域（这本身是量的东西的领域，或者是一种质的东西和另一种质的东西在交换上价值的规定）。概念的规定性不过定下一般的界限，在这界限内还有些上落。但是在实际适用上，这种游移情况必须予以解决，因此在上述界限内就会出现偶然的任意的裁决。

附释　法律的纯粹实定性主要就在于把普遍物不仅对准特殊物，而且对准个别事物予以直接适用。对于犯了某一种罪的人，应否杖四十或四十减一，应否科罚金五元或四元二角三分等等，应否处有期徒刑一年或三百六十四天等等又或一年零一天、二天或三天，究竟怎样才算公正，这就无法作出合理的规定，也无从适用渊源于概念的规定性来决定。可是多杖或少杖一下，多罚或少罚一元或一分，多判或少判一周或一日的徒刑等等，就是不公正了。

理性本身承认，偶然性、矛盾和假象各有自己的诚然是局限的领域和权利，于是并不企图把这些矛盾搞得平平正正。这里仅仅存在着实际适用的问题，即反正要作出规定和裁决，不论用什么方法（只要在界限之内）都行。作这种裁决属于形式的自我确信，抽象的主观性。这种主观性可以完全坚持在上述界限以内予以解决，并为了确定而确定下来，不然，就坚持这是一个整数这样一种决定理由，或四十减一[①]这一数字可能包含的理由。

法律大抵对于现实所要求的这种最后规定性并不加以肯定，而听由法官去裁决，它仅限定他在一个最高和最低限度之间。但这并不解决问题，因为这个最低和最高限度本身又各是一个整数，于是并不阻止法官作出这样一个有限的、纯肯定的规定；相反地，这乃是必然属于法官职权范围内的事。

补充（法的偶然性） 法律和司法包含着偶然性，这本质上是它们的一个方面。其所以如此，乃由于法律是应适用于个别事件的一种普遍规定。如果有人表示要反对这种偶然性，那他是在谈一种抽象的东西。例如，刑罚的分量就不可能使之与任何概念的规定相适合，从这方面看，一切裁决终难免是一种任性。然而这种任性本身却是必然的。如果认为法典不完备，于是作出某种一般地反对法典的论据，那正是忽视了这一方面，这一方面是无法做到完备的，因此，必须按照它的

① 1816年牙买加奴隶法规定无论如何不得使奴隶所挨受的鞭打一天超过39下。——译者

本来面目接受它。

二　法律的定在

第 215 节

从自我意识的权利方面说（第 132 节以及附释），法律必须普遍地为人知晓，然后它才有拘束力。

附释　像暴君狄奥尼希阿斯那样的做法，把法律挂得老高，结果没有一个公民能读到它们，或者把法律埋葬在洋洋大观和精深渊博的册籍中，在载有相反判决和不同意见的判例汇编中，以及在习惯辑录中等等，再加所用的文字诘屈难懂，结果只有那些致力于这门学问的人才能获得对现行法的知识；无论是前一种或后一种情形，都是同样不公正的。

如果统治者能给予他们的人民即便像优士丁尼安那样一种不匀称的汇编，或者给予更多一些，即采取井井有条、用语精确的法典形式的国内法，那么，他们不仅大大地造福人群，应当为此而受到歌颂爱戴，而且他们还因此做了一件出色的公正的事。

补充（一般的法的知识）　对法律具有特殊知识的法学家等级，往往主张这种知识是它的独占品，不是这一行的人就不该插嘴谈论。例如，物理学家对歌德的色彩学说就不以为然，因为他不是行家，何况他又是一位诗人。但是，每个人无须都成为鞋匠才知道鞋子对他是否合穿，同样，他也无须是个行家才能认识有关普遍利益的问题。法与自由有关，是对人最神圣可贵的东西，如果要对人发生拘束力，人本身就必须知道它。

第 216 节

对公开的法典一方面要求简单的普遍规定，另一方面，有限的素材的本性却导致无止境的详细规定。法律的范围一方面应该是一个完备而有系统的整体，另一方面它又继续不断地需要新的法律规定。但是，由于这个二律背反是在固定不变的普遍原则适用于特殊事件时所产生的，所以对修订一部完整法典的权利并没有受到损害，同样，这些简单的普遍原则本身可以跟它们对特殊事件的适用区别开来而被理解和设定的这种权利，也没有受到影响。

附释　立法纷乱的主要根源在于，合乎理性的东西即自在自为的法的东西逐渐渗入到原始的、含有不法因素的、从而是单纯历史性的制度中去。这就是上述罗马法（第 180 节附释）、中世纪采邑法等等中发生的情形。但是了解到下列这一点是重要的，即当自在自为地合乎理性的、其本身为普遍的规定适用于有限的素材时，这种素材的本性本身必然会在这种适用上引起无止境的进程。

要求一部完备的法典，即看来绝对完整而无须作进一步规定的法典——这种要求主要是德国人犯的毛病，——以及借法典不可能修订得那么完整为理由，就主张不该让所谓不完整的东西产生，即不该让它达到现实，以上两种情况都是基因于对像私法那样的、有限对象的本性的一种误解，其实，所谓私法的完整性只是永久不断地对完整性的接近而已。同时，它们又是基因于对理性的普遍物同理智的普遍物之间差别的误解，以及对理智的普遍物适用于有限性和单一性的素材（这种素材无止境地在进展）的误解。

Le plus grand ennemi du bien, c'est le mieux〔好的最大的敌人是最好〕。这正是真实的健全的常识对抗虚无推论和抽象反思的表现。

补充（法的完备和改进的可能性）　完备的意思就是搜罗属于某一领域的东西的一切细节使无遗漏，从这一含义说，没有一种科学和知识能说得上完备的。如果现在我们说哲学或任何一种科学是不完备的，那么可以发生一种浅显的意见，即我们必须等待，直到它得到补充为止，因为可能还短少最好的部分。但是，这样一来，任何东西都不会再向前发展了，无论是看来已经完整的几何学——可是在几何学中还在产生新的规定，或是哲学——它所研究的诚然是普遍理念，但仍然可以使它不断地细致化，——都是一样。过去的普遍法律始终是摩西十诫，现在借口对法典不可能求其完备，所以就不制定"你不得杀人"那样的法律，这马上显得是荒谬的。对任何一部法典都可以求其更好，不用多少反思就可作出这一主张，因为我们对最好、最高、最美的，还可以想到更好、更高、更美的。但是一棵高大的古树不因为它长出了越来越多的枝叶而就成为一棵新树；如果因为可能长出新的枝叶，于是就根本不愿意种树，岂不愚蠢。

第 217 节

正像在市民社会中，自在的法变成了法律一样，我个人权利的定在，不久前还是直接的和抽象的，现在，在获得承认的意义上，达到了在实存的普遍的意志和知识中的定在。因此，有关所有权的取得和行动，必须采取和完成这种定在所赋予它们的形式。在市民社会中，所有权就是以契约和一定手续为根据的，这些手续使所有权具有证明能力和法律上效力。

附释　原始的即直接的取得方式和名义（第 54 节以下），在市民社会中已真正消失了，它们仅仅作为个别偶然性或局限的环节而出现。正是一方面是死守住主观的东西的感情，另一方面是固执着自己抽象本质的反思，才把各种手续抛弃了。但是死板的理智在它那一方面又可能坚持手续以对抗实在事物，并使手续无限增加。

可是教化的进程就在于通过长期艰苦的工作，使内容从感性的和直接的形式以进到它的思想的形式，从而达到一种适合于它的简单的表达方式。正因为如此，所以在法律发展刚开始的状态中，仪式和手续是冗长繁琐的，它们被看作是事物本身，而不是它的符号。所以在罗马法中渊源于古代仪式的一大堆规定，尤其是词句，还继续保存着，而没有被思想规定及其适当的表达方式所代替。

补充（形式的原则）　法律就是法，即原来是自在的法，现在被制定为法律。我占有某物，它在无主状态中被我占有因而成为我的所有物，但这种占有还必须经过承认和设定才能作为我的。因此在市民社会中就产生了有关所有权的各种手续，人们竖起界石作为标志，使他人便于承认；在抵押权登记簿上和产权册籍上也作了记载。在市民社会的大多数所有权是根据于契约的，契约的手续是固定的和有规定的。我们现在可以对这些手续发生反感，认为它们之所以存在，是为了官府能多得一笔收入。我们甚至可以把它们看成某种触目的东西，不信任的标志，因为它们使"言出必信"这句话不再有效了。但是形式的本质意义，在于自在的法就得作为法而被制定。我的意志是一种合理的意志，它是有效的，而这种效力应得到别人的承认。这里，我和别人的主观性现在都必须消灭，意志必须达到确实性、固定性和客观性，但只有通过形式它才能获得这些东西。

第 218 节

因为在市民社会中所有权和人格都得到法律上承认，并具有法律上效力，所以犯罪不再只是侵犯了主观的无限的东西，而且侵犯了普遍事物，这一普遍事物自身是具有固定而坚强的实存的。因此产生了一种观点，把行为看成具有社会危险性。一方面，这种观点增加了犯罪的严重性[①]；但另一方面，已经成为具有自信的社会权力，减少了损害的外部重要性，并使刑罚大为减轻。

附释　由于对社会成员中一人的侵害就是对全体的侵害，所以犯罪的本性也起了变化，但这不是从犯罪的概念来

① 参阅本书第 96 节和第 319 节两节的附释。——译者

说，而是从它的外部实存即侵害的方面来看的。现在，侵害行为不只是影响直接受害人的定在，而是牵涉到整个市民社会的观念和意识。在英雄时代（见古代悲剧），公民不因王室成员彼此之间进行犯罪而认为自己受到损害。

犯罪自在地是一种无限的侵害行为，但作为定在，它必须根据质和量的差别予以衡量（第 96 节）。因为这种定在现在本质上被规定为对法律效力的观念和意识，所以对市民社会的危险性就成为它的严重性的一个规定，或者也是它的质的规定之一。

但是，这个质或严重性因市民社会情况不同而有异，于是有时对偷窃几分钱或一棵甜菜的人处以死刑，而有时对偷窃百倍此数甚或价值更贵的东西的人处以轻刑，都同样是正当的。对市民社会具有危险性这一观点，看来会使犯罪更加严重，其实，这倒是减轻刑罚的主要原因。正因为如此，所以一部刑法典主要是属于它那个时代和那个时代的市民社会情况的。

补充（刑罚的尺度）　在社会中犯下的罪行显得比较严重，可是刑罚则较轻，这种情况初看是自相矛盾的。但是社会不可能放纵犯罪而不罚，因为那样会使它被肯定为合法的；可是社会既然对自己具有信心，犯罪就始终是对抗社会的个别情况，它是不稳定的和孤立的。由于社会本身的稳定性，犯罪就获得了一种纯粹主观的东西的地位，这种主观的东西看来不是熟虑意志的产物，而是自然冲动的产物。本着这种观点，罪行就获得了较轻微的地位，而刑罚也就成为较轻微了。如果社会自身还是动荡不安，那就必须通过刑罚树立榜样，因为刑罚本身是反对犯罪的榜样的榜样。但是在本身已经是稳定的社会，犯罪的勾当是很微弱的，因此犯罪的处罚也必须按照这种微弱程度来衡定。所以严厉的刑罚不是自在自为地不公正的，而是与时代的情况相联系的。一部刑法典不可能在任何时代都合用。罪行是假象的实存，它们会在更大或更小程度上得到否认。

三　法院

第 219 节

法采取法律的形式而进入定在时就成为自为的。它跟法的特殊意志和意见相对立，而是独立自主的，并且必须肯定自己为普遍物。在特殊场合这样地认识和实现法，而且不带有对特殊利益的主观感情，系属一种公共权力即法院的事。

附释　在历史上，法官和法院的产生可能采取过家长制关系的形式，也可能采取过权力或任意选择的形式，从事物的概念来说，这是无足轻重的。把实施审判制度看做国王和政府方面所做的一件单纯善意和仁慈的事，如封·哈勒先生[①]（在他所著《国家学的复兴》一书中）所说的，那就是思虑不周，没有觉察到关于法律和国家问题所应注意的是：它们的制度

① 参阅本书第 258 节脚注。——译者

一般是合乎理性的，而且是绝对必要的；至于它们产生和建立的形式，则不是在考察它们的合理根据时所应研究的。

与这一意见相反的另一极端是一种粗鲁的看法，它把司法看作像在强权即是公理那种时代的一种不适当的暴力行为，对自由的压迫和专制制度。其实，司法应该视为既是公共权力的义务，又是它的权利，因此它不是以个人授权与某一权力机关那种任性为其根据的。

第 220 节

用复仇的形式来对付犯罪（第 102 节）的那种法，只是自在的法，它是不合乎法的形式的，即它的实存是不合乎正义的。现在，受害的普遍物代替受害当事人而出现，它在法院里具有独特的现实性，并承担着对犯罪的追究和惩处。因而这种追究和惩处就不再是通过复仇的那种主观的和偶然的报复，而转变为法同它自身的真实调和，即转变为刑罚。从客观的方面说，这是法律同自身的调和，由于犯罪的扬弃，法律本身回复了原状，从而有效地获得实现。从犯罪者的主观方面说，这是犯罪者同自身的调和，即跟他所知道的、保护他的和对他有效的法律的调和。因此，当法律对他执行时，他本身就在这一过程中找到正义的满足，看到这只是他自己的行为。

第 221 节

市民社会的成员有权利向法院起诉，同时也有义务到庭陈述；他的权利有了争执时，只能由法院来解决。

补充（法院的强制）　个人既然有权利诉诸法院，他也就必须知道法律，否则这种权能对他说来毫无补益。但是个人也有义务到庭陈述。在封建制度下，有权势的人往往不应法院的传唤，藐视法院，并认为法院传唤有权势的人到庭是不法的。但封建状态是与法院的理念相违背的。在近代，国王必须承认法院就私人事件对他自身有管辖权，而且在自由的国家里，国王败诉，事属常见。

第 222 节

在法院中，法所获得的性格就是它必须是可以证明的。法律程序使当事人有机会主张他们的证据方法和法律理由，并使法官得以洞悉案情。这些步骤本身就是权利，因此其进程必须由法律来规定，同时它们也就构成理论法学的一个本质的部分。

补充（证明的强制）　某人明知自己具有某项权利，由于不能证明而他的请求竟被驳回了。这可能使他感到愤恨。但是我所具有的权利，必须同时为法律所规定；我必须能够阐明它和证明它，自在存在的东西只有在被设定后，才能在社会上发生效力。

第 223 节

由于这些步骤分裂成为越来越零星的行动和权利而无一定界限，原来是一种手段的法律程序，就成为某种外部东西而与它的目的相背。当事人有权从头至尾穷历这些繁琐的手续，因为这是他们的权利，但是这种形式主义也可能变成恶事，甚至于成为制造不法的工具。因此，为了保护当事人和保护在争执中的实体性的事物即法本身，以避免法律程序及其滥用，法院责成当事人在进行诉讼之前，将事件交由一个简易法院（公断治安法院）受理，进行调解。

附释　公平是出于道德或其他考虑而对形式法律的背离。它首先顾到法律争端的内容。但是一个平衡法院所具有的意义是，在对个别事件进行裁判时，不坚持法律程序上的种种手续，尤其是法定的客观证据方法，而就个别事件论个别事件，以明其是非，所以它的旨趣并不在于作出应成为普遍性质的法律上决定。

第 224 节

法律应予公布是属于主观意识的权利（第 215 节），同样，法律在特殊事件中的实现，即外部手续的历程以及法律理由等等也应有可能使人获悉，因为这种历程是自在地在历史上普遍有效的，又因为个别事件就其特殊内容来说诚然只涉及当事人的利益，但其普遍内容即其中的法和它的裁判是与一切人有利害关系的。这就是审判公开的原则。

附释　法院成员为了制作判决而在自身之间进行审议，那时各人所发表的还是特殊的意见和看法，所以审议按其本性是不公开的。

补充（审判公开）　根据正直的常识可以看出，审判公开是正当的、正确的。反对这一点的重大理由无非在于，法官大人们的身份是高贵的；他们不愿意公开露面，并把自身看做法的宝藏，非局外人所得问津。但是，公民对于法的信任应属于法的一部，正是这一方面才要求审判必须公开。公开的权利的根据在于，首先，法院的目的是法，作为一种普遍性，它就应当让普遍的人闻悉其事；其次，通过审判公开，公民才能信服法院的判决确实表达了法。

第 225 节

审判行为作为法律对个别事件的适用，得分为两个方面：(一)根据事件的直接单一性来认识事件的性状，以视其是否有契约等等存在，或是否有侵害的行为，以及谁是加害人；如果事关刑法，则以反思来规定行为的实体的、犯罪的性质（第 119 节附释）；(二)使事件归属于法律下，因为法必须恢复起来，如系刑事，这种法律就包含刑罚在内。有关这两个不同方面的裁判是属于不同职权范围内的事。

附释 根据罗马的法院组织，这些职权的区别表现为，法官首先作出裁决，认为在本件中事实是如此这般的，然后他指定一个特别陪审员对这种事实进行侦查。

按照英国的法律程序，某一行为的特定犯罪性质（例如是谋杀还是误杀）由检察官根据他的判断或任性来加以品定，法院即使发现他的规定是错误的，也无权作出其他规定。

第 226 节

关于指挥全部侦查程序和当事人诉讼行为——而这些本身都是权利（第 222 节）——的进行，以及法律判决的第二个方面（见前节)，主要是专职法官的一种独特职能。必须把事件替他——作为法律的机关——准备好，使他有可能把事件归属于一个法律原则下，这就是说，必须把事件从它的现象的经验性状，提高到被承认的属于普遍类型的事实。

第 227 节

第一个方面，即对事件直接单一性的认识和对事件的品定，在其自身中并不含有任何法律上的决定。任何一个有教养的人都会有这种认识。在对某一行为加以品定时，必须考虑到行为者的判断和意图这种主观因素(见第二篇[①])，因为这对品定来说是基本的；此外，证明不是依赖理性的对象或抽象理智的对象，而只是依赖个别事项、各种情况以及感性直观和主观确信的对象的，因此，证明不包含任何绝对客观的规定在自身之中。由此可见，关于事实的裁决，最后总是依赖主观信念和良心(animi sententia)，同样，以他人的陈述和保证为根据的证明是以宣誓为其最后证实方法，而宣誓乃是主观的。

附释　在我们所谈论的问题中，最重要的一点是，必须注意到有关证明的本性，并把这种证明跟其他种类的认识和证明区别开来。证明一个理性规定，如同法的概念本身一样，就在于认识它的必然性，所以要求一种不同于证明几何定理所用的方法。此外，在几何学中，图形为理智所规定，并早已按照某一定律而成为抽象的了。但是，关于经验内容，像事实那

① 尤其是本书第 119 节。——译者

样，其认识的素材乃是现成的感性直观、感性的主观确信和相应的陈述和保证。现在所要做的就是根据这些陈述、证言和证明情况等等作出结论和综合。从这种素材和适合于它的方法中所出现的客观真理，如果我们企图严格地客观地加以规定，就会导致一半证明，如果再用严格的逻辑方法作真实的推论——这同时在自身中包含形式上的不一贯性，——就会导致非常刑罚。这种客观真理所具有的含义，与理性规定的真理性或某一定理的——其素材早经理智为自己规定成为抽象的——真理性，是完全不同的。现在，表明认识某一事件的这种经验真理性是法院真正的法律上职权，并表明法院在这一职权中具有独特的资格，从而具有排他的自在权利和必要性来从事这项工作，——表明这些乃是解决下列问题的主要观点，即应在如何程度上责成作为正式法律机关的法院对事实问题和对法律问题作出判断。

补充（陪审法院） 没有任何理由可以认为事实构成只能单独由专职法官来认定，因为这是每一个受过普通教育的人都能做的事，而不只是受过法律教育的人才能做的。对事实构成作出判断，是以经验的情况、对行为所作的证言和类似的直观材料为依据的，或者更以另一些事实为依据，从这些事实就可以推断有关行为，并大体上确定其行为之真伪。这里所应达到的是确信，而不是更高意义的真理。这种真理是完全永恒的东西。这里的这种确信乃是主观信念、良心，而问题是在于这种确信在法院中应采取什么形式。要求罪犯方面自白——这通常可在德国法中见到，——具有这点真理，即主观自我意识的权利因此获得一定的满足，因为法官所判定的不应跟在意识中的有所差异，只有罪犯自白，判决才不再对他是异己的东西了。但是这里有一种困难，即罪犯可能赖皮，这样，正义的利益就要遭到危害。如果说，现在法官的主观信念仍然发生效力，那就会发生又一个难题，因为人不再被看作自由的人来处理了。于是产生一种中介，要求从罪犯的心灵中作出有罪或无罪的宣告，——这就是陪审法院。

第 228 节

判决使被品定了的事件归属于法律下，所以从这方面说，判决一经宣告，当事人自我意识的权利就得到了维护，因为，拿法律来说，法律，从而当事人本身的法律，是人所共知的，再拿法律的适用来说，法律程序是公开的。但是拿对事件特殊的、主观的和外在的内容（对这种内容的认识属于第 225 节所述的第一个方面）所作出的裁决来说，当事人自我意识的权利是在对裁决者的主观性的信任中获得满足的。这种信任主要是根据于，在他们的特殊性上，即在他们的等级和其他方面，当事人同裁决者是类似的。

附释 自我意识的权利，即主观自由的环节，可以看作关于公开审判和所谓陪审法院的必要性问题的实体性的观点。认为这些制度有用而可能对它们作出的一切有利的主张，本质上都可归结于这一观点。也可以根据其他方面或理由来对这些或那些优缺点进行反复的争辩，但这些理由，如同抽象推论的一切理由一样，是次要的，非决定性的，或者取之于其他可能是更高的领域的。有人以为，如果纯粹由法律家组成的法院来行使司法权，比起有其他机关参加，原则上会做得一样好，也可能更好些。但问题不在于这个可能性，因为纵然这个可能性被提升为盖然性甚至必然性，它方面总存在着自我意识的权利，它将坚持它的要求，然而得不到满足。

由于全部法律的性状，对法和对法院审判程序的知识以及向法院起诉的可能性，就成为某一等级的所有物，而这一等级更由于所用术语——对其权利在争执中的那些人说来是一种外方话——之故，把自己组成一个排他性的团体。此时，市民社会成员中依靠自己的劳力和本身的知识和意志而获得生活资料的人，不仅在属于他们极端个人的和特有的事物方面，而且也在这些事物中实体性东西和理性东西——即法——的方面，都被排斥于门外；对那一等级说来，他们是被置于监护之下，甚至被置在一种农奴状态中。他们诚然有权摆动两条腿，亲身跑去出庭（in judicio stare），但这没有多大价值，因为如果他们的精神不是一同在那里，也不在那里使用他们自己的知识，他们所得到的法，对他们说来，只是外在的命运罢了。

第 229 节

在市民社会中，理念丧失在特殊性中，并分裂为内外两面。在司法中，市民社会回复到它的概念，即自在地存在的普遍物跟主观特殊性的统一，不过主观特殊性是存在于个别事件中，而普遍物是指抽象法而言。这一统一的现实化，在扩展到特殊性的全部范围时，首先构成警察的职权，虽然这里的合一是相对的；其次构成同业公会，这虽然是局限的、但是具体的整体。

补充（警察和同业公会的必然性） 在市民社会中，普遍性不过是必然性。在需要的关系中，只有法本身才是固定的东西。但是这个法只局限于一个范围，它仅与所有权的保护有关。对这种意义的法说来，福利是一种外在的东西。可是在需要的体系中，这种福利是一个本质的规定。所以，普遍物——它首先只是法——必须扩展到特殊性的全部范围。在市民社会中，正义是一件大事。好的法律可以使国家昌盛，而自由所有制是国家繁荣的基本条件。但是，因为我是完全交织在特殊性中的，我就有权要求，在这种联系中我的特殊福利也应该增进。我的福利、我的特殊性应该被考虑到，而这是通过警察和同业公会做到的。

第三 警察[①]和同业公会

第 230 节

在需要的体系中，每一个人的生活和福利是一种可能性，它的现实性既受到他的任性和自然特殊性的制约，又受到客观的需要体系的制约。对所有权和人身的侵害，通过司法而被消灭了。但是在特殊性中的现实的法，既要求把阻挠任何一个目的的偶然性

① 原文 Polizei，在黑格尔的用语中，指广义的内务行政而言，除了军事、外交财政以外，其他一般内政都包括在内。——译者

予以消除，以策人身和所有权的安全而不受妨害，又要求单个人生活和福利得到保证——即把特殊福利作为法来处理，并使之实现。

一 警察

第231节

既然特殊意志依然是这个或那个目的赖以实现的原则，所以普遍物的保安权力首先局限于偶然性的范围，同时它是一种外部秩序。

第232节

犯罪是作为恶的任性的那种偶然性，普遍权力必须防止它或把它送交法院处理。除了犯罪以外，在本身合法的行动方面和在所有物的私人使用方面被容许的任性，也跟其他个别的人以及跟法院以外实现共同目的的其他公共机关发生外在联系。通过这一普遍的方面，私人行动就成为一种偶然性，这种偶然性越出主体权力控制之外，而对别人造成或可能造成损害或不法。

第233节

这诚然只是一种损害的可能性；但结果竟于事丝毫无损，这一点却不能同样作为一种偶然性。问题是这些行为含有不法的方面，从而是警察监督和刑事审判的最后根据。

第 234 节

外部定在之间的各种关系构成理智的无限性，因此没有任何自在的界限来划清什么是有害的和什么是无害的；又从犯罪方面说，也没有任何自在的界限来划清什么是有嫌疑的和什么是没有嫌疑的，什么是应予禁止或监视的和什么是不受禁止和监视、不启人之疑、免予查询和盘问，因而是容忍的。一切细节都是由风尚、整个国家制度的精神、当时状态、目前危险等等来规定的。

补充（警察的累赘） 这里无从提供任何固定的规定，也无从划清绝对界限。在这里，一切都是个人的事，主观意见出现着，国家制度的精神和当时的危险状态应提供更详尽的情况。例如在战时，好多本来是无害的事被认为有害的了。由于这一方面的偶然性和个人任性，警察有时招致人们的厌恶。当反思极为发达时，警察会采取一种方针，把一切可能的事物都圈到它的范围内来，因为在一切事物中，都可找到一种关系使事物成为有害的。在这种情况下，警察可能在工作上吹毛求疵，干扰个人的日常生活。尽管这是多么惹厌，然而毕竟无法划出一条客观的界线来。

第 235 节

当日常需要无限地繁复起来和交叉起来的时候，无论从生产和交换满足需要的手段说——其实每个人都指望能顺利地得到满足，——或是从尽可能减省就这方面的调查和洽商工作说，都会产生属于共同利益的方面，其中一个人所做的事同时也为了大家；此外，也会产生供共同使用的手段和设施。这些普遍事务和公益设施都要求公共权力予以监督和管理。

第 236 节

生产者和消费者之间的不同利益，可能发生冲突。诚然，正确的关系会在整体中自然而然地建立起来，然而，为了平衡起见，需要进行一种凌驾于双方之上的、有意识的调整工作。对个别事件进行这种调整的权利(例如规定日常生活必需品的价格)在于，完全普遍的、日常需要的商品向公众陈列之后，就不是对个人本身供应，而是对作为普遍买者的个人、对公众供应；因此，公众权利不应受到欺骗，以及对商品进行检查，都可以作为共同事务而由公共权力出面来进行管理，并予照料。至于大的工业部门，依赖国外情况和远地配合，在这些工业部门工作并赖以生活的人，不可能对这些情况一目了然，因而尤其需要普遍的监督与指导。

附释　跟在市民社会中工商业自由相反的另一极端就是由公共机关来供养全体，并规定全体的劳动，好比古代金字塔以及埃及和亚洲其他巨大工程的劳动那样。这些巨大工程是为公共的目的兴建的，而不是以单个人出于特殊任性和特殊利益的劳动为中介的。这种利益要求自由以对抗上级的调整，但是它愈是盲目地浸沉在自私的目的中，就愈加需要这种调整来使它回复到普遍物，并使危险的震荡得以缓和，使冲突由于无意识的必然性而自动平复的间隔期间得以缩短。

补充(警察照料的任务)　警察的监督和照料，目的在于成为个人与普遍可能性之间的中介，这种为达成个人目的的普遍可能性是存在的。警察必须负责照顾路灯、搭桥、日常必需品价格的规定和卫生保健。在这一方面，现在流行着两种主要看法：一种看法主张警察应对一切事物实行监督；另一种看法以为警察在这里没有什么可以规定的，因为每个人会按照别人的需要来指导自己的行动。的确，个人必须有权用这种或那种方式谋生；但另一方面，公众也有权要求必需的事物按照适当的方式去完成。双方面都应当得到满足，以及产业自由不得危害普遍福利。

第 237 节

现在如果分享普遍财富的可能性对个人是存在的，并得到公共权力的保证，那么，由于这种保证必然是不完备的，这种可能性在主观方面总是受偶然性的支配的，何况它又以技能、健康、资本等等为其条件。

第 238 节

首先，家庭是实体性的整体，它的职责在于照料个人的特殊方面，它既要考虑到他的手段和技能，使能从普遍财富中有所得，又要考虑到他丧失工作能力时的生活和给养。但是，市民社会把个人从这种联系中揪出，使家庭成员相互之间变得生疏，并承认他们都是独立自主的人。市民社会又用它自己的土地来代替外部无机自然界和个人赖以生活的家长土地，甚至使整个家庭的存在都依从它，而听偶然性的支配。这样，个人就成为**市民社会的子女**，市民社会对他得提出要求，他对市民社会也可主张权利。

补充（社会的义务）　当然，家庭应该照料个人的生活，但它在市民社会中是从属的东西，它只构成基础，它的活动范围还不这么广泛。反之，市民社会才是惊人的权力，它把人扯到它自身一边来，要求他替它工作，要求他的一切都通过它，并依赖它而活动。如果人在市民社会中是这样一个成员，他对市民社会所得主张的权利和提出的请求，就应同他已往对家庭所主张的和提出的一样。市民社会必须保护它的成员，防卫他的权利；同样，个人也应尊重市民社会的权利，而受其约束。

第 239 节

市民社会在它是普遍家庭这种性质中，具有监督和影响教育的义务与权利，以防止父母的任性和偶然性，因为教育与儿童之成为社会成员的能力有关，尤其教育不是由父母本人而是由别人来完成时是如此。其次，市民社会可以尽可能地举办公共教育机关。

补充（强制教育、强制种痘等等）　这里很难在父母的权利同市民社会的权利之间划分界限。父母通常以为有关教育事宜他们有完全自由，他们愿意怎么做就可这么做。对一切公共教育的主要抗拒，通常来自父母，正是他们才叫嚷并乱谈老师和学校，因为他们对老师和学校具有成见。尽管如此，市民社会有权在这种事情上，根据它几经试验的原则这样来办，即强制父母把他们的子女送进学校，让他们种痘，如此等等。在法国正进行着争论，有人主张教育应该自由，即听从父母自便，也有人主张应该受国家的监督；这种争论就是这里所谈的同一问题。

第 240 节

同样，市民社会对挥霍成性，从而毁灭其自身及其家庭生活安全的那种人，有义务和权利把他们置于监护之下，不使挥霍而使追求社会目的和他本身的目的。

补充（禁治产）　雅典有过这种法律，规定每个公民必须陈报他的生活来源。现在大家认为，谁也管不着这种事。每个人一方面固然是独立的，但另一方面也是市民社会制度下的成员。既然每个人有权向市民社会伸手要求生活资料，市民社会也就必须保护他以免他自暴自弃。问题不仅仅在于防止饿死而已，更远大的宗旨在于防止产生贱民。因为市民社会对个人的给养负有责任，它就有权督促他自谋生活。

第 241 节

但是同任性一样，偶然的、自然界的和外部关系中的各种情况（第 200 节），都可以使个人陷于贫困。贫困状态一方面使他们对市民社会处于嗷嗷待哺的状况中；另一方面，由于市民社会使他们失去了自然的谋生手段（第 217 节），并解散了家庭——广义的家庭就是宗族——的纽带（第 181 节），使他们在或多或少的程度上丧失了社会的一切好处：受教育和学技能的一般机会，以及司法、保健，有时甚至于宗教的慰藉等等。关于穷人的问题，普遍权力接替了家庭的地位，它不但顾到他们的直接匮乏，而且顾到他们嫌恶劳动的情绪，邪僻乖戾，以及从这种状况中和他们所受不法待遇的感情中产生出来的其他罪恶。

第 242 节

贫困的主观方面，以及一般说来，一切种类的匮乏——每个人在他一生的自然循环中都要遭遇到匮乏——的主观方面，要求同样一种主观的援助，无论其出于特殊情况或来自同情和爱都好。这里尽管有着一切普遍的设施，道德仍然大有用场。但是，因为这种援助自身并在它的作用上依存于偶然性，所以社会竭力从贫困和它的救济中去找出普遍物，并把它举办起来，使那种主观援助越来越成为没有必要。

附释　公共赈济机关、医院和路灯等等补充了偶然的布施、义捐和圣像前灯烛的捐助等等。慈善事业本身除了这些以外，还有好多其他事情可做。如果它硬要把贫困的救济只保留给同情的特殊性以及情绪和认识的偶然性，又如果由于有拘束力的普遍规定和戒律而它感到受损被辱，这是一种错误的观点。相反地，如果留给个人独立地依照他的特殊意见去做的事比之以普遍方式组织起来做的事愈是少，公共状况应认为愈是完美。

第 243 节

当市民社会处在顺利展开活动的状态时，它在本身内部[①]就在人口和工业方面迈步前进。人通过他们的需要而形成的联系既

① 关于市民社会的对外扩张，参阅本书第 246 节。——译者

然得到了普遍化，以及用以满足需要的手段的准备和提供方法也得到了普遍化，于是一方面财富的积累增长了，因为这两重普遍性可以产生最大利润；另一方面，特殊劳动的细分和局限性，从而束缚于这种劳动的阶级的依赖性和匮乏，也愈益增长。与此相联系的是：这一阶级就没有能力感受和享受更广泛的自由，特别是市民社会的精神利益。

第 244 节

当广大群众的生活降到一定水平——作为社会成员所必需的自然而然得到调整的水平——之下，从而丧失了自食其力的这种正义、正直和自尊的感情时，就会产生贱民，而贱民之产生同时使不平均的财富更容易集中在少数人手中。

补充（对生活资料的请求）　最低生活水平，即贱民的生活水平，是自然而然地形成的。可是这一最低限度在不同民族之间有着极大的差别。在英国，最穷的人相信他们也享有权利，这与其他国家所给予穷人的满足有所不同。贫困自身并不使人就成为贱民，贱民只是决定于跟贫困相结合的情绪，即决定于对富人、对社会、对政府等等的内心反抗。此外，与这种情绪相联系的是，由于依赖偶然性，人也变得轻佻放浪，害怕劳动，而像那不勒斯的游民那样。这样来，在贱民中就产生了恶习，它不以自食其力为荣，而以恳扰求乞为生并作为它的权利。没有一个人能对自然界主张权利，但是在社会状态中，匮乏立即采取了不法的形式，这种不法是强加于这个或那个阶级的。怎样解决贫困，是推动现代社会并使它感到苦恼的一个重要问题。

第 245 节

如果由富有者阶级直接负担起来，或直接运用其他公共财产(富足的医院、财团、寺院)中的资金，来把走向贫困的群众维持在他们通常生活方式的水平上，那么，穷人用不着以劳动为中介就可保证得到生活资料；这与市民社会的原则以及社会上个人对他独立自尊的感情是相违背的。反之，生活资料通过劳动(通过给予劳动机会)而获得，生产量就会因之而增长。但是祸害又恰恰在于生产过多，而同时缺乏相应比数的消费者——他们本身是生产者。因此，不论前一种方法或后一种方法，祸害只是越来越扩大。这里就显露出来，尽管财富过剩，市民社会总是不够富足的，这就是说，它所占有而属于它所有的财产，如果用来防止过分贫困和贱民的产生，总是不够的。

附释 我们可以利用英国的例子来对这些现象作大规模的研究，并更详尽地调查济贫税、无数财团、同样无数的私人善举等的结果，尤其是同业公会解散后所产生的结果。在英国，尤其在苏格兰，这些对付贫困，特别是对付丧失廉耻和自尊心(社会的主观基础)，以及对付懒惰和浪费(贱民由此而生)等等最直接的手段，结果只是使穷人们听天由命，并依靠行乞为生。

第 246 节

市民社会的这种辩证法，把它——首先是这个特定的社会——推出于自身之外，而向外方的其他民族去寻求消费者，从而寻求必需的生活资料，这些民族或者缺乏它所生产过多的物资，或者在工艺等方面落后于它。

第 247 节

家庭生活的原则是以土地——固定的地基和土壤——为条件。同样，对工业来说，激励它向外发展的自然因素是海。追求利润要通过冒险，于是工业在追求利润的同时也提高自身而超出于营利之上。它不再固定在泥块上和有限范围的市民生活上，也不再贪图这种生活的享受和欲望，用以代替这些的是流动性、危险和毁灭等因素。此外，追求利润又使工业通过作为联系的最巨大媒介物而与遥远的国家进行交易，这是一种采用契约制度的法律关系；同时，这种交易又是文化联络的最强大手段，商业也通过它而获得了世界史的意义。

附释　河流不是天然疆界，这是近代人对河流的看法；其实应该说，河流和湖海是联系人群的。当荷累斯说（见 Caina《短诗集》I，3）：

——deus abscidit
Prudens Oceano dissociabili
Terras，——
〔上帝明智地把陆地分裂，隔以重洋。〕

他的思想是错误的。我们所可找到的证明，不仅限于总是居住着单一的种族或民族的江河流域，而且还有某些古代关系，例如希腊、伊奥尼亚同大希腊之间，不列他尼同不列颠之间，丹麦同挪威、瑞典、芬兰、利服尼亚之间等等的关系，这些关系，如果与沿海居民同内地居民之间的稀疏联系相对照，尤其显明。

跟海洋的联系究竟有哪种文化手段，要了解这一点，不妨对照一下工业发达的民族同禁止航海的民族各自对海洋的关系，后者，例如埃及人和印度人，已经变得迟钝了，并深深沉陷于最可怕和最可耻的迷信中，前者，例如奋发有为的一切大民族，它们都是向海洋进取的。

第 248 节

这种扩大了的联系也提供了**殖民事业**的手段。成长了的市民社会都被驱使推进这种事业——零散的或系统的，并且由于这种事业，市民社会使其一部分人口在新的土地上回复到家庭原则，同时也为本身在工业上创造了新的需要和开辟了新的劳动园地。

补充（**殖民政策**）　市民社会被驱使建立殖民地。单是人口增长就有这种作用。但是，尤其在生产超过了消费的需要时，就会出现一大批人，他们已不能通过自身的劳动来得到他们需要的满足。零散的殖民事业尤其见之于德国。殖民者移居美国和俄国，而与祖国一直没有联系，这种殖民对本国并无益处。第二种殖民事业与前一种完全不同，它是有系统的。它由国家主持，国家有意识地用适当的办法来加以推进和调整。这种殖民方式在古代屡见不鲜，尤其发生于希腊。希腊的公民不从事艰苦劳动，却致力于公共事务。所以，当人口增长到了可能发生供养上的困难时，青年们就被遣送到新的地带，这些地带或经特别选择，或听由人们去偶然发现。在近代，殖民地居民并不享有跟本国居民的同等的权利；于是从这种状态中发生战事，最后乃是解放，正如英国和西班牙的殖民地历史所表明的。殖民地的解放本身经证明对本国有莫大利益，这正同奴隶解放对主人有莫大利益一样。

第 249 节

警察的措施首先在使包含在市民社会特殊性中的普遍物得以实现和维持，它采取了**外部秩序和设施**的方式，以保护和保全大量的特殊目的和特殊利益，因为这些目的和利益是存在于普遍物中的。其次，作为最高指导，警察的措施又负责照顾超出这个社会范围以外的利益（第 246 节）。因为根据理念，普遍物是内在于特殊性的利益中的，而特殊性本身是把这个普遍物作为它的意志和活动的目的和对象的，**所以**，**伦理性**的东西作为内在的东西就**回到**了市民社会中；这就构成**同业公会**的规定。

二　同业公会

第 250 节

农业等级由于它的家庭生活和自然生活的实体性，在其本身中直接具有它的具体普遍物。它在这种普遍物中生活着。**普遍等级**在它的规定中具有普遍物，并自为地以普遍物作为它的活动目的和它的基地。在它们两者之间的等级即产业等级本质上集中于特殊物，因此，同业公会也主要是这一等级所特有的。

第 251 节

市民社会的劳动组织，按照它特殊性的本性，得分为各种不同部门。特殊性的这种自在的相等，在组合中作为共同物而达到实存；因此，指向它的特殊利益的自私目的，同时也就相信自己并表明自己为普遍物，而市民社会的成员则依据他的特殊技能成为同业公会的成员。所以同业公会的普遍目的是完全具体的，其所具有的范围不超过产业和它独特的业务和利益所含有的目的。

第 252 节

根据这一规定，同业公会在公共权力监督之下享有下列各种权利：照顾它内部的本身利益；接纳会员，但以他们的技能和正直等客观特质为根据，其人数则按社会的普遍结构来决定；关心所属成员，以防止特殊偶然性，并负责给予教育培养，使获得必要的能力。总之，它是作为成员的第二个家庭而出现的，至于一般市民社会则是一种比较不确定的家庭，因为它同个人及其特殊急需比较疏隔。

附释　经营工商业者与短工不同，与准备单独一次从事偶然劳务的人也不同。前者是一个行家，或要成为一个行家，他是组合的成员，这种组合不是为了从事单独一次的偶然营利，而是为了他特殊生活的全部范围或普遍物而成立的。

特权一词，作为组成市民社会一部门的同业公会所享有的权利来说，与本来意义的，即语源学上的特权，殊有不同。

后者是普遍法律的偶然例外，而前者只是法律上的规定，这种规定是包含在社会一个本质部门本身的特殊性的本性中的。

第 253 节

在同业公会中，家庭具有它的稳定基础，它的生活按能力而得到了保证，这就是说，它在其中具有固定的财富（第 170 节）。此外，这种能力和这种生活都得到了承认，因之同业公会的成员无须用其他外部表示来证明他的技巧以及他的经常收入和生活，即证明他是某种人物[①]。他属于一个整体，而这种整体本身是普遍社会的一个环节，他又有志并致力于这种整体的无私目的，这些也都获得了承认。因此，他在他的等级中具有他应有的尊严。

附释　同业公会制度的成立，由于其财富有了保证，相当于其他领域中农业和私有制的实施（第 203 节附释）。

在对工商业阶级的奢侈浪费——这与贱民的产生（第 244 节）有联系的——提起控诉时，不应忽视，除了其他原因之外（例如，劳动越来越机械化），这种现象还有伦理上的根据，已如上面所述[②]。如果个人不是一个合法同业公会的成员（唯有经认许后，组合才成为同业公会），他就没有等级尊严，并由于他的孤立而被归结为营利自私，他的生活和享受也变得不稳定了。因此，他就要用外部表示来证明他在本行业中所达到的成就，借使自己得到承认。这种表示是没有限度

---

① 参阅本书第 207 节补充。——译者

② 参阅本书第 184 节，第 185 节和第 243 节。——译者

的，因为对他说来等级并不存在，他也谈不上按他等级的方式来生活（因为唯有合法组成并经承认的共同体才是在市民社会中实存的）。总之，他无从建立一种相当于他等级的、比较普遍的生活方式。

在同业公会中，对贫困的救济丧失了它的偶然性，同时也不会使人感到不当的耻辱。又财富既须履行它对团体的义务，它就不能引起所有者的骄傲和别人的嫉妒。只有在同业公会中，正直才获得其真实的承认和光荣。

第 254 节

在同业公会中，个人发挥自己的技能从而谋求一切可以谋求的东西那种所谓自然权利所受到的限制，仅以其限制在其中被规定为合乎理性的为限，这就是说，它从自己意见和偶然性中，从自己危险和对他人的危险中，解放出来，并得到了承认和保证，同时又被提升为对一个共同目的的自觉活动。

第 255 节

除家庭以外，同业公会是构成国家的基于市民社会的第二个伦理根源。第一个根源即家庭在它的实体性统一中，含有主观特殊性和客观普遍性这两个环节；甚至在第二个根源中，最初在市民社会中分解为在自身中反思的需要和满足的特殊性，以及抽象法的普遍性这两个环节，以内在的方式统一起来了，结果，在这个统一中，特殊福利作为法而出现并获得了实现。

附释　婚姻的神圣性和同业公会的尊严性是市民社会的

无组织分子所围绕着转的两个环节。

补充（同业公会的价值）　在近代，人们废除了同业公会，这意味着个人应各自照顾自身。我们可以接受这点，但仍认为个人谋生的义务并不因同业公会之故而有所变更。在现代国家的条件下，公民参加国家普遍事务的机会是有限度的。但是人作为伦理性的实体，除了他私人目的之外，有必要让其参加普遍活动。这种普遍物不是现代国家所能常提供他的，但他可以在同业公会中找到。我们前面已经看到[①]，在市民社会中个人在照顾自身的时候，也在为别人工作。但是这种不自觉的必然性是不够的，只有在同业公会中，这种必然性才达到了自觉的和能思考的伦理。当然，同业公会必须处在国家这种上级监督之下，否则它就会僵化，故步自封而衰退为可怜的行会制度。但是，自在自为的同业公会绝不是封门的行会，它毋宁是孤立工商业的伦理化，这种工商业被提升到这样一个领域，在其中它获得了力量和尊严。

第 256 节

同业公会局限的和有限的目的，在自在自为的普遍目的及其绝对的现实中，具有它的真理性。在警察的外部秩序中存在着的分立及其相对的同一，也是这样。因此，市民社会的领域就过渡到国家。

附释　城市是市民工商业的所在地，在那里，反思沉入在

① 参阅本书第 184 节补充。——译者

自身中并进行细分。乡村是以自然为基础的伦理的所在地。每个人在与其他法律人格的关系中并通过这种关系而保存自己。个人与家庭构成两个依然是理想性的环节，从中产生出国家，虽然国家是它们的真实基础。

从直接伦理通过贯穿着市民社会的分解，而达到了国家——它表现为它们的真实基础——这种发展，这才是国家概念的科学证明。由于国家是作为结果而在科学概念的进程中显现出来的，同时它又经证明为真实基础，所以那种中介和那种假象都被扬弃了，而它自己成为一种同样的直接性。因此在现实中国家本身倒是最初的东西，在国家内部家庭才发展成为市民社会，而且也正是国家的理念本身才划分自身为这两个环节的。在市民社会的发展中，伦理性的实体达到了它的无限形式，这个形式在自身中包含着两个环节：(1)无限区分，一直到自我意识独立的自身内心的存在，(2)教养中所含有的普遍性的形式，即思想形式，通过这种形式，精神在法律和制度中，即在它的被思考的意志中，作为有机的整体而对自身成为客观的和现实的。

第三章　国家

第 257 节

国家是伦理理念的现实——是作为显示出来的、自知的实体性意志的伦理精神，这种伦理精神思考自身和知道自身，并完成一切它所知道的，而且只是完成它所知道的。国家直接存在于风俗习惯中，而间接存在于单个人的自我意识和他的知识和活动中。同样，单个人的自我意识由于它具有政治情绪而在国家中，即在它自己的实质中，在它自己活动的目的和成果中，获得了自己的实体性的自由。

附释　家神是内部和下级的神；民族精神[①]（雅典娜）是认识自己和希求自己的神物；恪守家礼是感觉和在感觉中体现的伦理；至于政治德行是对自在自为地存在的、被思考的目的的希求。

第 258 节

国家是绝对自在自为的理性东西，因为它是实体性意志的现实，它在被提升到普遍性的特殊自我意识中具有这种现实性。这

① 参阅本书第 163 节和第 166 节两节的附释。——译者

个实体性的统一是绝对的不受推动的自身目的，在这个自身目的中自由达到它的最高权利，正如这个最终目的对单个人具有最高权利一样，成为国家成员是单个人的最高义务。

附释 如果把国家同市民社会混淆起来，而把它的使命规定为保证和保护所有权和个人自由，那么单个人本身的利益就成为这些人结合的最后目的。由此产生的结果是，成为国家成员是任意的事。但是国家对个人的关系，完全不是这样。由于国家是客观精神，所以个人本身只有成为国家成员才具有客观性、真理性和伦理性。结合本身是真实的内容和目的，而人是被规定着过普遍生活的；他们进一步的特殊满足、活动和行动方式，都是以这个实体性的和普遍有效的东西为其出发点和结果。

抽象地说，合理性一般是普遍性和单一性相互渗透的统一。具体地说，这里合理性按其内容是客观自由（即普遍的实体性意志）与主观自由（即个人知识和他追求特殊目的的意志）两者的统一；因此，合理性按其形式就是根据被思考的即普遍的规律和原则而规定自己的行动。这个理念乃是精神绝对永久的和必然的存在。现在如果问，一般国家或竟每个特殊国家以及它的法和使命的历史上起源是或曾经是怎样的；又如果问国家最初是从家长制关系，从畏惧或信任，还是从同业公会等等中产生出来的；最后如果问，这种法的基础是怎样地在意识中马上被理解而巩固下来的：是把它看作神物或实定法呢，还是把它看作契约和习惯呢，那么，所有这些问题都与国家的理念无关。这里，我们仅仅在谈对国家的哲学上的认识问题，从这一观点说，以上这些都是现象，是历史上的事物。再从一个现实国家的权威说，如果这种权威有什么根据的话，那么这些根据是取之于国家有效的法的形式的。

哲学所考虑的仅仅有关所有这一切问题的内在方面，有关被思考的概念。卢梭在探求这一概念中作出了他的贡献，他所提出的国家的原则，不仅在形式上（好比合群本能、神的权威），而且在内容上也是思想，而且是思维本身，这就是说，他提出意志作为国家的原则。然而他所理解的意志，仅仅是特定形式的单个人意志（后来的费希特亦同），他所理解的普遍意志也不是意志中绝对合乎理性的东西，而只是共同的东西，即从作为自觉意志的这种单个人意志中产生出来的。这样来，这些单个人的结合成为国家就变成了一种契约，而契约乃是以单个人的任性、意见和随心表达的同意为其基础的。此外又产生其他纯粹理智的结果，这些结果破坏了绝对的神物及其绝对的权威和尊严。因此之故，这些抽象推论一旦得时得势，就发生了人类有史以来第一次不可思议的惊人场面：在一个现实的大国中，随着一切存在着的现成的东西被推翻之后，人们根据抽象思想，从头开始建立国家制度，并希求仅仅给它以想象的理性东西为其基础。又因为这都是缺乏理念的一些抽象的东西，所以它们把这一场尝试终于搞成最可怕和最残酷的事变。

为了反对单个人意志的原则，我们必须记住这一基本概念，即客观意志是在它概念中的自在的理性东西，不论它是否被单个人所认识或为其偏好所希求。我们又必须记住它的对

立面，即知识和意志或自由的主观性（这是包含在个人意志原则中唯一的东西），仅仅包含着合乎理性的意志的理念的一个环节，从而是片面的环节，这个意志所以是合乎理性的，就因为它既是自在的又是自为的。

把国家在认识中理解为一个自为的理性东西这种思想，还遭到另一种相反的看法，那就是把外部现象——匮乏的偶然性，保护的必要性，力量和财富等等——看作不是国家的历史发展的环节，而是国家的实体。这里，构成认识的原则的，同样是个人的单一性，而且还不是这种单一性的思想，相反地是经验单一性，并把注意力集中在它们的偶然特性，即它们的强弱贫富以及其他等等。这种奇思异想，即抹杀国家中绝对无限的和理性的东西并排斥思想对它内在本性的了解，的确没有比哈勒先生在所著《国家学的复兴》一书中表达得更纯粹的了。我说纯粹，其实在理解国家本质的一切尝试中，不论所持原则是怎样的片面和肤浅，理解国家本质的这种意图本身总会关联到思想，即普遍规定；可是哈勒先生不仅有意识地抛弃构成国家的合理内容，抛弃思想的形式，并且意气用事，拼命攻击它们。他在这部著作中阐述的原理所发生的广大影响（正如哈勒先生所保证的），其一部分确由于他故意在阐述中排弃一切思想，而用独幅料毫无思想地雕成一个整体。这样来，迷乱和混乱都消失了，而他的阐述所留给人们的印象便不致受到削弱。否则谈到偶然的东西时又要夹杂地引证实体性的东西，谈到单纯经验的和外部的东西时又要夹杂地记住普遍的和理件的东西，同样，在贫乏而空虚的领域中要想到更高

的、无限的东西，这就不免于迷乱和混乱了。

正因为如此，这部著作又是首尾一贯的。著者不是以实体性的东西、而是以偶然事物的领域作为国家的本质，在这样一种内容上的首尾一贯，正是存在于一种无思想性的完全不一贯中，这种无思想性表现为顾前不顾后，并且会同它刚才所同意的东西的对立面，现在又相处无间了。①

① 上面引证的那本书，就由于所揭示的性质，是一部别出心裁的著作。著者的不满情绪就其自身说来可能有它高贵之处，因为它是被上述错误理论——首先是由卢梭提出的——以及主要是实行这种理论的尝试所燃起的。然而哈勒先生为了挽救自己，却投入另一相反的方面，他排弃一切思想，因此在他那部万分仇恨一切法律和立法以及一切依正式手续和法律程序制定的法的著作中，就谈不到内容的问题。对法律和依法律程序制定的法的仇恨是一个口号，这个口号显露出疯狂、低能和善良意愿的伪善，并使人们丝毫不爽地认识到这些东西的本来面貌，不论它们披上什么外衣。

像哈勒那样的别出心裁，始终是值得注意的一种现象。读者如果还没有看过他那本书，我愿意引证书中某些东西作为样品。哈勒先生首先提出了他的主要原理（第1卷，第342页以下）："就跟在无生命世界中大欺小、强凌弱等等一样，在动物世界、然后也在人类中重新出现着同一规律，不过采取了较高尚的形态（的确往往也采取不高尚的形态?）"，"这就是上帝永恒不变的定则：有更大权力的人进行统治，必须统治，而且将永远统治"。从这一点并从下述中就可看出，这里所称权力究竟具有怎样的含义了。它不是指正义的和伦理性的东西的权力，而是指偶然的自然暴力。然后，哈勒先生进一步又根据其他理由来点缀他的原理（第365页以下）。他说自然界的惊人的明智，作了这样的安排：恰恰是自身的优越感难以抗拒地使个性成为高贵品质，并有利于对付属下所最必要的那些德行的发展。他利用了在教室中应用的修辞学上的推敲而问道："在科学的领域，到底是强者还是弱者更会滥用权威和信任，以遂其卑鄙自私的目的，并糟蹋轻信受欺的人；在法学家中间，难道法学大师们不就是些讼师和狡辩者吗，他们愚弄抱着希望而轻信的当事人，颠倒黑白，混淆是非，滥用法律使成为不法的工具，使仰求他们保护的人倾家荡产，并像饿鹰那样地攫食无辜的绵羊"，如此等等。这里哈勒先生忘记了，他堆砌这些辞藻正是为了支持他的命题，即有更大权力的人的统治乃是上帝的永恒定则（兀鹰攫食无辜的绵羊就是根据这个定则的）；同时，具有法律知识而掌握更大权力的人们把仰求他们保护的轻信的人当作弱者而加以掠夺，他们这样做因而也是完全正确的。可是，把那里的两种思想结合起来，而其实根本连一种思想都没有，这将是一种过分的要求。

哈勒先生敌视法典，那是不用说的。据他看来，国家的法律一方面是根本“用不着的，因为根据自然规律，这些法律是不言自喻的”，如果人们从来就安于这种基本思想，即一切东西都是不言自喻的，那么自从有了国家以来，人们就可节省用在立法和修订法典方面，以及现在还用在这些方面和用在研究实定法方面的许多力量。“另一方面，法律本来不是供给私人的，而是作为对下级法官的指令，使他们能明了高级法院的意志的。此外，司法权（第1卷，第297页；第2卷，第1部分，第254页，以及其他各处）不是国家的一种义务，而是一种善举，即有更大权力的人所给予的援助，而且仅仅是补充性的。在保证权利的各种手段中间，它不是最完善的，毋宁说，它是不可靠的和无把握的。这种手段是我们近代法学家所留给我们的唯一的一种。他们把其他三种从我们手里夺去了，而正是这些手段使我们能最迅速和最可靠地达到目的；并且它们与司法权不同，乃是友好的自然所给予人们，以保障他们法律上的自由的。”这三种手段就是（你猜是什么？）：“（1）自己遵守自然规律，并以自然规律教育自己；（2）对不法行为加以反抗；（3）溜之大吉，如果找不到其他救济的话。”（比之友好的自然，法学家们毕竟是多么不友好啊！）“但是大慈大悲的自然所给予每个人的神的自然规律（第1卷，第292页）是：尊敬你的每一个同侪”（其实根据著者的原则，应该这样说：“尊敬不是你的同侪，而是有更大权力的人”）；“对不伤害你的人不加伤害；不要求别人所不欠你的东西”（但是他所欠的是什么呢？）；“是的，还要多些：爱你周围的人，并尽量使你对他们有用”。应该培植这种规律，这会使立法和国家制度成为多余的。值得一看哈勒先生怎样说明这一问题，即已经从事这种培植之后，为什么还会在世界上出现立法和国家制度呢？

在第3卷，第362页以下，著者谈到“所谓民族自由”，即民族国家的法律和宪法。经法律规定的每一种权利，从其词的这种广义来说，就是一种自由。关于这些法律，书中有一段这样说：“它们的内容通常是极其没有意义的，虽然在书本中人们还对诸如此类的文献上的自由，给予很大价值。”当我们随后发觉著者所说的，是指德意志帝国各等级，英吉利民族（如大宪章，“但已很少有人读，又由于所用词句古老久废，更少有人懂，”权利法案等等）和匈牙利民族等等的民族自由，我们才不胜惊讶地知道，一向被认为十分重要的这些成果，却是一些毫无意义的东西；又在这些民族中，法律仅仅具有书本上的价值，然而这些法律对人所穿的每一件衣服，所吃的每一块面包，都曾进行协作，现在每天、每小时仍在生活一切方面进行协作。

再引证一番，哈勒先生把普鲁士普通法典说得特别坏（第1卷，第185页以下），因为虚假哲学的错误（至少还不是康德的哲学，哈勒先生对它是最恼火的）经证明对这一法典发生了不可思议的影响，尤其因为其中牵涉到国家、国家财富、国家目的、国家元首、元首和公务人员的义务等等问题。最使哈勒先生怒恼的是这种权利，即“为了偿付国家开支，而对私人财产、工商业和生产消费课以赋税，因为这样一来，由于国家财富被认定为不是国君的私有物而是国有财产，国王本身便不再有自己的东西了；至于普鲁士公民亦同，不论身体和财产，都不再属于他们自己所有，全体臣民都是法定农奴，因为他们不得逃避对国家的服务。”

补充（国家的理念）　自在自为的国家就是伦理性的整体，是自由的现实化；而自由之成为现实乃是理性的绝对目的。国家是在地上的精神，这种精神在世界上有意识地使自身成为实在，至于在自然界中，精神只是作为它的别物，作为蛰伏精神而获得实现。只有当它现存于意识中而知道自身是实存的对象时，它才是国家。在谈到自由时，不应从单一性、单一的自我意识出发，而必须单从自我意识的本质出发，因为无论人知道与否，这个本质是作为独立的力量而使自己成为实在的，在这种独立的力量中，个别的人只是些环节罢了。神自身在地上的行进，这就是国家。国家的根据就是作为意志而实现自己的理性的力量。在谈到国家的理念时，不应注意到特殊国家或特殊制度，而应该考察理念，这种现实的神本身。根据某些原则，每个国家都可被指出是不好的，都可被找到有这种或那种缺陷，但是国家，尤其现代发达的国家，在自身中总含有它存在的本质的环节。但是因为找岔子要比理解

除了所有这些不可思议的粗草东西以外，我们还可找到他的一种最滑稽的感触。哈勒先生描写，他对自己的发现兴高采烈，难以笔述（第一卷，前言）。“这样一种欢乐，只有爱真理的朋友，当他苦心研究之后，确信他仿佛（真对啊，仿佛！）找到自然界的主意、神本身的语言时，才能感觉到”。（其实，神的语言把它所启示的东西与自然界和自然人的主意，区别得十分明显。）他又描写说：“他是怎样地在拍案惊叹中几乎晕倒，欢乐的眼泪是怎样地夺眶而出，生气勃勃的宗教心又怎样地从今起在他心里油然而生。”其实，哈勒先生本于宗教心，也就是神的最严峻的刑庭，应当痛哭流涕，因为人所能遭到的最严峻的刑罚，莫过于跟思维和合理性这样地远离，对法律这样地不尊敬，又对于国家的义务和公民的权利以及国家的权利和公民的义务都由法律来规定是多么重要和神圣的这一点，这样地忽视，竟致把荒诞的东西来偷换神的语言。

肯定的东西容易，所以人们容易陷入错误，只注意国家的个别方面，而忘掉国家本身的内在机体。国家不是艺术品；它立足于地上，从而立足在任性、偶然事件和错误等的领域中，恶劣的行为可以在许多方面破损国家的形象。但是最丑恶的人，如罪犯、病人、残废者，毕竟是个活人。尽管有缺陷，肯定的东西，即生命，依然绵延着。这个肯定的东西就是这里所要谈的东西。

第 259 节

国家的理念具有：

（一）直接现实性，它是作为内部关系中的机体来说的个别国家——国家制度或国家法；

（二）它推移到个别国家对其他国家的关系——国际法；

（三）它是普遍理念，是作为类和作为对抗个别国家的绝对权力——这是精神，它在世界历史的过程中给自己以它的现实性。

补充（在独立状态中的个别国家）　在现实中的国家本质上是个别国家，不仅如此，它是特殊国家。个别性与特殊性有别，个别性是国家理念本身的一个环节，至于特殊性则是属于历史的。国家本身各自独立，它们之间的关系只能是一种外部关系，所以必须有第三者在它们之上，并把它们联系起来。现在这个第三者就是精神，它在世界历史中给自己以现实性，并且是凌驾于国家之上的绝对裁判官。诚然，好几个国家可以结成联盟，并成立仿佛一个法院，而对其他国家行使其管辖权；也可能出现国家联盟，例如神圣同盟；但是这些联盟像永久和平[①]一样始终是相对的和局限的。永远肯定自己以对抗特殊物的唯一绝对裁判官，就是绝对精神，它在世界历史中表现为普遍物和起着作用的类。

第一　国家法

第260节

国家是具体自由的现实；但具体自由在于，个人的单一性及其特殊利益不但获得它们的完全发展，以及它们的权利获得明白承认(如在家庭和市民社会的领域中那样)，而且一方面通过自身过渡到普遍物的利益，另一方面它们认识和希求普遍物，甚至承认普遍物作为它们自己实体性的精神，并把普遍物作为它们的最终目的而进行活动。其结果，普遍物既不能没有特殊利益、知识和意志而发生效力并达至完成，人也不仅作为私人和为了本身目的而生活，因为人没有不同时对普遍物和为普遍物而希求，没有不自觉地为达成这一普遍物的目的而活动。现代国家的原则具有这样一种惊人的力量和深度，即它使主观性的原则完美起来，成为独立的个人特殊性的极端，而同时又使它回复到实体性的统一，于是在主观性的原则本身中保存着这个统一。

补充(现代国家)　在现代，国家的理念具有一种特质，即国家是自由依据意志的概念，即依据它的普遍性和神圣性而不

① 参阅本书第324节和第333节。——译者

是依据主观偏好的现实化。在不成熟的国家里，国家的概念还被蒙蔽着，而且它的特殊规定还没有达到自由的独立性。在古典的古代国家中，普遍性已经出现，但是特殊性还没有解除束缚而获得自由，它也没有回复到普遍性，即回复到整体的普遍目的。现代国家的本质在于，普遍物是同特殊性的完全自由和私人福利相结合的，所以家庭和市民社会的利益必须集中于国家；但是，目的的普遍性如果没有特殊性自己的知识和意志——特殊性的权利必须予以保持，——就不能向前迈进。所以普遍物必须予以促进，但是另一方面主观性也必须得到充分而活泼的发展。只有在这两个环节都保持着它们的力量时，国家才能被看作一个肢体健全的和真正有组织的国家。

第 261 节

对私权和私人福利，即对家庭和市民社会这两个领域来说，国家一方面是外在必然性和它们的最高权力，它们的法规和利益都从属于这种权力的本性，并依存于这种权力；但是，另一方面，国家又是它们的内在目的，国家的力量在于它的普遍的最终目的和个人的特殊利益的统一，即个人对国家尽多少义务，同时也就享有多少权利（第 155 节）。

附释　上面第 3 节附释已经指出，主要是孟德斯鸠在他的名著《法意》中注意到、并企图详明地阐述关于私法也是依存于一定的国家性质的思想，并提出了部分只有从它对整体的关系中去考察这一哲学观点。因为义务首先是我对于某种在我看来是实体性的、是绝对普遍的东西的关系；权利则相反，它总是这种实体性的东西的定在，因而也是它的特殊性和个人的特殊自由的方面，所以这两个要素在形式发展的阶段上，是被分配在不同的方面或不同的人身上的。国家是伦理性的东西，是实体性的东西和特殊的东西的相互渗透，因此，在国家中，我对实体性的东西所负的义务同时是我的特殊自由的定在，这就是说，在国家中义务和权利是结合在同一的关系中的。但是其次，同时因为在国家中，不同的环节达到它们独特的形态和实在性，从而又因为权利和义务的差别重新在这里出现，所以它们一方面是自在地同一的，即在形式上是同一的，同时在内容上即各不相同。在私法和道德的领域，缺乏权利和义务彼此之间关系的现实必然性，因此只存在着在内容上抽象的等同，即在这些抽象领域中，如果对一个人说来是权利，对别人说来也应该是权利，对一个人说来是义务，对别人说来也应该是义务。权利和义务的那种绝对同一，只是在内容上的等同，即在规定上这个内容本身是完全普遍的，是义务和权利的唯一原则，即人类人身自由的原则。因此之故，奴隶没有任何义务，因为他们没有任何权利，反之亦同（这里姑且不谈宗教上的义务问题）。

但是在具体的、在自身中发展着的理念中，它的各个环节发生了差别，同时它们的规定性也成为不同的内容。在家庭中，儿子对父亲所享有的权利，其内容与其所应尽的义务是不相同的，而公民对国君和政府所享有的权利，其内容也跟他们所应尽的义务不同。

权利与义务相结合那种概念是最重要规定之一，并且是国家内在力量之所在。

义务的抽象方面死抱住一点，即忽视并排斥特殊利益，认为它不是本质的，甚至是无价值的环节。具体的考察，即理念，表明特殊性的环节同样是本质的，从而它的满足是无条件地必要的。个人无论采取任何方式履行他的义务，他必须同时找到他自己的利益，和他的满足或打算。本于他在国家中的地位，他的权利必然产生，由于这种权利，普遍事物就成为他自己的特殊事物。其实，特殊利益不应该被搁置一边，或竟受到压制，而应同普遍物符合一致，使它本身和普遍物都被保存着。个人从他的义务说是受人制服的，但在履行义务中，他作为公民，其人身和财产得到了保护，他的特殊福利得到了照顾，他的实体性的本质得到了满足，他并且找到了成为这一整体的成员的意识和自尊感；就在这样地完成义务以作为对国家的效劳和职务时，他保持了他的生命和生活。从义务的抽象方面说，普遍物的利益仅仅在于把它所要求他的职务和效劳作为义务来完成。

补充（作为主观自由现实化的国家）　在国家中，一切系于普遍性和特殊性的统一。在古代国家，主观目的同国家的意志是完全一致的。在现代则相反，我们要求自己的观点，自己的意志和良心。古人没有这些东西——就其现代意义而言；对他们说来，最终的东西是国家的意志。在亚洲君主专制的统治下，个人在自身中没有内心生活也没有权能，至于在现代国家中人要求他的内心生活受到尊敬。义务与权利的结合具有两个方面：国家所要求于个人的义务，也直接就是个人的权利，因为国家无非就是自由的概念的组织。个人意志的规定通过国家达到了客观定在，而且通过国家初次达到它的真理和现实化。国家是达到特殊目的和福利的唯一条件。

第 262 节

现实的理念，即精神，把自己分为自己概念的两个理想性的领域，分为家庭和市民社会，即分为自己的有限性的两个领域，目的是要超出这两个领域的理想性而成为自为的无限的现实精神，于是这种精神便把自己这种有限的现实性的材料分配给上述两个领域，把所有的个人当做群体来分配，这样，对于单个人来说，这种分配就是以情势、任性和本身使命的亲自选择为中介的（第 185 节以及附释）。

补充（职业选择的自由）　在柏拉图的《理想国》中，主观自由还没有被承认，因为个人的职务是由官府来分配的。在许多东方的国家，这种分配决定于出生。但是必须得到重视的主观自由要求个人进行自由选择。

第 263 节

在精神的两个环节即单一性和特殊性有其直接的和反思的实在性的这些领域中，精神显现为映现在它们中的客观普遍性，显现为必然性中的理性东西的力量（第 184 节），即显现为前面仔细研究过的那些制度。

补充（国家对家庭和对市民社会的关系）　国家作为精神把自己分为它的概念的特殊规定、它的存在方式的特殊规定。

这里我们可以借用一个自然界的例子。神经系统是真正的感觉系统。它是抽象的环节，即存在于它自身那里，而具有与它本身同一的那个环节。但是现在对感觉的分析呈现出两个方面，它是这样划分的，即每一面都显得就是整个系统。第一是抽象的感触，保持在自身那里，在自身中的迟钝运动，生殖，内部的自身营养，成长和消化。第二个环节是：这个在它自己身边的存在，具有对自身差别的环节，即外向运动。这就是感受刺激性，感觉的外向运动。这构成一个特有的系统，并且有些低级动物只发展了这个系统，而在自身中缺乏感觉的有灵性的统一。如果我们把这些自然的关系同精神的关系相对比，那么家庭可比之于感受性，市民社会可比之于感受刺激性。至于第三者即国家是自为的神经系统，它自身是有组织的；但它只有在两个环节，即家庭和市民社会，都在它内部获得发展时，才是有生气的。调整家庭和市民社会的规律，是映现在它们中的理性东西的制度。但是这些制度的根据和最后真理是精神，它是它们的普遍目的和被知道的对象。家庭也是伦理性的，只是它的目的没有被知道而已；至于在市民社会中，人的分立乃是起规定作用的东西。

第 264 节

构成群众的个人本身是精神的存在物，所以本身便包含着各是一个极端的双重要素，即具有自为的认识、自为的希求的单一性和认识实体、希求实体的普遍性。因而个人就能够获得这两方面的权利，既然他们无论作为个别的人或作为实体性的人都是现实的，这样一来，他们在这两个领域中既能直接达到前一方面，又能间接达到后一方面，达到前一方面的手段是：在各种制度中，即在潜在于个人特殊利益的普遍物中获得自己的本质的自我意识；达到后一方面的手段是：这些制度在同业公会的范围内给他们以实现普遍目的的职业和活动机会。

第 265 节

这些法规构成特殊领域中的国家制度，即发展了和实现了的合理性，因此它们就构成巩固的国家基础，以及个人对国家的信任和忠诚的基础；它们是公共自由的支柱，因为在这些制度中特殊自由是实现了的和合乎理性的，所以它们本身就是自由和必然性的结合。

补充（国家的目的）　前面已经指出，婚姻的神圣性和市民社会在其中表现为伦理性的那些制度，构成整体的稳定性，这就是说，普遍物同时就是每个人作为特殊物的事业。重要的是，理性的规律和特殊自由的规律必须相互渗透，以及个人的特殊目的必须同普遍目的同一，否则国家就等于空中楼阁。个人的自信构成国家的现实性，个人目的与普遍目的这双方面的同一则构成国家的稳定性。人们常说，国家的目的在谋公民的幸福。这当然是真确的。如果一切对他们说来不妙，他们的主观目的得不到满足，又如果他们看不到国家本身是这种满足的中介，那么国家就会站不住脚的。

第 266 节

但是，精神本身不仅作为这种必然性和现象王国，而且作为这种必然性的理想性和实在内容，都是客观的和现实的；由此可见，这种实体性的普遍性是自为的对象和目的，因此，上述的必然性同样存在于自由的形态中。

第 267 节

理想性中的必然性就是理念内部自身的发展；作为主观的实体性，这种必然性是政治情绪；作为客观的实体性则不同，它是国家的机体，即真正的政治国家和国家制度

补充（作为制度的国家）　希求自身和认识自身的自由的统一首先作为必然性而存在。在这里，实体性的东西现在是作为个人的主观实存而存在。但是必然性的另一方式是机体，这就是说，精神是在自身中的过程，它在自身中组织起来，在自身中设定差别，通过这些差别而完成它的圆形运动。

第 268 节

政治情绪，即爱国心本身，作为从真理中获得的信念（纯粹主观信念不是从真理中产生出来的，它仅仅是意见）和已经成为习惯的意向，只是国家中的各种现存制度的结果，因为在国家中实际上存在着合理性，它在根据这些制度所进行的活动中表现出来。——这种政治情绪一般说来就是一种信任（它能转化为或多或少地发展了的见解），是这样一种意识：我的实体性的和特殊的利益包含和保存在把我当做单个的人来对待的他物（这里就是国家）的利益和目的中，因此这个他物对我来说就根本不是他物。我有了这种意识就自由了。

附释　爱国心往常只是指作出非常的牺牲和行动的那种志愿而言。但是本质上它是一种情绪，这种情绪在通常情况和日常生活关系中，惯于把共同体看做实体性的基础和目的。在日常生活经历的一切情况中获得证实的这种意识，随后就成为作出非常努力的那种志愿赖以产生的根据。但是因为人常常宁可忠勇而不愿依法，所以他们容易说服自己，以为自己既具有那种非常爱国心，便可不需要这种真实情绪，或因缺乏这种真实情绪而原谅自己。

其次，如果把这种爱国情绪看做这样的东西：它可以自行开端，并且可以从主观观念和主观思想中产生出来，那么它就会同意见混淆起来，因为根据这种见解，爱国情绪缺乏真实根据或客观实在性。

补充（对国家的情绪）　没有教养的人喜欢论辩，好找岔子，因为找岔子容易，而认识好的东西及其内在必然性是困难的。初受教养的人总是从找岔子着手，但是受到了完全教养的人在每一事物中看得到肯定的东西。在宗教方面，也同样容易挑剔这个或那个是迷信，但是要理解迷信中的真理，那是无限困难的事。所以表现在外的政治情绪应与人所真实希求的有别；他们内心真正希求这个事物，但是他们坚持细节，并好虚荣而希求了解得更好。人都具有这种信念：国家必须维持下去，只有在国家中特殊利益才能成立。但是习惯使我们见不到我们整个实存所依赖的东西。当有人夜里在街上安全地行走时，他不会想到可能变成别的样子，因为安全的习惯已经成为第二本性，人们确不反思，这正是特殊制度的作用。一般的看法常以为国家由于权力才能维持。其实，需要秩序的基本感情是唯一维护国家的东西，而这种感情乃是每个人都有的。

第 269 节

政治情绪从国家机体各个不同的方面取得自己特定的内容。这一机体就是理念向它的各种差别的客观现实性发展的结果。由此可见，这些被划分的不同方面就是各种不同的权力及其职能和活动领域，通过它们，普遍物不断地（因为这些差别是概念的本性规定的）、合乎必然性地创造着自己，又因为这一普遍物也是自己的创造活动的前提，所以也就保存着自己。这种机体就是政治制度。

补充（国家的机体）　国家是机体，这就是说，它是理念向它的各种差别的发展。这些不同方面就是各种不同的权力及其职能和活动领域，通过它们，普遍物不断地、合乎必然性地创造着自己，又因为这一普遍物正是自己的创造活动的前提，所以也就保存着自己。这种机体就是政治制度。它永远导源于国家，而国家也通过它而保存着自己。如果双方脱节分离，而机体的各个不同方面也都成为自由散漫，那么政治制度所创造的统一不再是稳固的了。这正与胃和其他器官的寓言相合。机体的本性是这样的：如果所有部分不趋于同一，如果其中一部分闹独立，全部必致崩溃。用各种谓语和基本原理等等来评断国家，那是无法做好工作的，国家必须被理解为机体。同样，关于神的本性也无法用谓语来表白，我们毋宁在它的生活本身中默察它的生活。

第 270 节

国家的目的就是普遍的利益本身，而这种普遍利益又包含着特殊的利益，它是特殊利益的实体，这一情况是(1)国家的抽象的现实性或国家的实体性；但是它是(2)国家的必然性，因为它在概念中把自己分为国家活动领域的各种差别，这些差别由于这一实体性也就形成了现实的巩固的规定——各种权力；(3)但是这种实体性就是精神，就是受过教养并且正在认识自身和希求自身的精神。因此国家知道它希求什么，知道在它的普遍性中作为被思考的东西的自己希求的对象；因此，国家是依照那已被意识到的目的和认识了的基本原理并且是根据那不只是自在的而且是被意识到的规律而行动的；又因为国家活动的对象是现存的环境和关系，所以它是根据对它们的一定认识而行动的。

附释　这里正是谈论国家对宗教的关系的适当场合，因为近年来常常有人反复地说宗教是国家的基础，又因为作出这种主张的人妄以为国家学尽在于此。可是再没有一种主张比这一种更适宜于制造这么多的混乱，甚至把混乱提高到国家制度，提高到认识所应具有的形式了。首先，有一种说法看来是可疑的，说宗教主要是在公共灾难、动乱和压迫的时代为人们所追求和提出的，人们指望从宗教中得到慰藉，以解除其所遭冤屈之痛苦，或得到希望，以补偿其所受的损失。其次，如果认为宗教劝告反对尘世利益，漠视现实界中的事态过程和当前事务，而国家则是在地上的精神，那么依赖宗教看来不适宜于把国家的利益和事务提高到本质的重大目的；相反地，它会把国家的一切统治管理行为都说成无足轻重的任性事物;这可能是人们在想象激情和非法暴力等等的目的在国家中占据统治地位时所用的语言,否则这种对宗教的依赖就是要想独步天下,并要求制定和执行法律。如果说被压迫者在宗教中找到了安慰之后就会捐弃对暴政的一切反感,这会被看做一种讥诮;同时,也不应忘记宗教可能采取一种形式,使人们受到迷信桎梏的最残酷的束缚,使人类堕落到低于动物(例如埃及人和印度人就把动物看做比人类高一等的生物来崇敬的)。这种现象至少可以促使人们注意,不应笼统地谈论宗教,相反地,倒是需要一种挽救的力量来反对某种形态的宗教,而这种力量是维护理性的和自我意识的权利的。

但是宗教和国家之间关系的本质,只有在回想到宗教的概念时才能加以规定。宗教以绝对真理为其内容,所以最高尚的情绪就是宗教情绪。作为直观、感情、表象式的认识,宗教集中其事务于上帝,上帝是不受限制的原理和原因,是万物之所系,所以宗教要求万物都被放在这一关系上来理解,并在这一关系中获得它们的确认、论证和证实。国家和法律以及义务,对意识说来,就在这种关系中获得了最高的证明和最高的拘束力,其实,甚至国家、法律以及义务在它们的现实中都是被规定了的东西,它是向更高的领域即向它的基础推移的(见《哲学全书》,第 453 节[①])。正因为如此,所以在宗教中有着这样的场地,它使人们在一切变幻中和在现实的目的、利

① 第 3 版,第 553 节和第 554 节。　　拉松版

益、财产的消逝丧失中，意识到不变的东西、最高的自由和满足。[①] 现在，如果宗教就这样构成了基础，其中含有一般伦理性的东西，更正确些说，含有作为神的意志的国家本性，那么，它同时只是基础罢了，这是它的本来面目。就在这里，国家和宗教开始分道扬镳。国家是神的意志，也就是当前的、开展成为世界的现实形态和组织的地上的精神。

那些只抓住宗教的形式来对抗国家的人，其对待问题的态度，正像有些人一样，在认识上始终只停留在本质上，而不愿意从这种抽象前进以达到定在，他们还以为这样做是正确的，或者像另一些人（见上述第 140 节附释）一样，只希求抽象的善，而听凭任性去规定什么是善的事物。宗教是对绝对物的关系，这种关系采取感情、表象、信仰等形式，在宗教包罗万象的范围内，一切都只是偶然的、转瞬即逝。如果在对国家的关系上也坚持这种形式，以为对国家说来这种形式是本质上规定者和有效的东西，那么国家，作为已经发展成为具有巩固地存在着的各种权力和规章制度的机体，将陷于动荡不安和分崩离析。拿宗教的形式——这种形式把一切被规定的东西遮盖起来，因而就成为主观的东西——来说，客观的和普遍的

① 宗教如同认识和科学一样，以具有不同于国家的独特形式为其原则，因此，它们出现在国家中，一方面，是作为教育和思想的手段，另一方面，由于它们本质上是自身目的，从这方面说来，它们是具有外部定在的。国家的原理在适用上对这两个方面都有关系。在一部有关国家的完备而具体的论著中，必须同时考察以上那些领域，以及文艺、纯粹自然关系和其他等等在国家中所处的关系和所具有的地位。但本书所论述的，仅以在它的特殊领域中根据它的理念来阐述的那种国家原理为限，所以关于其他领域的原理以及国家的法对它们的适用，只能附带论及。

东西，即法律，将不是被规定为固定的和有效的，而是获得了否定的东西的性质，其对人类行为所发生的后果是：法律不是对公正的人制定的；你只要虔诚，你就可以做你愿意做的一切事情。你可以听从你自己的任性和激情的摆布，如果别人因而受到冤屈，就指示他们向宗教求得慰藉和希望，或竟唾弃他们并谴责他们为无信仰的人。但是因为这种否定的态度不仅限于一种内在情绪和观点，而且还可转向现实并在现实中肯定自己，所以就产生宗教狂热，它像政治狂热一样，排斥一切国家设施和法律秩序，认为它们是一些界限，拘束着内心生活和不适合心情的无限性的，同时它排斥私有制、婚姻、市民社会中的关系和劳动以及其他等等，认为它们对爱和对感情的自由一无价值，可是对于现实生活和行动无论如何必须作出决定，所以就产生一种情况，与一般意志的主观性认识自己为绝对者时相同（第 140 节），即人们依据主观观念——意见和任性的偏好——来决定。

但是，同蒙蔽在感情和表象的主观性中的这种真的东西来比，真的东西是从内到外、从理性的想象到实在性的巨大跃进，全部世界历史就在从事这一工作，并且通过这种工作，有教化的人类获得了合理定在，即国家制度和法律的现实以及对它们的意识。那些求神拜佛和确信一切都直接存在于他们未经教养从而未达于成熟的意见中的人，对这项工作，即把他们的主观性提高到对真理的认识以及提高到对客观权利和义务的知识，不感兴趣，因此从他们那里所能得到的，只是对一切伦理关系的破坏，愚昧无知和灭绝天理。以上种种乃是宗教情绪专拘泥于它的形式、因而反对现实和反对存在于普遍物即法律形式中的真理、所必然产生的结果。毕竟这种情绪不是必然会这样前进实现的。从它的消极观点说，它诚然可以保持为一种内部的东西，适应着规章制度，并默认屈服而叹息或忍受藐视而静待。在现代，宗教心被搞成一种论战式的虔诚，不论这种论战同一种真的需要或是仅仅同未获满足的虚荣相联系的都好，总之这不是力量而是软弱的表现。人们不下一番研究工夫来克制自己的意见和培养自己的意志使受纪律的支配，并由此把它提高到自愿服从，而竟找最便宜的做法，即放弃对客观真理的认识。照这种做法，他们可以保持沮丧抑郁的心境连同傲慢自负的态度，并主张手边已有虔信方面的一切条件，来洞察国家制度和法律的本性，作出鉴定，并指陈它们应该和必须具有的性状；因为这是出于一颗至诚虔敬的心，所以是不可能错误和无可訾议的。一切意图和主张既然都以宗教为其基础，就不能以为它们肤浅或不正直而加以指责。

但是宗教如果是真实的宗教，就不会对国家采取否定和论战的方向，而会承认国家并予以支持；此外它还具有独立的地位和表现。它的教化事业在于仪式和教义，为此它需要地产和财产，同样也需要立志为教会服务的人，因此就发生国家和教会之间的关系。这一关系的规定是简单的。依据事物的本性，国家应全力支持和保护教会使达成其宗教目的，这在它乃是履行一种义务；又因为宗教是在人的内心深处保证国家完整统一的因素，所以国家更应要求它的所有公民都加入教会，并且不论哪一个教会，因为其内容既然是与观念的深处相关，所以不是国家所能干预的。一个组织完善的国家，从而是个强国，在这方面可以表示更宽大些，对触及国家的一切细枝末节可以完全不问，甚至可以容忍那些根据宗教理由而竟不承认对国家负有直接义务的教会（当然这要看数量而定）；这是因为国家已把这些教会成员交给市民社会使受其规律的约束，国家自己就满足于他们用消极的办法（好比用交换或代替的办法）来完成对它的直接义务[1]。

但是因为教会拥有**财物**，又奉行礼拜的**仪式**，因而有供职人员，它就从内心生活而进入尘世，从而进入国家的领域，这

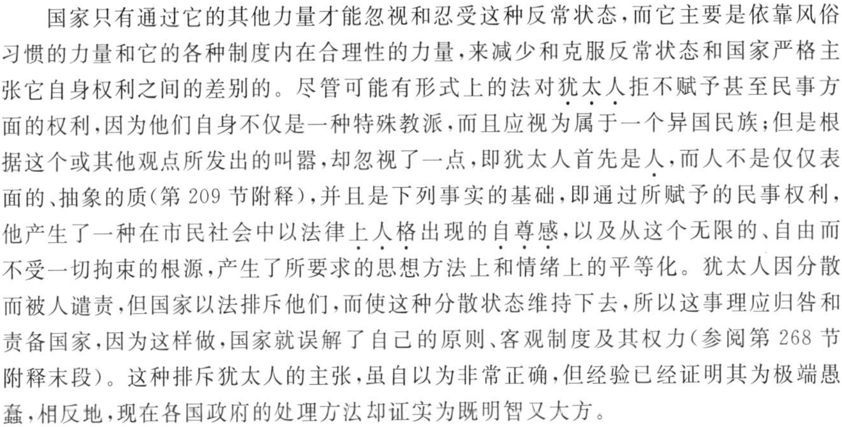

① 教友派的教徒和再洗礼论者等等可以说仅仅是市民社会的积极成员；作为私人，他们与别人处于纯粹私人交往中，甚至在这种情况下他们也可免于宣誓。他们以消极的方式完成对国家的直接义务。其中最重要义务之一，即保卫国家免受敌人攻击这一点，是他们率直地加以拒绝的，这里可以允许他们提供别种给付作为交换。对于诸如此类的教派说来，国家才真正是**宽容**的；其实，他们既然不承认对国家所应履行的义务，他们自无权主张为国家的成员。从前有过这么一回事，当美国国会竭力推动废除贩运黑奴时，南方某州的一个议员确切中肯地答复说："承认我们的黑奴，我们承认你们的教友派教徒。"

国家只有通过它的其他力量才能忽视和忍受这种反常状态，而它主要是依靠风俗习惯的力量和它的各种制度内在合理性的力量，来减少和克服反常状态和国家严格主张它自身权利之间的差别的。尽管可能有形式上的法对**犹太人**拒不赋予甚至民事方面的权利，因为他们自身不仅是一种特殊教派，而且应视为属于一个异国民族；但是根据这个或其他观点所发出的叫嚣，却忽视了一点，即犹太人首先是**人**，而人不是仅仅表面的、抽象的质（第 209 节附释），并且是下列事实的基础，即通过所赋予的民事权利，他产生了一种在市民社会中以法律上**人格**出现的**自尊感**，以及从这个无限的、自由而不受一切拘束的根源，产生了所要求的思想方法上和情绪上的平等化。犹太人因分散而被人遣责，但国家以法排斥他们，而使这种分散状态维持下去，所以这事理应归咎和责备国家，因为这样做，国家就误解了自己的原则、客观制度及其权力（参阅第 268 节附释末段）。这种排斥犹太人的主张，虽自以为非常正确，但经验已经证明其为极端愚蠢，相反地，现在各国政府的处理方法却证实为既明智又大方。

样一来，它就直接受治于国家法律。宣誓和一般伦理性的东西，正如婚姻关系一样，引起情绪的内在渗透和提高，这种情绪的内在渗透和提高通过宗教而获得最深刻的证实。由于伦理关系本质上是现实合理性的秩序中的关系，所以，首先应该在这个秩序中肯定的是这个秩序所含有的法。随后这些法所得到的教会方面的证实，只是属于事情内部的、比较抽象的方面。

关于来自教会的其他表现，内比外占优势，这在礼拜仪式和与之有联系的其他行动上——其中法的方面本身至少马上显得是国家的事——如此，其在教义上尤其如此。（诚然，教会也曾主张其服务人员和财物免受国家权力的管辖，它们甚至越俎代庖，而对非教徒就宗教所与闻的事件，例如离婚事件、宣誓事件以及其他等等，行使其管辖权。）

警察方面对这些行动的监督，其范围当然是不确定的，这是由于公共权力监督的本性使然，即使对其他完全民事行为来说它也是如此的（见上述第 234 节）。具有共同宗教信仰的人一旦合成一个教会或同业公会，它就受到国家最高警察权的一般监督。

但是教义本身则在良心中具有它的领域，它属于自我意识的主观自由的权利范围，即内心生活的范围，这样一个范围本身不构成国家的领域。可是国家也有一个教义，因为它的设施，它的一般法律价值和国家制度等等本质上都是采取作为法律的思想的形式而存在的。因为国家不是机械式的构造，而是具有自我意识的那种自由的合理的生活，伦理世界的体系，所以情绪和对包含在这种情绪中的原则的意识，就成为现实国家中的一个本质的环节。再者，教会的教义不仅是良心内部的事，作为教义它倒是一种外部表达，同时是一种内容的表达，而这种内容是跟伦理原则和国家法律最紧密地联系在一起，甚或直接牵涉到它们的。国家和教会或直接汇合或背道而驰的情形就发生在这里。这两个领域的差异会被教会推进到尖锐对立的地步，它会认为自身包含着宗教的绝对内容，而把一般精神的东西、从而把伦理性的要素视为它的一部，把国家则看做借以达到非精神的外部目的的机械式的脚手架；它又会自以为是神的王国，或至少限度是天国的进阶和前院，而把国家看做尘世王国，即空幻的有限的王国；因而它又会认为自身是目的，而把国家看做仅仅是手段。因此在传播教义方面就提出了跟这种企图相联系的要求，即国家不仅应当保证教会在这方面的完全自由，而且应当无条件地尊重传教本身，不问其性质如何，因为只有教会才有权作出这种规定。教会之提出这种要求，乃是根据扩大的理由，即一般精神要素是它的所有物。殊不知一般科学和各种知识也同样属于这一领域，并且和教会一样，其本身构成一个整体，具有独特的原理，于是也可以视为自己具有教会所要求的那种地位，何况它比教会具有更充分的理由。这样一来，科学也可以要求脱离国家而独立，而把自身看做仿佛是目的，把国家看做为科学服务的手段。

此外，对国家和宗教这一关系说来，下面的情况是无足轻重的，即无论教主和献身于教会事业的人被驱使过着 种与

国家隔绝的生活，因此仅仅其他成员受国家的支配，或者他们留在国家内部，而他们宗教的身份则除外（这种身份他们认为是他们生活的一个方面），无论前一种或后一种情形，都是无足轻重的。首先必须注意，这样一种关系是与国家的观念相联系的，依照这种观念，国家的使命在于保护与保全每个人的生命、财产和任性，但以不损害别人的生命、财产与任性为限，所以国家只被视为消除急难而成立的组织。这样来，更高的精神要素，自在自为的真理的要素，就这样地作为主观宗教心或理论科学而被安置在国家的彼岸，而国家则作为自在自为的俗物，唯有尊敬这个要素，于是乎它的真正伦理性的东西就完全丧失了。历史上有过野蛮的时代和状态，一切更高的精神东西都集中于教堂，而国家只是依据暴力、任性和激情的尘世统治，又那时，国家和宗教的那种抽象对立才是现实界的主要原则（见第 358 节[①]）。这些当然都应归入历史。但如果指说这种情况才真实地符合理念，那样一种处理办法是太盲目和肤浅了。这一理念的发展毋宁证实下面一点才是真理：作为自由而合乎理性的那精神是自在地伦理性的，而真实的理念是现实的合理性，正是这个合理性才是作为国家而存在的。又这个理念同样很清楚地指出，理念中的伦理性的真理，对能思维的意识说来，是作为经加工而具有普遍性的形式的那种内容——即作为法律——而存在的。一般说来，国家知道自己的目的，它具有确定的意识，并依照基本原理来认识和实现

① 诺克斯的英译本指为第 359 节。——译者

这些目的。然而，诚如上面所说，宗教是以真的东西、但只是作为一种现成的内容为其普遍对象，这种内容的基本规定不是通过思维和概念而被认识的。同样，个人对这一对象的关系是一种以权威为基础的义务，至于他本身的精神和心的证人，作为在其中包含着自由这一环节的东西，乃是信仰和感觉。唯有哲学洞察才认识到教会和国家都以真理和合理性为内容，它们在内容上并不对立，而只是在形式上各有不同。因此，当教会着手传播教义时（过去和现在都有着一些教会，它们只讲究礼拜，另有一些则以礼拜为主而以教义和更有教养的意识为次），又当它的教义触及客观原理以及伦理性东西和理性东西的思想时，就在这种表达中教会直接过渡到国家的领域。拿国家来同教会在伦理性的东西、法、法律、制度等问题上的信仰和权威相比，同教会的主观信念相比，国家倒是认识的主体：根据它的原则，它的内容本质上不再采取感情和信仰的形式，而是特定的思想。如果自在自为地存在的内容采取宗教的形态而表现为特殊内容，即教会——宗教团体——的独特的教义，那么，这些教义仍属于国家领域之外（新教没有专掌教义的僧侣，因为新教根本无教士与非教士之别）。由于一般的伦理原理和国家秩序被引申到宗教的领域中去——它们不仅可以而且应该同宗教的领域发生关系，——所以这一关系就给国家本身以宗教上的认证，这是一方面。另一方面，国家依然保持着自我意识即客观合理性的权利和形式，它有权使这种形式发生效力，并肯定这种形式以对抗从主观形态的真理中所产生的主张，不问这些主张是如何地用确信的

东西和权威把自己围绕起来。由于国家在形式上是普遍物，而这种形式的原则本质上是思想，所以结果是：思想自由和科学自由都源出于国家（相反地，倒是一个教会把乔尔丹诺·布鲁诺活活烧死，又因为伽利略阐述了哥白尼的太阳系学说，乃逼迫他跪下求赦，如此等等[①]）。因此，科学也在国家的一边有它的地位，其实，它具有与国家相同的形式上要素，它以认识为其目的，而且是对被思考的客观真理和合理性的认识。能思考的认识当然也可能从科学的水平下降到意见和演绎推论，并且在把注意力转向伦理论题和国家组织的同时，使自己

① 拉普拉斯著《谈谈宇宙的体系》，第5篇，第4章——“伽利略（借助于望远镜）在获得了新的发现（金星的光的形态等等）并予公布时，他说明这些发现确凿地证明了地球是运转的。但这个运转的观念被一次红衣主教会议宣布为异端邪说，而这个观念的最著名辩护人伽利略被宗教法庭传讯，并被迫撤回这个观念，免遭重大牢狱之灾。一个有天才的人对真理的热情是最强烈的热情之一。

伽利略通过他亲身的观察，对地球的运转具有确信，他在一个很长时期考虑写作一部新的论著，要把一切有利证明在其中详加阐明。但是同时为了避免受到追诉——他险些成了追诉的牺牲者，——他选择了这样的传达方式，即用了个人的对话来阐明这些证明。我们很清楚地看到，有利的一方是属于哥白尼宇宙系辩护人的那一方。但是伽利略既没有在对话人中间作出决定，而且还尽量给予托莱米派所提出的异议以极大的分量。他原可期望安享残年，不受干扰，何况他的高龄和工作都应该使他享有这种权利的，可是在他七十岁那年，他又一次被宗教法庭传讯，系于狱中，并被迫第二次撤回他的意见；不然的话，他就要作为邪说重犯者而被处规定的刑罚。他被迫在否认的誓词上签字，措辞如下：‘本人名伽利略，年70岁，亲自到法庭，双膝下跪，双目注视神圣福音书，双手按捺书上，并本于正直的心和真实信仰，发誓否认、憎恨、诅咒地球运转的学说，这是不合理的、错误的、异端的学说等等。’看这是怎样一种景象！一位可尊敬的白发老人，以毕生之力从事于自然界的研究，而著有声誉，却下跪发誓，作违背良心的证言，而否认他所确凿证明的真理。宗教法庭终于宣判他有罪，并处以无期徒刑。一年之后，由于佛罗伦萨大公爵的斡旋，他被释放。

他死于1642年。欧洲人士同声哀悼。他的工作成绩照耀着欧洲；可憎恨的法庭对这样一位伟大人物所下的判决引起了全欧洲人士的公愤。”

同它们的基本原则对立起来而发生矛盾。正有些像教会为它自己独特的领域所提出的要求一样，它也妄以为这种意见是理性和主观自我意识的权利，并且主张它在作出意见和建立信念时是自由而不受拘束的。关于这种知识的主观性的原则，前面已经考察过（第 140 节附释）。这里只须指出，一方面，正因为意见只是意见，只是主观内容，从而不问它如何地自恃自负，它本身是没有真实的力量和权力的，所以国家可以对它完全置之不理，正如画家坚持他们颜色版上的三种基本颜色，而不顾书本上说基本颜色有七种的知识。但是，另一方面，当这种有关坏的原则的意见把自己形成为腐蚀现实的一种普遍定在时，国家必须反对它，以保护客观真理和伦理生活的基本原则，尤其如果不受制约的主观性的形式主义想以科学出发点为其基础，竟使国家教育机关转而反对国家，并鼓励它们对国家提出一个像教会那样的要求。同样，当教会要求不受限制的和无条件的权威时，国家面对着这种教会，大体说来，必须主张自我意识对自己的洞察、信念和一般思维——即什么应作为客观真理而有效的这种思维——的形式上权利。

还可以提一提国家与教会的统一，这一问题人们近来谈得很多，并且把它作为最高理想而提出的。如果国家和教会在本质上，即在原则和情绪的真理上，是统一的，那么，有了这种统一之后，它们在意识的形式方面的差别的达到特殊实存，也同样是本质的。在东方专制制度下，可以找到人们时常所希望的那种国家与教会的统一，但是这里没有国家存在，没有表现为法、自由伦理和有机发展的那种自我意识的形态，可是只有这种形态对精神说来才是有价值的。

其次，如果国家作为精神的认识自身的伦理现实而达到定在，那么，它的形式必然与权威和信仰的形式有所区别，而这种区别只有教会在它自身内部达到分立时才会出现。只有这样，国家才超出特殊的教会而达到思想的普遍性，即它的形式上原则，并使这个普遍性达到实存。为了认识这一点，不仅必须知道什么是自在的普遍性，而且必须知道什么是它的实存。因此，如果以为教会的分立对国家说来是或曾经是一种不幸，那是大错特错了；其实只有通过教会的分立，国家才能成为其所规定的东西，即自我意识着的合理性和伦理。并且从教会和思想各自的自由和合理性来说，这是它们所能遭遇到的最幸运的事。

补充（国家和宗教）　国家是现实的，它的现实性在于，整体的利益是在特殊目的中成为实在的。现实性始终是普遍性与特殊性的统一，其中普遍性支分为特殊性，虽然这些特殊性看来是独立的，其实它们都包含在整体中，并且只有在整体中才得到维持。如果这种统一不存在，那种东西就不是现实的，即使它达到实存也好。一个坏的国家是一个仅仅实存着的国家，一个病躯也是实存着的东西，但它没有真实的实在性。一只被砍下来的手看来依旧像一只手，而且实存着，但毕竟不是现实的。真实的现实性就是必然性，凡是现实的东西，在其自身中是必然的。必然性就在于整体被分为概念的各种差别，在于这个被划分的整体具有持久的和巩固的规定性，然而这种规定性又不是僵死的，它在自己的分解过程不断地产生自己。意识和思维本质上是属于一个完善的国家的，因此，国家知道它所希求的是什么，并且知道它就是某种被思考的东西。现在由于知识的场所是在国家中，所以科学的场所也只能在国家中而不是在教会中。但是尽管如此，在现代，人们反复地谈到国家必须从宗教中生长出来。国家是发展了的精神，并在意识的光照下展示它的各个环节。包含在理念中的东西显现而进入客观世界，这一点就使国家表现为有限的东西。所以国家显示自己为尘世的领域，而宗教是无限性的领域。这样一来，国家好像是次要的。又因为有限的东西不能独立存在，所以据说它需要宗教为其基础。凡是有限的东西都是没有权能的，只有通过宗教它才成为神圣的并附属于无限的东西。但是这样考察事物是极端片面的。诚然，国家本质上是尘世的和有限的，它具有特殊目的和特殊权力。但是国家是尘世的这一事实，仅仅是一个方面，也只有对迟钝的知觉说来国家才是纯粹有限的。其实，国家具有一个生动活泼的灵魂，使一切振奋的这个灵魂就是主观性，它制造差别，但另一方面又把它们结合在统一中。在宗教王国也有差别和有限性。据说上帝是三位一体的，所以就有三个规定，而它们的统一才是精神。因此具体地掌握神的本性，也只是指通过差别来掌握它。因此，在神的王国也出现着有限性，正如在尘世王国一样；至于说尘世精神即国家只是一种有限的精神，那是片面的说法，因为现实性绝没有不合乎理性的。当然，一个坏的国家仅仅是尘世的和有限的，但是一个合乎理性的国家自身是无限的。第二，据说国家必须从宗教中获得它的论证。在宗教

中，理念是内心深处的精神，但是，正是这同一理念采取国家的形式而给自己以尘世性，并替自己在知识和意志中获得的定在和现实。现在，如果说国家必须建立在宗教的基础之上，这可能指国家应该以合理性为根据，并导源于合理性。但是，这句话也可以被误解为，如果人的精神受到了一种不自由的宗教的束缚，他就会被训练成为最听话的人。可是基督教是自由的宗教，当然它可能转变，即它如果感染着迷信，就会从自由转向为不自由。又如果这句话的意思是，个人必须具有宗教信仰，使其已受束缚的精神愈加便于受到国家的压制，那么这是坏的含义。又或者意思是，人们应该尊敬国家，尊敬这一整体，而他们是其中的肢体；要做到这点，当然最好是使他们对国家的本质有哲学的洞察；但如果缺乏哲学的洞察，宗教情绪也行，它能导致同样的结果。正因为如此，国家可能需要宗教和信仰。但是国家本质上仍然是与宗教有区别的，因为国家所要求的东西，都是采取法律义务的形态；至于这种义务是出于怎样的心情来完成的，那是无足轻重的。相反地，宗教的园地是内心生活。如果国家要按宗教式样提出要求，它就会危害内心生活的权利；同样，如果教会要像国家那样行动，施加刑罚，它就会蜕变为一种暴虐的宗教。第三点区别是与上述有联系的，即宗教的内容是、而且始终是被蒙蔽着的，因此心情、感觉和表象才是它的地位借以建立的基础。在这个基础上一切都具有主观性的形式；相反地，国家则使自己现实化，并给自己的规定以固定的定在。现在，如果宗教心要在国家中像它惯于在自己基地上那样地主张自己，它就会颠覆国家组织;因为国家的各种不同机关可以在广大范围内各行其素,相反地,在宗教中,一切都关联到整体。现在如果这一整体要掌握国家的一切关系,那它就会成为狂热。要求在每一特殊物中有整体,这只有破坏特殊物才能做到,因为狂热是不让特殊差别自行发展的。当有人表示说:“法律不是对虔敬的人制定的”,这无非就是那种狂热的说法。一旦虔敬心代替了国家,它就不能容忍被规定下来的东西而要把它毁灭。同样与这一点相结合的是:虔敬心听从良知和内心去决定,而不由根据来规定。这种内在性不会发展成为根据,也不会对自己说明任何理由。因此,如果虔敬心被算做国家的现实,那么一切法律都将被推翻,而主观感情就成为立法者。这种感情可能是赤裸裸的任性,究竟是否如此,唯有从行动中才能识别。但是这些行动由于成为行动和戒律就采取了法律的形态,这恰恰与那种主观感情是相抵触的。这种感情的对象是神,而神也可使成为规定者。但是神是普遍理念,它在这种感情中是不确定的东西,这种不确定的东西没有成熟到可以规定在发展了的国家中存在的东西。恰恰是在国家中一切是固定的安全的这一事实,构成了反对任性和独断意见的堡垒。因此,宗教本身不应成为统治者。

第 271 节

政治制度首先是国家组织和国家内部关系中的有机生命过程;在这种关系中,国家把自己区分为自己内部的几个环节,并发展它们,使它们能巩固地存在。

其次，作为个体性的国家是一种排外的单一体，因此，这种单一体要和其他单一体发生关系，从而使自己的差别和外部相适应，并根据这种规定使自己内部的各种差别巩固地存在于它们的理想性中。

补充（文治武功）　正如有生机体的感受刺激性本身从某一方面说来是内在的东西，附属于机体本身的东西，所以在这里，对外的关系也就是对内的趋向。内部的国家本身是文治，对外则是武功，但是这种武功是国家本身中的一个特定的方面。现在，使这两个方面处于均衡状态乃是构成对国家的情绪方面的主要因素。时或像在罗马皇帝和护卫军时代那样，文治完全消灭，而只依赖武功，时或像现代那样，所有公民都有服兵役的义务，此时武功仅仅是文治的产物。

一　内部国家制度本身

第 272 节

只要国家依据概念的本性在本身中区分和规定自己的活动，国家制度就是合乎理性的。结果这些权力中的每一种都自成一个整体，因为每一种权力实际上都包含着其余的环节，而且这些环节（因为它们表现了概念的差别）完整地包含在国家的理想性中并只构成一个单个的整体。

附释　现代关于国家制度，同关于理性本身一样，人们到处空谈不休；在德国，这种空谈尤其乏味，多亏这些人们相信唯有他们——他们甚至把其他一切人等，首先是政府，都排除在外，——对于什么是国家制度才最有了解。他们主张宗教和虔敬心是他们所有这些肤浅思想的基础，因此认为他们的说法具有无可反驳的根据。如果这种喋喋不休的空谈所产生的后果，使具有理性的人不仅对理性、启蒙、法等词，而且对国家制度和自由等词感到厌恶，并使人们对继续参加讨论政治制度问题会感到惭愧，那是不足为奇的。但是至少限度人们可以希望这种嫌恶会发生作用，而使下面的信念变得更为普遍，即对这些问题的哲学认识不可能从抽象推论、目的、根据和功利中，更不可能从心情、爱和灵感中，而只能从概念中产生；同时还可希望那些认为神物无法理解、认为对真理的认识是徒劳无益的人，会感到必须约束自己，弗多口舌。从他们心情中和他们的灵感中所产生出来的都是没有经过消化的空谈或者是宗教的启迪，但无论是心情和灵感的产物，至少限度都不能得到哲学的重视。

在各种流行的观念中间，应当提一提与第 269 节有关的国家权力的必然划分。这是一个非常重要的规定，如果就其真正的含义来说，它有理由可被视为公共自由的保障。但是，正是那些认为自己的话是出于灵感和爱的人，不知道也不愿知道这一观念，其实，恰恰是在这一观念中存在着合乎理性的规定性那环节。这就是说，权力划分的原则包含着差别这一本质的环节，实在合理性的环节。但是，抽象理智对这一原则所领会的是：一方面，在其中存在着各种权力彼此绝对独立的规定，而这是错误的；另一方面，各种权力的相互关系是否定的，彼此限制的，而这种解释是片面的。依据这一观点，每一种权力都敌视和害怕其他权力，反对它们像反对邪恶一样；它们的职能就在于彼此之间互相抗衡，并通过这种抗衡而造成一个普遍均势，可是决计不是促致一个有生命的统一。殊不知唯有概念在本身中的自我规定而不是任何其他的目的和功利，才是各种不同权力的绝对渊源，而且正因为如此，国家组织自身才是理性的东西和永恒理性的图像。

概念，然后以更具体的方式，理念，怎样在自身中规定自己，从而设定它们的各个抽象环节，即普遍性、特殊性和单一性，可以从逻辑学——当然不是流行的逻辑学——中获悉其详。把仅仅否定的东西作为出发点，把恶的意志和对这种意志的猜疑提到首位，然后依据这个前提狡猾地建筑一些堤坝，从效用上说，只是为了对抗一些相反的堤坝，所以需要这些堤坝；总之，以上种种在思想上就是否定的理智的特征，在情绪上就是贱民观点的特征（见上述第 244 节）。

如果各种权力，例如通称的行政权和方法权，各自独立，马上就会使国家毁灭，正如我们所见到的大规模地发生过的；不然的话，即如果国家本质上还保存着，一种权力使其他权力受其控制的斗争首先会促成统一，不论其性质如何，从而使国家的本质的东西和存在得到挽救。

补充（国家的合理性）　人们所必须希求于国家的，不外乎国家应是一种合理性的表现，国家是精神为自己所创造的世界，因此，国家具有特定的、自在自为地存在的进程。人们观察自然界，反复提到造物之巧，但是并不因而就相信自然界是比精神界更高级的东西。国家高高地站在自然生命之上，正好比精神是高高地站在自然界之上一样。因此，人们必须崇敬国家，把它看做地上的神物，同时必须了解，如果理解自然界是困难的，那么领会国家更是无限地困难。在现代，人们对于一般国家已经具有一定的直觉，而他们又是这样大力从事于国家制度的讨论和建立，这一点是非常重要的。但是事情并没有因此结束。对待理性的事物还必须用直觉的理性，必须知道什么是本质的东西，并且要明白触目的东西未必是本质的东西。国家的各种权力固然必须加以区分，但是每一种权力本身必须各自构成一个整体，并包含其他环节于其自身之中。当人们谈到这些权力各不相同的活动时，切忌陷于重大错误，以为每一种权力似乎应该抽象而自为地存在着的。其实，各种权力只应看做是概念的各个环节而被区分着。如果相反地各种差别是抽象而自为地存在着的，那么，分明是两个独立自主的东西就不可能形成统一，而必然要发生斗争，其结果，或者整体崩溃了，或者借助权力统一重新建立起来。例如在法国革命时，时而立法权吞噬了所谓行政权，时而行政权吞噬了立法权，这里要提出好比某种调和的道德上要求，那是荒谬的。如果把事物让心情去解决，当然可以省却一切麻烦。但是，纵然伦理性的感情是必要的，它也不应当根据它本身来规定国家的各种权力。所以重要的是，由于各种权力的规定自在地是整体，所以各种权力在实存中就构成了整个概念。如果人们惯于谈论三权即立法权、行政权和司法权的话，那么其中第一种相当于普遍性，第二种相当于特殊性，但司法权不

是概念的第三个环节，因为概念固有的单一性是存在于这些领域之外的。

第 273 节

政治国家就这样把自己分为三种实体性的差别：

（一）立法权，即规定和确立普遍物的权力；

（二）行政权，即使各个特殊领域和个别事件从属于普遍物的权力；

（三）王权，即作为意志最后决断的主观性的权力，它把被区分出来的各种权力集中于统一的个人，因而它就是整体即君主立宪制的顶峰和起点。

附释 国家成长为君主立宪制乃是现代的成就，在现代世界，实体性的理念获得了无限的形式。① 世界精神这种深入到自身的历史，或者这样说也是一样的，这种自由式的成长——在这一过程中理念把它的各个环节（仅仅是它的环节）从自身中释放出来成为各个整体，而且正因为这个道理把它们包含在概念的理想统一中，因为在其中存在着实在合理性，——这种伦理生活真实形成的历史，乃是普遍世界史的内容。

古代把国家制度区分为君主制、贵族制和民主制，这种区分是以尚未分割的实体性的统一为其基础的。这种统一还没有达到它的内部划分（一个在自身中发展了的机体），从而也

① 参阅本书第 144 节。——译者

没有达到深度和具体合理性。因此，从那种古代的观点看来，这种区分是真实的和正确的；因为对那种还是实体性的、而在自身中没有发展到绝对展开的统一说来，差别本质上是一种外在的差别，它首先表现为那些人的数量上（《哲学全书》，第82节[①]）的差别，据说实体性的统一是内在于这些人之中的。依据这种方式而属于不同整体的这些形式，在君主立宪制中就降格为各个环节；君主是单一的人，随着行政权而出现了一些人，又随着立法权而出现了多数人。但是诸如此类纯粹数量上的差别，已如有人提到的，完全是肤浅的，并不表示事物的概念。现代有许多人谈论君主制中的民主要素和贵族要素，这同样是不适当的，因为他们所设想的这些规定，既然发生在君主制中，就不再是什么民主的和贵族的东西了。

有一些关于国家制度的看法，把国家从头到尾表述为抽象的东西，仿佛是它统治着和命令着；但在国家中为首的究竟是一个人，多数人或一切人，这个问题被看做无足轻重，未予解决。

费希特在所著《自然法》（第1篇，第196页）一书中说："所有这些形式都是合法的，只要存在着监察制度（这是费希特发明的、用来对抗最高权力的抗衡力量[②]）就行，并且它们都可能在国家中创造和维持普遍的法。"

这样一种观点（连同上述监察制度的发明）源出于上面已

① 第3版，第132节。——拉松版

② 参阅黑格尔：《关于处理自然法的各种科学方法》，载《哲学评论》，第2卷，第2部分，杜平根，1802年，第52页以下（《全集》，第1卷，第365页以下）。——拉松版

经提到的那种肤浅的国家概念。当然，在颇为简单的社会状态中，这些差别没有多大意义，或根本没有什么意义。例如摩西在他的立法中规定，当人民要求一位国王时，一切制度可以不变，只是对国王添加一条戒律，规定他不得增添马队，嫔妃、金银（《旧约全书》，申命记，第17章，第16节和第17节）。

除此之外，在某种意义上，人们当然可以说，理念也对这三种形式（包括君主制在内，但取其限定的含义，即它与贵族制和民主制并列时所具有的含义）毫无轩轾。但理念的这样对待它们，系出于跟费希特相反的意义，因为，它们每一种对合乎理性地发展的理念（第272节）都不相符合，而理念也不能在它们任何一种中获得它的权利和现实性。因此，如果问这三种形式中哪一种最可取，这种问题完全是多余的；我们只能从历史观点来谈这些形式。

但是这里，如同在其他许多地方一样，我们又必须承认孟德斯鸠在他对于这些政府形式的原则所作有名的陈述中表达的深刻见解。但是为了承认这种陈述的正确性，切不可对这种陈述有所误解。如所周知，他指出德[①]是民主制的原则，因为，事实上这种国家制度是建立在情绪上，即在纯粹实体性的形式上，而自在自为地存在的意志的合理性就是采取这种形式还存在于民主制度中的。但孟德斯鸠往后谈到，在17世纪，英国提供了一幅美妙景象，说明由于领导人缺乏德，建立民主制的努力就变得软弱无力；此外他又说，当德从共和国中

① 参阅孟德斯鸠：《法意》，第3章，第3节。——译者

消失时，野心侵入到能包藏它的心坎，贪婪主宰了每一个人，结果，国家成为每一个人的战利品，而它的力量也只在于少数公民的权力和一切人的恣情放荡。关于孟德斯鸠的这种见解，必须指出，在一个比较发达的社会状态中和在特殊性的权力已经发展而成为自由的情况下，国家为首者的德是不够的，所需要的是另一种形式，即合乎理性的法律的形式而不是情绪的形式，这可使整体获得力量而把自己团结起来，并赋予发展了的特殊性的力量以积极的和消极的权利。同样还必须消除这种误解，即德的情绪似乎是民主共和国的实体性的形式，因此认为在君主制中这种情绪可以不必要，或根本不存在[①]；最后，也不得认为德与在一个肢体健全的组织中的法律上规定的活动是互相对立和各不相容的。

贵族制以节制[②]为其原则，这就使公共权力与私人利益在这里开始分袂。同时它们又互相直接接触，致使这种国家制度自身时刻有可能直接堕入暴政或无政府这种最残酷的状态中（可从罗马史中见到），而毁灭自己。

孟德斯鸠认识到荣誉[③]是君主制的原则，从这一点可以自然而然地看出，他所指的不是一般家长制或其他古代制度，也不是建成为客观国家制度的那种组织，而仅仅是封建君主制，并且在这种制度中，内部国家法的关系被固定下来成为个人和同业公会的合法私有权和各种特权。由于在这种国家制

① 参阅孟德斯鸠：《法意》，第3章，第5节。——译者

② 参阅同上，第3章，第4节。——译者

③ 参阅同上，第3章，第7节。——译者

度中，国家生活建立在特权人格上，而且大部分为了国家的巩固存在所必须做的事，都系于他们的偏好，所以这些服务就不是义务的客体，而是表象和意见的客体。这样来，维系国家统一的便不是义务而是荣誉。

还有一个很容易发生的问题，即国家制度应由谁来制定？这一问题似乎很清楚，但经过仔细考察，马上显得毫无意义，因为它假定着不存在任何国家制度，而只存在着集合一起的原子式的群氓。群氓怎能通过自身或别人，通过善、思想或权力而达到一种国家制度，那只得听其自便了，因为概念与群氓是根本风马牛不相及的。

但是，如果这一问题假定着已经有国家制度存在，那么，所谓制定只是指变更而言，而假定着一种国家制度，其本身就直接意味着变更只能依宪法所规定的程序行之。

总之，国家制度纵然随着时代而产生，却不能视为一种制造的东西，这一点无疑问是本质的。其实，毋宁说它简直是自在自为存在的东西，从而应被视为神物，永世勿替的东西，因此，它也就超越了制造物的领域。

补充(国家形式的片面性) 一般说来，现代世界是以主观性的自由为其原则的，这就是说，存在于精神整体中的一切本质的方面，都在发展过程中达到它们的权利的。从这一观点出发，我们就不会提出这种无意义的问题：君主制与民主制相比，哪一种形式好些？我们只应该这样说，一切国家制度的形式，如其不能在自身中容忍自由主观性的原则，也不知道去适应成长着的理性，都是片面的。

第 274 节

精神只有认识了自身以后才是现实的，作为民族精神的国家构成贯串于国内一切关系的法律，同时也构成国内民众的风尚和意识，因此，每一个民族的国家制度总是取决于该民族的自我意识的性质和形成；民族的自我意识包含着民族的主观自由，因而也包含着国家制度的现实性。

附释 如果要先验地给一个民族以一种国家制度，即使其内容多少是合乎理性的，这种想法恰恰忽视了一个因素，这个因素使国家制度成为不仅仅是一个思想上的事物而已。所以每一个民族都有适合于它本身而属于它的国家制度。

补充（国家制度的历史制约性） 国家必须在它的制度中贯串着一切关系。例如拿破仑想要先验地给予西班牙人一种国家制度，但事情搞得够糟的。其实，国家制度不是单纯被制造出来的东西，它是多少世纪以来的作品，它是理念，是理性东西的意识，只要这一意识已在某一民族中获得了发展。因此，没有一种国家制度是单由主体制造出来的。拿破仑所给予西班牙人的国家制度，比他们以前所有的更为合乎理性，但是它毕竟显得对他们格格不入，结果碰了钉子而回头，这是因为他们还没有被教化到这样高的水平。一个民族的国家制度必须体现这一民族对自己权利和地位的感情，否则国家制度只能在外部存在着，而没有任何意义和价值。当然，往往可能有个别的人感到需要并渴望一种更好的国家制度，至于全体群众一律都抱有这种观念，那是另一回事，这只是后来才发生的。苏格拉底的道德原则和内心生活原则是他那个时代的必然产物，但是要成为普遍自我意识，那是需要时间的。

（一）　王权

第 275 节

王权本身包含着整体的所有三个环节（第 272 节）：国家制度和法律的普遍性，作为特殊对普遍的关系的谘议，作为自我规定的最后决断的环节，这种自我规定是其余一切东西的归宿，也是其余一切东西的现实性的开端。这种绝对的自我规定构成王权本身的特殊原则，必须首先加以阐明。

补充（王权的概念）　我们从王权开始，即从单一性这一环节开始，因为单一性包含着作为整体的国家所具有的三个环节。自我是最单一的东西，同时也是最普遍的东西。在自然界中，初看起来也是有单一的东西的，但是实在性、非理想性和相互外在性并不等于闭关自守式的存在，相反地，杂多的单一性是共处并存的。至于在精神中，全部杂多的东西只是作为理想性的东西和作为一种统一而存在的。所以国家，作为精神的东西，展示着它的所有一切环节，但是单一性同时是富有心灵的东西和生动活泼的原则，即主权，它包含着所有各种差别。

第 276 节

(1)政治国家的基本规定就是国家各个环节的实体性的统一，即国家各个环节的理想性，在这种统一中(甲)国家的各种特殊权力和职能既然消融，也被保存，——它们被保存，只是说它们没有独立的权能，而只有整体理念所规定的那样大的权能，它们来自整体的力量，它们是这个整体的流动部分，而整体则是它们的简单的自我。

补充(国家机体中各个环节的理想性)　各个环节的这种理想性正像机体的生命一样。生命存在于每个细胞中。在一切细胞中只有一个生命，没有任何东西抵抗它。如果离开了生命，每个细胞都变成死的了。一切个别等级、权力和同业公会的理想性也是这样，不论它们有多大的本能巩固地和独立地存在。这正如机体中的胃，它固然主张独立，但同时被扬弃、被牺牲而转入于整体。

第 277 节

(2)国家的特殊职能和活动是国家的主要环节，因而是国家所特有的；这些职能和活动同负责运用和实现它们的个人发生联系，但是和它们发生联系的并不是这些人的个人人格，而只是这些人的普遍的和客观的特质；因此它们是以外在的和偶然的方式同这种特殊的人格本身相联系。所以国家的职能和权力不可能是私有财产。

补充(官职的任命)　国家的活动是同个人发生联系的。

个人之所以有权处理国家事务，并不是由于他们天生的关系，而是由于他们的客观特质。能力、才干、品质都属于一个人的特殊性。他必须受过教育和特殊职能的训练。因此，官职既不可能出卖，也不可能继承。从前法国的议会席位可以出卖，在英国军队里，到一定等级为止的军官职位至今还可以出卖，但这在过去和现在都是同中世纪某些国家的国家制度相联系的，这些国家制度现在已经逐渐消失了。

第 278 节

上述两个规定说明：国家的特殊职能和权力，无论在本身中或在个人的特殊意志中，都没有独立而稳固的基础，它们的最后的根源是在国家的统一中，即在它们的简单自我中。这两个规定构成国家的主权。

附释 这是对内的主权，主权还有对外的一面，详见下述[①]。

在过去封建君主制度时代，国家对外确是享有主权的，可是对内，不但好比君主，连国家也不享有主权。一方面（参阅第 273 节附释）是因为国家和市民社会的各种特殊职能和权力划入独立的同业公会和自治团体，于是整体与其说是一个机体，还不如说是一个集合体；另一方面是因为这些职能和权力是个人的私有财产，所以个人考虑到整体所应该做的，就决定于他们的意见和偏好。构成主权的理想主义是跟动物机体

① 参阅本书第 321 节以下。——译者

中的规定相同的，按照这个规定，所谓部分其实不是部分，而是肢体，是有机环节，它们的孤立和独立乃是病态（见《哲学全书》，第293节①）。它又跟意志的抽象概念中（见下节附释）的原则相同（这种原则上已述及——第7节），这种意志的抽象概念是自我相关中的否定性，从而是把自己规定为单一性的那种普遍性。在这种普遍性中一切特殊性和规定性都被扬弃了。它是一切意志自我规定的绝对根据。为了了解这一点，一般说来，必须对什么是概念的实体和真实的主观性具有整个概念。

因为主权是一切特殊权能的理想性，所以人们容易而且很惯常地发生误会，把主权当做赤裸裸的权力和空虚的任性，从而把它同专制相混淆。但是专制就是无法无天，在这里，特殊的意志（不论是君主的意志或人民的意志——Ochlokratie）本身就具有法律的效力，或者更确切些说，它本身就代替了法律；相反地，主权却正是在立宪的情况下，即在法制的统治下，构成特殊的领域和职能的理想性环节。主权恰恰表示：每一个这样的领域在自己的目的和行动方式方面，都不是独立自主的和只管自己的东西，而是受整体的目的（这种目的通常都被笼统地称为国家的福利）规定和支配的东西。这种理想性以双重性的形式表现出来。

在和平的情况下，特殊的领域和职能沿着完成自己的特殊事业的道路不断前进，一方面，仅仅是事物发展的不自觉的

① 第3版，第371节。——译者

必然性就使这些领域和职能的自私行为反而促进它们自己的相互保存和整体的保存(见第 183 节);另一方面,是来自上面的直接影响不断地使它们返回实现整体的目的的道路,同时由于这种来自上面的影响,它们也就受到了限制(见行政权,第 289 节)并不得不直接促进这种保存。而在灾难的情况下(不管这种灾难是内部的还是外来的),主权的作用就在于把和平时期存在于自己的特殊性中的机体集中在主权的简单概念中;主权并有责任牺牲这个一般说来是合法的环节以拯救国家,于是国家主权的理想主义就达到了自己特有的现实性(见下面第 321 节)。

第 279 节

(2)主权最初只是这种理想性的普遍思想,它只是作为自我确信的主观性,作为意志所具有的一种抽象的、也就是没有根据的、能左右最后决断的自我规定而存在。这就是国家中的个人因素本身,而国家本身也只有通过这种个人因素才能成为一个单一的东西。可是主观性只是作为主体才真正存在,人格只是作为人才存在;而在已经发展到实在合理性这个阶段的国家制度中,概念的三个环节中的每一个都具有其自为地现实的独特的形式。因此,整体的这一绝对决定性的环节就不是一般的个体性,而是一个个人,即君主。

附释　任何科学的内在发展,即从它的简单概念到全部内容的推演(否则科学至少不配称哲学的科学)都显示出这样一个特点:同一个概念(在这里是意志)开始时(因为这是开始)是抽象的,它保存着自身,但是仅仅通过自身使自己的规定丰富起来,从而获得具体的内容。例如,人格(在开始时,即在直接的法中,它还是抽象的)的基本环节通过自己的主观性的各种形式发展了自身,并且在这里,即在绝对的法中,在国家中,在意志的最具体的客观性中,成了国家人格,成了国家的自我确信。它作为至上者扬弃了简单自我的一切特殊性,制止了各执己见相持不下的争论,而以"我要这样"来做结束,使一切行动和现实都从此开始。

但是,作为无限的自我相关者的人格和主观性,只有作为人,作为自为地存在的主体,才更加无条件地具有真理性(即自己最切近的直接的真理性),而自为的存在也正好就是单一体。国家人格只有作为一个人,作为君主才是现实的。人格表示概念本身,人同时还包含着概念的现实性,而且概念也只有当它这样被规定的时候,才是理念,才是真理。

所谓法人,即社会团体、自治团体、家庭,不管它本身如何具体,它所具有的人格都只是它本身的一个抽象的环节;人格在法人中达不到自己存在的真理。国家则正是一个整体,概念的各个环节在其中都可按各自特有的真理性达到现实性。

所有这一切规定,在这以前的全部论述中,就已单独地并各按它们的形态加以探讨;但是这里所以还要重复一遍,就因为在它们的特殊形态中,人们容易承认它们,但正当它们在它们真实的地位上,不是孤立的而是依据它们的真理性,即作为理念的各个环节出现时,人们就会不再认识和理解它们了。

理智,即反思的理智的考察之所以最难理解君主这一概念，是由于它只限于做出零星的规定，因而只知道一些理由、有限的观点和从这些理由做出的推论。因此，它把君主的威严不论从形式上说或从它的规定上说都叙述为派生的；可是与此相反，君主这一概念不是派生的，而是绝对地起源于自身的。最符合这个概念的观念，就是把君主权看成以神的权威为基础的东西，因为这个观念包含了君主权的绝对性的思想。但是大家都知道，关于这一点发生了种种误解，而哲学考察的任务就在于理解这种神物。

只有人民对外完全独立并组成自己的国家，才谈得上人民的主权，大不列颠的人民是一个例子。但英格兰、苏格兰、爱尔兰或威尼斯、热那亚、锡兰等地的人民，则自从他们不再有自己的国王或自己的最高政府以后，就不再是有主权的人民了。

可见，如果只是一般地谈整体，那也可以说国内的主权是属于人民的，这同我们前面（第 277 节，第 278 节）所说的国家拥有主权完全一样。但是人们近来一谈到人民的主权，通常都认为这种主权和君主的主权是对立的；这样把君主的主权和人民的主权对立起来是一种混乱思想，这种思想的基础就是关于人民的荒唐观念。如果没有自己的君主，没有那种正是同君主必然而直接地联系着的整体的划分，人民就是一群无定形的东西，他们不再是一个国家，不再具有只存在于内部定形的整体中的任何一个规定，就是说，没有主权，没有政府，没有法庭，没有官府，没有等级，什么都没有。因为在人民中出现了这种同组织和国家生活相关联的要素，所以这种人民不再是在最一般的观念上叫做人民的那种没有规定性的抽象。

如果人民的主权是指共和制的形式，或者说得更确定些，是指民主制的形式（因为共和制还指其他各色各样的经验混合制而言，它们本来都不属于哲学考察的范围），那么我们上面（在第273节附释中）已经作了必要的说明；此外，这一种观念也就没有谈论的必要，因为我们说的是已经发展了的理念。

如果一个民族被思考为不是一个家长制的部落——既不想象它处于使民主制和贵族制成为可能的一种未发展状态中（见第273节附释），也不想象它处于某种其他无组织的和无秩序的状态中，——而是一个内部发展了的、真正有机的整体，那么，在这样一个民族中，主权是整体的人格；符合自己的概念而实际存在的这种人格就是君主其人。

在前面[①]所指出的、国家制度的形式分为民主制、贵族制和君主制的阶段上，从那种还没有达到自己的无限划分和深入到自身的、处于潜在状态的实体性统一的观点看来，意志的自我规定的最后决断这一环节，在自己特有的现实性中，并不表现为国家本身的内在的有机环节。诚然，在处于比较不发达形态中的那些国家里，总得有为首的人；或者他早已自为地存在着，像在相应类型的君主制中那样，或者像在贵族制尤其在民主制中那样，政治家们和将军们偶然地和根据情势的特殊需要把自己提升到首脑的地位，因为一切行动和现实的事

① 参阅本书第273节附释。——译者

都得由一个领导人作出统一的决断来开始和完成的。但是，因为这种作出决断的主观性，包含在尚未划分的权力结合中，所以这种主观性一方面就其产生和表现来说必然是偶然的；另一方面，它根本是服从某种别的东西的。因此，这种受制约的首领只有在自身之外才能找到纯粹而明确的决断，即一个外来的规定事物的 fatum〔命运〕。作为理念的一个环节，这一决断必然要达到实存，但是它的根源是在人类自由及其范围之外，即在国家力所能及的范围之外。

这里就是下列需要的起源之所在，即需要向神谕，向神灵之声（如苏格拉底所说的）、从动物的内脏中、从鸟的饮食和飞翔等等求得有关国家大事和在国家紧急关头时的最后决断。当人类还没有把握住自我意识的深处，还没有从实体性统一的混沌状态达到自为存在的阶段的时候，他们也就没有力量在人类存在的内部去寻求这种决断。我们可以在苏格拉底的神灵之声中（参阅上面第 138 节）看到，已往意志干脆把自己移到它本身的彼岸，现在却开始转向自己内部，并在自己内部认识自己。这是认识自身的开始，从而是真正自由的开始。理念的这种实在自由，正因为它把自己所特有的、现在的、自我意识着的现实性给予合理性的每一个环节，所以也就把自我规定的最后确信——这种确信构成意志概念的顶峰——赋予单个的意识，作为它的职能。可是这种最后的自我规定只有在它具有顶峰的地位，自为地脱离和越出一切特殊化和制约的时候，才能归入人类自由的领域；因为只有这样它才适合它的概念而成为现实的。

补充(君主其人) 关于国家组织——这里乃指君主立宪制而言——我们必须完全把理念固有的必然性放在脑子里，其他一切观点都必须使之消失。国家必须被看做一个建筑学上的大建筑物，被看做显现在现实性中的那理性的象形文字。因此，一切有关纯粹功利的东西、外部的事物等等，都应被排除于哲学的探讨之外。国家是自我规定的和完全主权的意志，是自己的最后决断，现在，观念对这一点是容易理解的。比较困难的是把这个"我要这样"作为人来领会。这不等于说君主可以为所欲为，毋宁说他是受谘议的具体内容的束缚的。当国家制度巩固的时候，他除了签署之外，更没有别的事可做。可是这个签署是重要的，这是不可逾越的顶峰。人们可能说，有机的组织早已在雅典的完美民主制中存在着，但是我们马上看到希腊人是从完全外部的现象——神论、祭神牲畜的内脏、鸟的飞翔——中得出最后决断的。我们又看到他们把自然界当做一种权力来对待，这种权力在那里公告和宣示，什么是对人有益的。那时自我意识还没有达到主观性的抽象，还没有了解到关于"我要这样"这一决断必须由人自己来宣示。这个"我要这样"构成古代世界和现代世界之间的巨大差别，所以它必须在国家这一大建筑物中具有它独特的实存。可是不幸这一规定仅仅被视为外部的和随意的。

第 280 节

(3)国家意志的这种最后的自我，抽象地说来是简单的，所以它是直接的单一性；因此，其概念本身就包含着自然性的规定；因此，君主作为这样一个从其他一切内容中抽象出来的个人，天生就注定是君主尊严的化身，而这个个人被注定为君主，是通过直接的自然的方式，是由于肉体的出生。

附释　从纯自我规定的概念到存在的直接性，从而到自然性的这种推移，带有纯思辨的性质，因而对这种推移的认识属于逻辑哲学的范围。可是大体说来这正是那种被公认为意志的本性的推移，这种推移是内容从主观性（想象中的目的）转化为定在的过程（第8节）。但是这里所考察的理念和这种推移的独特形式就是意志的纯自我规定（简单概念本身）直接转变为"这个"和自然的定在，而没有特殊内容（行动中的目的）作为中介。

在关于上帝存在的所谓本体论的证明中，正是这种从绝对概念到存在的转化表示出理念在近代的深度，然而这种转化在现代却被当做不可理解的东西。其结果，人们放弃了对真理的认识，因为真理只是概念和定在的统一（第23节）。由于理智的意识在自身中并不具有这种统一，而且停留在真理的这两个环节的分离之上，所以在这个问题上它还有可能承认对这种统一的信仰。但是关于君主的概念一般都认为已经完全为平庸的意识所了解，所以在这里理智愈加停留在自己的分离看法，停留在自己的应声虫的聪明由此得出的结论之中。于是理智就否定了国家的最后决断这一环节本身（即还在理性的概念中）同直接的自然性的联系。由此首先得出，这个联系是一种偶然性，而且由于理智主张这些环节的绝对分歧是合乎理性的，而这样的联系是不合乎理性的，因此，又发生与此有关联的、足以破坏国家理念的其他后果。

补充（君主的个体性）　人们时常反对君主，为以通过了他，国家的一切事态都依存于偶然性，因为君主可能受到恶劣的教养，也可能不够资格占据国家的最高职位，所以说这样的情况应该作为一种合乎理性的情况而存在，那是荒谬的。殊不知这种说法的前提，即一切依存于特殊性的品质这一点是无意义的。在一个组织完善的国家中，问题仅在于作形式上决断的顶峰[①]和对抗激情的自然堡垒。因此要求君主具有客观特质是不正确的。君主只用说一声"是"，而在𝔍上御笔一点。其实，顶峰应该是这样的，即他品质的特殊性格不是有意义的东西[②]。君主的这种规定是合乎理性的，因为它符合概念；但由于人们不容易了解它，所以他们往往见不到君主制的合理性。君主制本身必须是稳定的，至于君主除了这个最后决断权之外所能有的其他东西，都是一些属于特殊性的东西而不应该有什么意义的。诚然，可能有某些情况，在这些情况下所出现的只是这种特殊性，那是因为国家还没有完全成长，或者它根本组织得不好。在一个有良好组织的君主制国家中，唯有法律才是客观的方面，而君主只是把主观的东西"我要这样"加到法律上去。

① 在第 1 版的补充中，这里马上接着说："而人们只需要一个人做君主，他说一声'是'，而在𝔍上御笔一点。"——拉松版

② 在第 1 版的补充中，缺少一段，从这里起马上接着说："至于君主除了这个最后决断权……"——拉松版

第 281 节

意志的没有根据的最后的自我，以及同样没有根据的、作为赋予自然的规定的存在，这两个环节处在不可分割的统一中，——这种不为任性所推动[①]的理念就是君主的伟大之处。这种统一包含着国家的真正的统一，而国家的真正的统一只有靠自己这种内在的和外在的直接性才不至降入特殊性的领域，降入特殊性的任性、目的、观点的领域，才能避免御座周围的派系倾轧和国家权力的削弱与破坏。

附释　世袭权和继承权构成正统性的根据，这不仅是一种实定法的根据，而且也是包含在理念中的根据。

由于王位世袭即自然的继承有了巩固的规定，就可预防在王位出缺时发生派系的倾轧。但这是一个方面，它很早以来而且正确地被提出作为有利于王位世袭制的主张。可是，这一方面只是后果；如果把它变成了根据，那就会同时把君主的伟大之处拉下到抽象推论的领域，而忽视了它的真实性格，即这种没有根据的直接性和这种最后的自身存在；而且提出作为根据的，不是内在于它的国家的理念，而是某种在他身外的东西，某种与它殊异的思想，好比国家或人民的福利之类。的确，从诸如此类的规定可以通过 medios terminos〔中名词〕而得出王位世袭制的结论；但是这一规定也容许其他的中名

---

① 黑格尔并不认为君主是从来不受其自身任性的支配的，关于这一点参阅本书第 283 节。此际，黑格尔指君主推动国家机器运转，而其本身则不受推动。——译者

词、从而其他的结论。大家知道得很清楚，事实上，从人民福利(salut du peuple)曾经得出些什么样的结论来。

因此，唯有哲学才能思维地考察这个君主伟大之处的问题，因为除了纯以自身为根据的无限观念的思辨方法以外，一切其他探讨方式都会自在自为地取消君主伟大之处的本性的。

君主选举制看来当然是最自然的想法，即最接近于肤浅的思想。因为君主所应照料的是人民的事务和利益，所以谁应受托照料人民福利，就必须听由人民选举，只有通过这种委任才产生统治的权利。这种观点，正如君主即国家最高官吏的观念，君主与人民之间契约关系的观念以及其他等等，是从多数人[1]的意志即偏好、意见和任性出发的。我们早已考察过[2]，这种规定在市民社会中被当做首要的东西，或更正确些说，希图肯定自己为唯一的东西；但它既不是家庭的原则，更不是国家的原则，总之，它是跟伦理的理念相对立的。

君主选举制倒不如说是各种制度中最坏的一种，对理智说来这一点已可从这种制度的后果中得出。可是对理智说来，这些后果只是表现为某种可能的和盖然的东西，其实它们是这种制度本质上固有的。在君主选举制的(这是从私人意志成为最后决断的那种关系的本性中产生的)条件下，国家制度就等于当选者的誓约，这就是说，等于使国家权力仰仗私人

① 参阅本书第301节附释。——译者

② 在本书第三篇第二章“市民社会”这一章中，参阅例如第183节和第206节。——译者

意志的恩赐，结果，各种特殊的国家权力变成了私有财产，国家的主权削弱而丧失了，终于国家内部发生瓦解并受到外界的摧毁。

补充（君主的理念）　如果要掌握君主的理念，那就不能满足于说国王是上帝所任命的，因为上帝创造万物，其中也包括最坏的东西。即使从有用这一观点出发，我们也走不到好远，因为总归可以指出缺点来的。把君主看成实定法也同样解决不了问题。我拥有财产，这是必然的，可是我占有这种特殊财产，那却是偶然的；必须由某个人来占据国家最高职位这一权利，也同样是偶然的，如果我们把这种权利作为抽象的和实定的来考察的话。但是，这种权利是作为被感到的需要、又作为事物的需要而自在自为地存在着的。君主在体力方面或智慧方面并不见得有什么超人之处，可是千百万人受其统治。现在如果说，人们愿意接受那种违背他们利益、目的和意图的君主统治，那是荒谬的，因为人不至于愚蠢到如此地步。正是他们的需要，正是理念的内部力量，反对他们的表面意识而强使他们服从并使他们保持在这种关系中。所以，如果君主作为首脑和国家制度的一部分而出现，那么人们必然要说，一个被征服的民族在国家制度上跟国君不是同一的。一个在战争中被征服的省份所发动的起义与一个有良好组织的国家内部所发生的叛乱，是截然不同的两回事。被征服者起义，目的不是反对他们的国君，他们也不犯内乱罪，因为他们同他们主人间的联系不是理念的联系，不是国家制度内在必然性中的联系。这仅仅是一种契约，而不是政治结合。Je ne suis pas

votre prince, je suis votre maître〔我不是你们的国君，我是你们的主人〕，这就是拿破仑答复爱尔福特的代表们的话。

第 282 节

君主主权产生赦免罪犯的权力，因为只有这个主宰一切的权力才有权实现这种化有罪为无罪，并用既往不咎的办法消除犯罪的精神力量。

附释　赦免权是对精神的尊严的一种最崇高的承认。

此外，这种权力是属于较高领域的规定对较低领域的一种适用或反射。可是诸如此类的适用乃属于特殊科学的范围，而特殊科学所处理的对象是属于经验方面的（参阅第 308 页第 270 节附释注①）

属于这样一种适用的还有：把妨害国家或妨害国君主权、国君陛下和国君人身等行为归属于犯罪的概念下，这一点已见于上面（第 95 节到第 102 节）所述。这些行为是最严重的罪行，对之定有特种程序等等。

补充（赦免和陛下）　赦免权免除刑罚，但不取消法。法毋宁是照旧存在的，被赦免的依然是一个罪犯。赦免并不宣称他没有犯过罪。取消刑罚也可通过宗教做到，因为精神可以在精神上化有罪为无罪。这既然是在尘世中实行的，所以赦免权专为陛下享有，而且也只能属于他的没有根据的决断。

第 283 节

王权的第二个环节，就是特殊性或特定内容以及使特定内容从属于普遍物的环节。这个环节一获得特殊的实存,就表现为最高谘议机关及其成员,他们把国家当前事务的内容,或把那种由于当前的需要而必须制定的法令的内容及其客观方面(根据、有关的法律、情况等等),一并呈请君主裁决。任免负责这些事务的人员,是君主无限任性的特权,因为这些人员是直接和君主本人接触的。

第 284 节

因为决定的客观方面(对事务的内容和情况的了解,决定的法律根据和其他根据)必须有人负责,即有人证明其客观性,因为这些客观方面可以成为不同于君主个人意志本身的谘议的对象,所以,只有这些谘议机关及其成员才应该对此负责,而君主特有的尊严,即最后作决断的主观性,即对政府的行动不负任何责任。

第 285 节

王权的第三个环节所涉及的是自在自为的普遍物,这种普遍物从主观方面说就是君主的良心,从客观方面说就是整个国家制度和法律;所以王权以其他环节为前提,而其他的每一个环节也以王权为前提。

第 286 节

王权、王位世袭制等等的客观保障在于,这个领域具有不同于理性所规定的其他环节的现实性,同样,其他环节也各自具有其实质所规定的特殊的权利和义务。在合乎理性的机体中,每一部分在保存自己的同时,也把其他部分按其特点保存下来。

附释　君主式的国家制度发展到把长子继承的王位世袭制固定下来，是一种较近代的历史产物。随着这种发展，君主式的国家制度返回到它的历史起源，即家长制，不过它具有较高级的规定，因为君主现在是有机发展了的国家中的绝对顶峰。这一历史产物对公共自由和合乎理性的国家制度说来是最重要的；但是，上面已经提到[①]，它虽然受到尊敬，却常常没有被很好地理解。因此，旧时的纯粹封建君主制以及专制政体在历史上表现为交替不绝的叛乱、暴政、内战、君主和朝代的没落，以及由此产生的内部和外部的普遍破坏和毁灭。这些都是由于在这种制度下，国家事务的划分，即把各种不同部门交给藩臣、高级武官等，只是机械式的，其差别不是规定和形式的差别，而是较小或较大权力的差别。因此，每一部门在保存自己的时候，只保存和创造自己，而不同时保存和创造其他部门；每一部门在自身中完全具有达到独立自主的地位的一切环节。在有机的关系中，不是部分而是肢体互相发生关系，而且每一肢体在完成其本身的职能时，也保存了其他肢体，对每一肢体说来，保存其他肢体同时是它自我保存的实体性目的和结果。至于保障的问题，无论王位世袭制和一般王权的巩固，或者正义和公共自由等等，都是通过各种制度而获得保证的。人民的爱、品质、誓词、权力等等固然都可以看做主观的保障，但是谈到国家制度时，问题却完全在于客观的保障，即各种制度，也就是有机交错和相互制约的各个环节。所

① 参阅本书第 279 节和第 281 节两节的附释。——译者

以，一般公共自由和王位世袭制是彼此相互保障、并处在绝对联系中的，因为公共自由是合乎理性的国家制度，而王位世袭制乃是包含在王权概念中的环节，业如上述[①]。

（二）　行政权

第 287 节

执行和实施国王的决定，一般说来就是贯彻和维护已经决定了的东西，即现行的法律、制度和公益设施等等，这和做决定这件事本身是不同的。这种使特殊从属于普遍的事务由行政权来执行。行政权包括审判权和警察权，它们和市民社会中的特殊物有更直接的关系，并通过这些特殊目的来实现普遍利益。

第 288 节

在市民社会的范围以内和在国家本身（第 256 节）的自在自为的普遍物之外的特殊公共利益是由自治团体、其他职业与等级的同业公会（第 251 节）及其首脑、代表、主管人等等来管理的。一方面，他们经管的事务关系到这些特殊领域的私有财产和利益，并且他们在这方面的威信部分地建立在本等级成员和全体市民的信赖上；另一方面，这些集团必须服从国家的最高利益；因此，在分配这些职务时，一般采取有关人员的通常的选举和最高当局的批准任

① 参阅本书第 280 节。——译者

命相混合的方式。

第 289 节

在这些特殊权利中维护国家的普遍利益和法制，把特殊权利归入国家的普遍利益和法制之内，这都需要行政权的全权代表、担任执行的国家官吏以及最高谘议机关（这些机关以委员会的形式组成）来照料，而这些人和机关都汇合起来，成为和君主直接接触的最上层。

附释　市民社会是个人私利的战场，是一切人反对一切人的战场，同样，市民社会也是私人利益跟特殊公共事务冲突的舞台，并且是它们二者共同跟国家的最高观点和制度冲突的舞台。因特殊领域的合法性而产生的公会精神，本身潜在地转变为国家精神，因为国家是它用来维护特殊目的的工具。这就是市民爱国心的秘密之所在：他们知道国家是他们自己的实体，因为国家维护他们的特殊领域——它们的合法性、威信和福利。国家在政治情绪方面深入人心和强而有力的根源就在公会精神中，因为在这里特殊物是直接包含在普遍物之内的。

同业公会的事务由它本身的主管人员来管理时，往往搞得不得法，因为他们虽然认识和注意到同业公会的独特利益和事务，但是对于这些利益和事务跟离开较远的条件之间的联系，以及对于普遍的观点，是认识和注意得很不够的。此外，助长这一点的还有其他情况，例如，主管人员跟应是下属者之间的私人密切接触和其他平等关系，以及主管人员的各

色各样的依赖关系等等。但是这种私人利益的领域可以视为留给形式上自由的环节的一种领域，它是个人特有的认识、特有的决定及其执行的角力场，也是无聊的激情和幻想的角力场，它们在其中各显身手。因此遭到败坏的和照料得不得当而比较艰苦的等等同业公会事务，从国家的更加普遍的事务看来，愈不重要，又诸如此类的琐碎事务的艰苦而拙劣的管理愈是跟由此产生的自我满足和私见直接发生关系，就愈加许可有上述各显身手的情况。

第 290 节

在行政事务中也有分工（第 189 节）。主管机关的组织有自己的形式的但困难的任务——从下层（市民生活在这里是具体的）来具体地管理市民生活，同时也把行政事务分为一些抽象的部门，由特殊的主管机关这些不同的中心来管理；这些主管机关对下级的活动，也和最高行政权方面的情形一样，又重新汇合起来，变得一目了然。

补充（主管机关的体系）　对行政权大有关系的主要一点是事务的划分，行政权与普遍向特殊和单一的推移有关，而其事务也应划分为不同部门。但困难在于使这些部门在上级和下级重新汇合起来。例如，警察权和审判权诚然是各行其素，但在任何一件事中，它们终于相会。在这里人们所采取的办法，往往是任命一位国务总理、首相、部长会议主席，以集中领导于上级。但是这样一来，可能一切都重新从上级和部长的权力出发，而国家事务，就像通常所说，成为集权的了，因而在处理有关国家普遍利益的事务上，人们能达到最高度的简省、速度和效率。这种统治制度是法国革命所首创，曾经拿破仑加工，而今天仍然存在于法国。其他方面，法国缺少同业公会和地方自治团体，即缺少特殊利益和普遍利益在其中相汇合的集团。当然，在中世纪，这种团体过于独立自主，成为国家中的国家，并顽强地作为独立存在的社团而行动。虽然这种情况是不应当有的，但毕竟应该肯定，国家的真正力量有赖于这些自治团体。在这里，政府碰到它所必须尊重的合法利益；由于行政只能增进这种利益，同时又必须监督它们，所以个人在行使他的权利时就获得了保护，从而把他的私人利益跟整体的保存联结起来。近年来，人们总是求在上级方面组织起来，而且曾经把主要的努力用在这种组织工作上，至于整体的下级方面和群众部分则听其多少流于无组织状态中，可是群众部分也应成为有组织的，这一点非常重要，因为只有这样，它才成为力量，成为权力，否则它只是一大堆或一大群分散的原子。合法的权力只有在各特殊领域的有组织状态中才是存在的。

第 291 节

行政事务带有*客观的*性质，它们本身按其实体而言是已经决定了的(第 287 节)，并且必须由*个人*来执行和实现。行政事务和个人之间没有任何直接的天然的联系，所以个人之担任公职，并不由本身的自然人格和出生来决定。决定他们这样做的是客观因素，即知识和本身才能的证明；这种证明保证国家能满足它对普遍等级的需要，同时也提供一种使每个市民都有可能献身于这个等级的唯一的条件。

第 292 节

因为在这里客观因素不在于天才(如在艺术中)，所以势必有多得不可胜数的人适合于担负这种职务，对这些人不能绝对地确定谁比谁高明。主观方面，即从许多人中正是选出这个人来担任官职和受权管理公共事务，这样把个人和官职这两个永远没有必然联系的方面联系起来，乃是国王这一做最后决定和主宰一切的国家权力的特权。

第 293 节

君主国授予主管机关的特殊的国家职能，构成君主固有主权的客观方面的一部分；这些职能的特定的差别也是由事物的本性产生的；正像主管机关的活动是履行职责一样，它们的职能是摆脱了偶然性统治的权利。

第 294 节

奉诏(第 292 节)担任一定官职的个人，以克尽职守为本人收入的来源(这是担任官职的条件)，这就是他地位中的实体性因素。由于这种实体性的地位，个人就获得生活资料，保证他的特殊需要得到满足(第 264 节)，使他的处境和公职活动摆脱其他一切主观的依赖和影响。

附释　国家不指望任性的、随意的服务(例如由游荡骑士行使审判权)，正因为这些服务是随意的和任性的缘故，而且又因为这种服务人员可能依据主观见解履行其职责，正如任意怠忽职务并实现其主观目的。在国家职务中，与游荡骑士相反的另一极端是：有些公务人员仅仅为了生计才担任职务于是没有真实责任感、也没有权利。

国家职务要求个人不要独立地和任性地追求主观目的，并且正因为个人做了这种牺牲，它才给予个人一种权利，让他在尽职履行公务的时候、而且仅仅在这种时候追求主观目的。于是也就从这方面建立了普遍利益和特殊利益间的关系，这种联系构成国家的概念和内部巩固性(第260节)。

又担任公职不是一种契约关系(第75节)，虽然这里存在着双方的同意和彼此的给付。任命公务人员，不是为了要他履行个别的偶然的职务，像受托人那样，而是要他把他精神和特殊的实存的主要兴趣放在这种关系中。同样，他所担任而应履行的事务，按其特质来说，不是外在的也不仅仅是特殊的事物；作为内在的东西，这种事物的价值跟它的外在性是不同的，它不会因为所订定的事项未获履行而遭到损害(第77节)。其实，公务人员所应履行的，按其直接形式来说是自在自为的价值。因此，由于不履行或积极违反(两者都是违背职务的行为)所发生的不法，是对普遍内容本身的侵害(参阅第95节关于否定的无限判断)，从而是侵权行为，或者甚至于是犯罪行为。

对特殊需要的满足有了保证，就可以消除外部的匮乏，个人就不至因匮乏而玩忽职守以追求特殊需要的满足。受权执

行国家事务的人员得到普遍的国家权力的保护，可以免受其他主观方面的侵害，免受被管辖者因私人利益等等受到与之对立的普遍利益的损害而产生的私人激情的侵害。

第 295 节

要使国家和被管辖者免受主管机关及其官吏滥用职权的危害，一方面直接有赖于主管机关及其官吏的等级制和责任心；另一方面又有赖于自治团体、同业公会的权能，因为这种权能自然而然地防止官吏在其担负的职权中夹杂主观的任性，并以自下的监督补足自上的监督无法顾及官吏每一细小行为的缺陷。

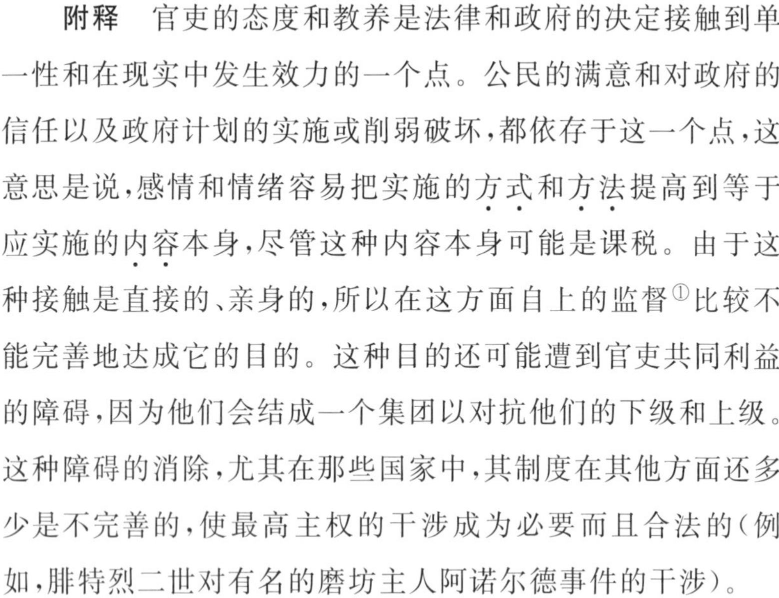

附释　官吏的态度和教养是法律和政府的决定接触到单一性和在现实中发生效力的一个点。公民的满意和对政府的信任以及政府计划的实施或削弱破坏，都依存于这一个点，这意思是说，感情和情绪容易把实施的*方式*和*方法*提高到等于应实施的*内容*本身，尽管这种内容本身可能是课税。由于这种接触是直接的、亲身的，所以在这方面自上的监督[①]比较不能完善地达成它的目的。这种目的还可能遭到官吏共同利益的障碍，因为他们会结成一个集团以对抗他们的下级和上级。这种障碍的消除，尤其在那些国家中，其制度在其他方面还多少是不完善的，使最高主权的干涉成为必要而且合法的（例如，*腓特烈二世*对有名的磨坊主人阿诺尔德事件的干涉）。

① 诚如黑格尔在巴伐利亚所经历的（《黑格尔的来往信札集》，第 1 卷，第 130 页；参阅库诺·费舍：《黑格尔的生平、著作和学说》，第 2 版，第 92 页）。——拉松版

第 296 节

然而，为了使大公无私、奉公守法及温和敦厚成为一种习惯，就需要进行直接的伦理教育和思想教育，以便从精神上抵消因研究本部门行政业务的所谓科学、掌握必要的业务技能和进行实际工作等等而造成的机械性部分；同时，国家的大小也是一个主要的因素，因为这个因素可以减轻家庭联系和其他私人联系所占的比重，也可以削弱和麻痹报复心、仇恨心和其他类似的激情。在为大国的最高利益服务的过程中，这些主观方面就自然而然地消失，同时服从普遍的利益、观点和事业的习惯也会逐渐养成。

第 297 节

政府成员和国家官吏是中间等级的主要组成部分，全体民众的高度智慧和法律意识就集中在这一等级中。这个等级之所以不致占据贵族的独特地位，它的教养和才干之所以不致变成任性和统治的手段，是有赖于主权自上而下和同业公会根据自己的权利自下而上所做的种种设施。

附释 司法以一切个人的特有利益为其客体，然而过去一个时期，它曾变成营利和统治的工具，这是由于法律知识被淹没在渊博的学识和生疏的语言中，法律程序也被蒙蔽在错综复杂的形式主义中。

补充（中间等级的意义） 国家的意识和最高度的教养都表现在国家官吏所隶属的中间等级中。因此中间等级也是国家在法制和知识方面的主要支柱。没有中间等级的国家，因而还是停留在低级阶段的。例如在俄国，一方面是一群农奴；另一方面是一批统治者。这个中间等级的形成，是国家的最重要的利益之一；但是只有在上述那种组织中，也就是比较独立的一定的特殊集团拥有相当的权利、官僚界因而不敢胡作非为的地方，才能做到这一点。按照普遍法而行动和这样行动的习惯，就是这些本身独立的集团形成一种对立势力的结果。

（三）　立法权

第 298 节

立法权所涉及的是法律本身（因为法律需要进一步规定），以及那些按其内容来说完全具有普遍性的国内事务。立法权本身是国家制度的一部分，国家制度是立法权的前提，因此，它本身是不由立法权直接规定的，但是它通过法律的不断完善、通过普遍行政事务所固有的前进运动的性质，得到进一步的发展。

补充（国家制度的发展）　国家制度本身是立法权赖以建立的、公认的、坚固的基础，所以它不应当由立法权产生。因此，国家制度存在着，同时也本质地生成着，就是说，在它自身的形成中向前运动着。这种前进的运动是一种不可觉察的无形的变化。例如，德国各邦诸侯及其家庭的财富最初是私人财产，然后未经斗争也未遇到抵抗变成了国有土地，即国有财产。这种情况之发生，乃由于诸侯们感到有需要使财产完整不分，并要求邦和邦的各等级对它给予保障。这些保障同财产巩固存在的方式和方法错综交织，致使诸侯对财产不再享有单独处分的权利。又一类似的情形是，从前皇帝是法官，在帝国内巡回审判。由于教养在单纯外表上的进步，外部的理由使皇帝有必要把法官职务逐渐移交给别人去行使，结果，审判权力就从国君本身移转到全体法官。因此，一种状态的不断发展从外表看来是一种平静的觉察不到的运动。久而久之国家制度就变得面目全非了。

第 299 节

这些对象对个人说来，可以较确切地从两个方面来规定：（甲）个人从国家那里可以得到什么，可以享受到什么；（乙）个人应该给国家些什么。第一方面包括一般的私法，包括自治团体和同业公会的权利以及一般的组织设施，而间接地（第 298 节）包括了整个国家制度。个人应给国家的东西只有折合为金钱，即折合为实物和劳务的现行普遍价值时，才能公平地规定，同时还按下列方式来规定：让个人按自己的意志选择他所能承担的特殊的工作和劳务。

附释　普遍立法权的对象应该是什么，由行政机关来管理并由政府来调节的应该是什么，大体上可以这样区分：前一领域所包括的按其内容说来是完全普遍的，亦即法律的规定；而后一领域所包括的则是特殊的东西和执行的方法。但这种区分并不是完全固定的，因为法律要成为法律，而不成为简单的戒律（例如“不可杀人”，参阅第 140 节附释），它的内容就应该是明确的。法律规定得愈明确，其条文就愈容易切实地施行。但是规定得过于详细，也会使法律带有经验的色彩，这样，法律在实际执行过程中就不免要被修改，而这就会违背法律的性质。正是在国家各种权力的有机的统一中，同一个精神既建立了普遍物，又使这个普遍物具有一定的现实性，并加以实施。

初看起来会觉得奇怪，国家中有无数的才干、产业、活动、才能，以及这些东西里面所包含的无限多样的、同时也和政治情绪相联系的活的财富，但国家却不要求它们直接献纳，而只要求唯一的、表现为金钱的财富。

保卫国家免受敌人侵犯的义务同另一些义务一起放在以下的几节中去谈。但在事实上，金钱并不是其他财富以外的一种特殊的财富，而是可以作为实物[①]存在于外界的所有这些财富的普遍物。只有在这种最外在的阶段上，义务才能有量的规定性，因而才能公平和均等。

在柏拉图的理想国中，首脑人物把个人划分为不同的等级，并委以特殊的职责（参阅第185节附释）。在封建君主国中，藩臣既必须担负不固定的劳务，也必须根据自己的特点担负固定的劳务，例如审判等等。在东方和埃及为进行巨大工程等等而尽的义务，也有特殊的质等等。在所有这些情况下，都缺乏主观自由的原则——个人的实体性活动（它在这些劳动中按内容来说本身就是某种特殊的东西），应该由个人的特殊意志来选择。主观自由的原则是一种权利，这种权利只有

① 参阅本书第42节以下。——译者

以普遍价值的形式来履行义务时才能实现。这也是引起这种转化的原因。

补充（对国家的义务）　国家制度的两个方面就是个人的权利和义务。而义务现在几乎可以全部折合为金钱，所以服兵役几乎成了唯一的人身义务。从前，人们对个人的具体方面提出更多的要求，并且征募他们各按其才干来工作。国家向我们购买它所需要的东西，初看起来，这好像是抽象的、死板的、无情的，好像国家会因满足于抽象的劳动而堕落下去。但是，现代国家的原则，就是个人所做的一切都要由自己的意志来决定。不过，通过金钱就能够更加有效地达到公平合理。如果一切都以具体的才能为标准，那么，有才能的人就会比没有才能的人缴纳更重的税。但是只有从每个人可以接受的那一方面来对待每个人，才是对主观自由的尊重。

第 300 节

立法权是一个整体，在其中起作用的首先是其他两个环节，即作为最高决断环节的君主权和作为谘议环节的行政权。行政权具体地知道和概括地了解整体的各个方面和稳固地存在于整体中的现实的基本原则，尤其是熟悉国家权力的需要。最后一个环节就是等级要素。

补充（大臣和议会）　把政府成员从立法机关中排除出去，好比像制宪会议[①]那样做法，这是对国家的一种错误观

① 指法国。——译者

点。英国的内阁大臣必须是国会议员，这是正确的，因为参加政府的人员应该同立法权相联系而不是相对立。所谓权力独立的观念包含着根本错误，以为独立的权力仍然应该互相限制的。殊不知这种独立会取消国家的统一，而统一正是所企求的第一件大事。

第 301 节

等级要素的作用就是要使普遍事务不仅自在地而且自为地通过它来获得存在，也就是要使主观的形式的自由这一环节，即作为多数人的观点和思想的经验普遍性的公众意识通过它来获得存在。

附释 “多数人”(οἱ πολλοί)这一词如指经验普遍性而言，比流行惯用的“一切人”更为正确，因为如果说“一切人”首先至少不包括妇女儿童等等在内是不言而喻的，那么，在谈到某种完全不确定的东西时不应该使用“一切人”这个完全确定的词，更是不言而喻的了。

在流行的意见中，关于人民、国家制度和等级有着不可胜数的歪曲误谬的观点和用法，如果要阐明它们，讨论它们和纠正它们，那是徒劳无益的。平庸的意识惯于把等级的竞争看做必要的或有利的，这种看法主要是这样：似乎人民的代表，甚至人民自己一定最了解什么对他们最有利，似乎他们有实现这种最美好的东西的不可动摇的意志。就第一点而言，事实正好相反，因为人民这个词表示国家成员的特殊部分，所以人民就是不知道自己需要什么的那一部分人。知道别人需要什么，尤其是知道自在自为的意志即理性需要什么，则是深刻的认识和判断的结果，这恰巧不是人民的事情。

我们稍加思索就会承认：各等级对普遍福利和公众自由的保障，并不在于他们有独到的见解，因为国家的高级官吏必然对国家的各种设施和需要的性质具有比较深刻和比较广泛的了解，而且对处理国家事务也比较精明干练；所以，他们有等级会议，固然要经常把事情办得很好，就是不要各等级，他们同样能把事情办得很好。各等级对普遍福利和公众自由的保障，是部分地在于代表们的见解补充了高级官吏的见解，代表们的见解主要是针对远离上级因而为其视线所不及的那些官吏的活动，尤其是针对他们具体观察到的比较迫切的和特种的需要和匮乏，部分地在于预期的多数人监督即公众监督所起的作用，因为这种监督事先就使官吏对公事和提出的草案专心致志，并完全以最纯洁的动机加以贯彻执行。这种自我约束对各等级的成员本身也起同样的作用。至于谈到各等级实现普遍利益的超群出众的善良的意志，我们在前面（第272节附释）已经指出，政府好像是受邪恶的或不大善良的意志所支配这一假设是出于贱民的见解和否定的观点。如果要以同样的形式来反驳这种假设，首先就应该责难各等级，因为它们都是由单一性、私人观点和特殊利益产生的，所以它们总想利用自己的活动来达到牺牲普遍利益以维护特殊利益的目的。相反地，国家权力的其他环节从来就为国家着想，并献身于普遍的目的。这样说来，全部保障都似乎是专门由各等级来提供的，其实国家的其他任何一种制度都和各等级一起来

保障公共的福利和合乎理性的自由，其中的一些制度，如君主主权、王位世袭制、审判制度等所提供的保障甚至还要大得多。所以，等级概念的特殊规定应该到下述事实中去探求：普遍自由的主观环节，即本书中称为市民社会的这一领域本身的见解和意志，通过各等级实存于对国家的关系中。这一环节是发展到整体的理念所具有的一个规定；决不能把这种内在的必然性同外在的必然性及有效性混同起来。在这里，正如在其他场合一样，这两个结论是从哲学观点中得出的。

补充（政府对各等级的关系）　政府对各等级的关系，在本质上不应当是敌对的，相信这种敌对关系不可避免，是一种令人丧气的错误。政府并不是与其他党派对立的党派，似乎双方都想为自己力占上风、多夺东西。如果一个国家发生这样的情况，那是一种不幸，而且决不能说是健康的。各等级所同意承担的赋税不应看做献给国家的礼物，因为同意承担赋税是为了承担者自身的福利。各等级的真正意义就是：国家通过它们进入人民的主观意识，而人民也就开始参与国事。

第 302 节

各等级作为一种中介机关，处于政府与分为特殊领域和特殊个人的人民这两个方面之间。各等级的使命要求它们既忠实于国家和政府的意愿和主张，又忠实于特殊集团和单个人的利益。同时，各等级所处的这种地位和组织起来的行政权有共同的中介作用。由于这种中介作用，王权就不至于成为孤立的极端，因而不致成为独断独行的赤裸裸的暴政；另一方面，自治团体、同业公会和个人的特殊利益也不致孤立起来，个人也不致结合起来成为群众和群氓，从而提出无机的见解和希求并成为一种反对有机国家的赤裸裸的群众力量。

附释　最重要的逻辑真理之一，就是作为对立面而处于极端地位的特定环节，由于它同时又是居间者，因而就不再是对立面，而是一种有机的环节。有人主要是从各等级和政府相对立的观点来看待各等级，以为这就是各等级的本质地位。这种偏见非常流行，但是极其危险，所以在讨论现在这个论题时，把这一方面提到首要地位就尤其重要。等级要素只是通过自己的中介作用才显示出自己是一种有机的即纳入整体的部分。因此，对立本身就被降格为假象。如果这种对立由于得到了表现，因而不仅是一种表面现象，而且实际上还是一种实体性的对立，那么，国家必然会招致灭亡。

对抗并不带有这种性质这一标志，由于事物的本性，产生于下列情况：互相冲突的各方面并不是国家机体的本质要素，而是一些比较特殊和琐碎的事物，而且和这种内容有密切联系的情欲也变成了对主观利益的偏私的和贪婪的追逐（如争夺国家要职）。

补充（人民代表制的意义）　国家制度在本质上是一种中介关系。专制国家只有君主和人民，后者如果起作用的话，仅仅作为破坏性的群众而对国家组织起作用的。但当群氓进入国家而成为有机部分时，他们就采取合法而有秩序的方法来贯彻他们的利益。相反地，如果不存在这种手段的话，那么群众的呼声总将是粗暴的。因此，专制国家的暴君总是姑息人民而只拿他周围的人来出气。同样,专制国家的人民只缴纳少数捐税,而在一个宪政国家,由于人民自己的意识,捐税反而增多了。没有一个国家,其人民应缴纳的捐税有像英国那样多的。

第 303 节

普遍等级(或者更确切地说,在政府中供职的等级)直接由于它自己的规定,以普遍物为其本质活动的目的;私人等级在立法权的等级要素中获得政治意义和政治效能。所以,这种私人等级既不是简单的不可分解的集合体,也不是分裂为许多原子的群体,而只能是它现在这个样子,就是说,它分为两个等级:一个等级建立在实体性的关系上;另一个等级则建立在特殊需要和以这些需要为中介的劳动上(第 201 节以下)。只有这样,存在于国家内部的特殊物才在这方面和普遍物真正地联系起来。

附释　这是和另外一种流行的观念相抵触的,按照这种观念,私人等级在立法权中被抬举起来,得以参与普遍事务,但是在选举自己的代表来执行这种职能的时候,或者甚至是在每一个人亲自投票的时候,私人等级都必须通过单个人的形式表现出来。这种原子式的抽象的观点在家庭和市民社会中就已经消逝了,因为在那里,单个的人只有作为某种普遍物的成员才能表现自己。但是国家却在本质上是由本身就构成了集团的那些成员所组成的,国家中的任何一个环节都不应该像无机的群体那样行动。作为单个人的多数人(人们往往喜欢称之为“人民”)的确是一种总体,但只是一种群体,只是一群无定形的东西。因此，他们的行动完全是自发的、无理性的、野蛮的、恐怖的。当我们听到人们谈论国家制度而谈到人民这一无组织的集体的时候，我们预先就知道，除了一些笼统的话和歪曲的演词以外，不可能指望听到什么别的东西。

以上述集团为存在形式的各种共同体进入了政治领域，即进入最高的具体的普遍性领域的时候，竟有人想把这些共同体重新分解为个人组成的群体。因而这种想法就把市民生活和政治生活彼此分割开来，并使政治生活悬在空中，因为按照这种想法，政治生活的基础只是任性和意见的抽象的单一性，从而就是一种偶然性的东西，而不是自在自为的稳固而合理的基础。

尽管在这些所谓的理论看来，市民社会的一般等级和政治意义上的等级是绝不相同的东西，但语言仍然保持了以前就存在的二者之间的结合。

第 304 节

政治上的等级要素在其本身的规定中同时还包含着过去的领域中就已经存在的等级差别。它的地位最初是抽象的，就是说，对整个王权原则或君主制原则说来，是经验普遍性的极端，这种经验普遍性的地位对这一原则说来包含着一种适应的可能性，因而也包含着敌对的可能性。这种抽象的地位只是当它的中介作用得到存在时，才能成为合乎理性的关系（即推论，参阅第 302 节附释）。从王权方面看，行政权（第 300 节）已经具有这种规定；同样，从各等级方面看，它们的某个环节必须使作为中间环节而存在这一点成为它的基本规定。

第 305 节

在市民社会的各等级中有这样一个等级，它所包含的原则本身就能够构成这种政治关系，这就是自然伦理的等级，它以家庭生活为基础，而在生活资料方面则以地产为基础。所以，这个等级在它的特殊性方面具有以自身为基础的意志（这一点和君主要素相同）和君主要素所包含的自然规定。

第 306 节

这个等级是为了政治地位和政治意义按照比较确定的方式构成的，因为它的财产既不依赖于国家的财产，又和职业没有保障无关，和利润的追逐及财产的任何可变性无关，因为它的财产既不仰仗于行政权的恩宠，也不仰仗于群众的青睐。它的财产甚至不为它自己的任性所左右，因为这一等级的成员都负有政治使命，他们不像其他市民一样有权自由处理自己的全部财产，有权把财产一视同仁地在身后遗给自己的子女。这样，他们的财产就成为不可转让的长子继承的世袭领地。

补充（长子继承制）　这个等级具有比较独立的意志。总地说来，土地占有者等级分为有教养的部分和农民等级。同时，和这两部分对立的还有产业等级和普遍等级，前者依赖于人们的需要，并指向于满足人们的需要，后者则完全依靠国家。长子继承制可以使这一等级更有保障和更为巩固，但是这种制度只有在政治方面才有好处，因为它所受到的牺牲具有政治目的——使长子能独立生活。长子继承制的根据是：国家不能光指望一定政治情绪的简单的可能性，而必须依靠某种必然的东西。当然，政治情绪是和财产无关的，但二者之间又有某种必然的联系，因为拥有独立财产的人不会受外界环境的限制，这样，他就能毫无阻碍地出来为国家做事。在没有政治制度的地方，建立和保护长子继承制无非是给私人权利的自由戴上锁链，所以长子继承制或者必须和政治意义相结合，或者注定要灭亡。

第 307 节

可见，实体性的等级中的这一部分的权利，一方面固然以家庭的自然原则为基础，但是这一原则同时又通过沉重的牺牲转向政治目的方面，因此，为这一目的所进行的活动就成了这一等级的主要使命，这一等级同样也因此负有从事这类活动的使命，而且他们之所以有权利进行这类活动，只是由于他们的出生，并非取决于选举的偶然性。所以这个等级占有两个极端的主观任性或偶然性之间的实体性的巩固的地位，而且它（见上节）本身和王权这一环节有共同之处，同时在其他一切方面又同另一极端具有同样的需要，分享同样的权利，结果它就同时成为王位和社会的支柱。

第 308 节

构成等级要素的另一部分的是市民社会的不稳定的一面，这一部分只能通过议员来发表政见，从这表面看来似乎是由于它的成员众多，而实质上则是它的使命和职业的性质造成的。由于这些议员是市民社会派出来的，所以就直接得出这样一个结论：市民社会在派议员时是以它的本来面目出现的，就是说，它不是一群原子式地分散的单个人，不是仅仅为了完成单一的和临时的活动才一时凑合起来而事后则没有任何进一步的联系的人们，相反地，它是一个分为许多有组织的协会、自治团体、同业公会的整体，这些团体因此才获得政治联系。正如第一等级有权不依靠选举而出面（第 307 节）一样，这一等级也有权派出受君主召唤的议员，因此等级和等级会议的存在就获得了合法的特殊的保障。

附释　有人说，一切人都应当单独参与一般国家事务的讨论和决定，因为一切人都是国家的成员，国家的事务就是一切人的事务，一切人都有权以自己的知识和意志去影响这些事务。这一看法是想给国家机体灌输没有任何合理形式（可是只有这种形式才能使国家成为机体）的民主因素，它之所以这样引诱人，是因为它死抱住每一个人都是国家成员这种抽象的规定；而肤浅的思维就正是抓住抽象概念不放的。合乎理性的观察即理念的意识是具体的，所以它符合真正实践的意义，而这种实践的意义本身不外是合乎理性的意义，即理念的意义。可是这种理念的意义不应同事务成规和有限领域的眼界混同起来。具体的国家是分为各种特殊集团的整体；国家的成员是这种等级的成员；他只有具备这种客观规定才能在国家中受到重视。他的普遍规定都包含着双重的因素。国家的成员是私人，而作为能思想的人，他又是普遍物的意识和意志。但是这种意识和意志只有在充满了特殊性（而这种特殊性就是特殊的等级及其规定）的时候，才不是空虚的，而是

充实的和真正有生气的。换句话说，个人是类，但是他只有作为最近的类才具有自己内在的普遍的现实性。

因此，他首先在他的同业公会、自治团体等（第 251 节）领域中达到他的对普遍物说来是现实的和有生气的使命，这些领域的大门对他是开着的，他可以按照自己的才干进入他有资格加入的任何一个领域，包括普遍等级在内。一切人都应当参与国家事务这一观念所包含着的另一个前提，即一切人都熟悉这些事务，是荒谬的，尽管我们可以常听到有人如此说。但是公共舆论（见第 316 节）替每个人开辟了一条道路，使他有可能表示对普遍物的主观意见，以引起人们的重视。

第 309 节

既然选派议员是为了要议员们商讨和决定普遍事务，所以选派议员的意义是：由于信任，这些能比选派者更好地理解普遍事务的个人才被推选出来；并且他们不会为某一个自治团体或同业公会的特殊利益而反对普遍利益，而会在实质上维护这种普遍利益。因此，他们对选举人的关系不是受一定指令约束的代理人的关系，并且这些议员的会议按其规定来说应该是有生气的，议员们可以在这里互通情况，彼此说服，并共同商讨问题。

补充（议员和他的选民）　实行代表制含有这种意义，即同意并不是由一切人直接来表达，而应通过全权代表来表达，因为在代表制之下，单个人不再作为无限的人而出现。代表制的基础是信任，但是信任并不等于要本人亲自投票。按多数票表决也和只有本人亲自参加表决通过的决议本人才必须执行的原则相矛盾。我们信任某人，是因为我们认为他会高度理智地、心地纯洁地把我们的事务看成他自己的事务。因此个别主观意志这一原则消灭了，因为我们所给予的信任是对一种事物、对一个人的原则，或一般地对他的行谊、具体智能的信任。所以重要的是，凡进入等级要素的人应具有适应被邀参加处理普遍事务这种任务的品质、见解和意志。换句话说，问题不是个人作为抽象的单个人而发言，相反地，他应在处理普遍物的会议中使他的各种利益得以伸张。选民需要有使他们所派遣的议员执行和实现这一点的保障。

第 310 节

由于独立的财产已经在等级的第一部分中求得自己的权利，所以在以市民社会的变动不定的成分为基础的第二部分那里，保障代表们具有符合这一目的的品质和情绪的，主要是他们在官府和国家的职位上实际管理事务时所获得的和受过实践检验的情绪、技能和关于国家和市民社会的设施和利益的知识，以及因此而发展起来并经过锻炼的官府和国家的智能。

附释　向所谓人民方面要求这种保障时，关于自己的主观意见总认为这种要求是多余的，甚至也许是侮辱性的。但是国家用来作为自己的规定的是某种客观的东西，而不是主观的意见及其自信；对国家说来，个人只可能是他身上那种能够客观地加以认识和考验的东西，国家应该特别加以注意的正是等级要素第二部分的这个方面，因为这一部分的根源是在以特殊物为目的的利益和职业方面，这里正是偶然性、变化性和任性的表现场所。

外界的条件，即一定数量的财产，单独地看来，显得是片面性的极端，正好像选民赤裸裸的主观信任和意见是另一个片面性的极端。这两者都是抽象的概念，它们与讨论国家事务所必要的和第302节指出的各种规定中所包含的具体特质，适成一个对照。

除此以外，在选举自治团体和协会的首脑人物和其他职员时，财产这一特质有可以发生作用的场合，尤其如果好多这些事务的管理是义务职，或直接与等级事务有关而其成员是不取任何报酬的。

第311节

议员既然由市民社会选派，这种选派就还有这样一层意思，即议员们熟悉并亲身体验到市民社会的特殊的需要、困难和利益。按照市民社会的本性，议员是由市民社会中各种同业公会选派出来的（第308节），而且这种简单的选派方式又不致遭到抽象和原子式观念的破坏，所以议员的选派就直接实现着上述观点的要求，而选派者的选举不是完全多余的，就是拿意见和任性当儿戏。

附释　在社会生活每一特殊的重要部门（如商业、工业等等）的议员中都有切实了解并亲身参加这一部门的个人，这显然是很有意义的；如果主张无定形的不确定的选举，这一重要情况就会被偶然性所支配。但是所有这些部门都和其他部门一样有权选派代表。如果议员被看做代表，那么只是当议员不是个别的人和某种不确定的群众的代表，而是社会生活的某一重要领域的代表，是这一领域的巨大利益的代表的时候，这一点才具有有机的合乎理性的意义。这样看来，代表制的意义就不在于一个人代替另一个人，而在于利益本身真正体现在自己的代表身上，正如代表体现自己的客观原质一样。

关于许多单个的人所进行的选举，还可以指出一点：特别是在大国里，由于选民众多，一票的作用无足轻重，所以不可避免地要有人对自己的投票抱漠不关心的态度，而且有投票权的人虽然赞扬这种权利并对其推崇备至，但却不去投票。这样一来，这种制度就会造成和它本身的规定相反的结果，而选举就会被少数人、被某一党派所操纵，从而被那种正好应当加以消除的特殊的偶然的利益所操纵。

第 312 节

等级要素所包含的两个方面（第 305 节，第 308 节）中的每一方面都会使谘议发生特殊的变化；此外，这些环节中有一个环节在这一领域的内部，同时也就是在现有的要素间，执行中介的特殊职能[1]，由此可见，这个环节也应该获得分立的存在，所以等级会议必须分为两院。

第 313 节

通过这种分立，不仅能因多次的审议而更好地保证各种决定的周密完善，也不仅能消除一时的情绪所造成的偶然性，以及按多

---

① 参阅本书第 304 节。——译者

数票决定所能造成的偶然性，而且（这正是主要的）在这种分立的情况下，等级要素就不大会采取直接反对政府的立场；如果中介环节也站在第二等级这一边，那么这个等级的意见就更有分量，因为这样一来，它的意见就显得更加公正，而与这种意见相反的意见则被抵消了。

第 314 节

等级制度的使命并不在于，它自在地使国家事务的讨论和决定做得顶好，它不过对这方面有所补助而已（第 301 节）。其实，它的特殊使命在于，通过它参加对普遍事务的了解、讨论和决定，其不参与国家行政的市民社会成员的形式的自由这一环节就达到了它的权利。所以，等级会议议事记录的公布，首先使普遍事务的知识普及。

第 315 节

开放这种认识的机会具有更普遍的一面，即公共舆论初次达到真实的思想并洞悉国家及其事务的情况和概念，从而初次具有能力来对它们作出更合乎理性的判断。此外，它又因而获悉并学会尊重国家当局和官吏的业务、才能、操行和技能。议事记录的公布使这些才能获得巨大的发展机会和高度荣誉的表现场所同时也是对单个人和群众自恃自负的又一种治疗手段，而且还是对他们的一种——可以说是最重要的一种——教育手段。

补充（公开性的价值）　等级会议的公开是一个巨大的场面，对公民说来具有卓越的教育意义。人民大部分从这里获知他们利益的真实性质。有一种照例流行的看法，以为一切人早已知道什么是对国家有利的，在等级会议中只不过把它道出而已。但是事实刚刚相反。足以示范的操行、才能、技能在这里才初次发挥出来。部长们当然是厌恶这种会议的，他们必须运用机智和辩才来应付在这里对他们所进行的攻击。但会议的公开毕竟是在一般国家事务方面教育大众的最重要手段。凡是等级会议是公开的那个民族，比之没有等级会议或会议不公开的那些民族，在对国家关系上就显出更有一种生动活泼的气象。唯有把它们的每一个步骤都公开，两院才能跟公共舆论的前进步伐一致；很显然的，某人在家里同他妻子和朋友所一起想象的是一回事，在大会中所发生的，即一个睿智卓识把另一个吞噬，是另一回事。

第 316 节

个人所享有的形式的主观自由在于，对普遍事务具有他特有的判断、意见和建议，并予以表达。这种自由，集合地表现为我们所称的公共舆论。在其中，绝对的普遍物、实体性的东西和真实的东西，跟它们的对立物即多数人独特的和特殊的意见相联系。因此这种实存是经常存在的自相矛盾，知识成为现象，不论本质的东西和非本质的东西一同直接存在着。

补充（公共舆论的价值）　公共舆论是人民表达他们意志和意见的无机方式。在国家中现实地肯定自己的东西当然须用有机的方式表现出来，国家制度中的各个部分就是这样的。但是，无论那个时代，公共舆论总是一支巨大的力量，尤其在我们时代是如此，因为主观自由这一原则已获得了这种重要性和意义。现时应使有效的东西，不再是通过权力，也很少是通过习惯和风尚，而确是通过判断和理由，才成为有效的。

第 317 节

因此，公共舆论不仅包含着现实界的真正需要和正确趋向；而且包含着永恒的实体性的正义原则，以及整个国家制度、立法和国家普遍情况的真实内容和结果。这一切都采取常识的形式，这种常识是以成见形态而贯穿在一切人思想中的伦理基础。在这个内在的真理进入意识并表现为一般命题而达到观念的同时——不论为了自己，或是为了支持有关公共事务、规章制度、国内党派关系和所感到的需要等方面的具体论辩，——一切偶然性的意见，它的无知和曲解，以及错误的认识和判断也都出现了。由于这里所考虑的是独特观点和独特认识的意识，所以意见愈是独特，它的内容就愈恶劣；因为凡其内容完全是特殊的和独特的那些东西都是恶劣的。相反地，合乎理性的东西是绝对普遍的东西，而独特的东西才是意见所赖以自吹自擂的东西。

附释 因此下列两种说法不应看做是出于不同的主观观点。人们一方面说：Vox populi，dox aei〔天视自我民视，天听自我民听〕；另一方面，例如亚里奥斯多[①]又说：

Che'l Volgare ignorante ogn' un riprenda

① 或如歌德所说：
群众是令人起敬的打仗能手，
但是可怜得很，他们不善于判断。

E parli più di quel che meno intenda.

〔无知庶民责斥每一个人，

他对所了解得最少的东西却谈得最多。〕

这两种情况在公共舆论中一并存在。由于在公共舆论中真理和无穷错误直接混杂在一起，所以决不能把它们任何一个看做的确认真的东西。看来很难区别什么是认真的东西，事实上确是如此，要是我们拘泥于直接表达成为公共舆论的那些字句的话。但是由于实体性的东西是公共舆论的内在东西，所以只有它才是的确认真的东西。可是实体性的东西是不能从公共舆论中找到的；正因为它是实体性的东西，所以只有从它本身和在它本身中来识别。不论人们在表示意见时是多么地慷慨激昂，也不论在提出主张时或攻击和争辩时是如何地严肃认真，这些都不是关于实际问题的标准。但是这种意见决不会被人说服，而承认它的认真严肃根本不是什么认真严肃的东西。

一位伟大的天才[①]曾经提出一个公开征求答复的问题："是否允许欺骗人民？"必须答说，人民在他们实体性的基础、精神的本质和特定性质方面，是不受欺骗的，但是关于人民获得这方面的知识的方式，以及关于按这种方式来判断他们的行动和事件等等，他们却受自己的欺骗。

① 腓特烈大帝为1778年柏林学院论文奖金拟定一个题目"S'il peut être utile de tromper un peuple?"〔"欺骗人民是否可能有用？"〕（哈尔纳克："普鲁士学院史"，袖珍版，第321页以下）。另参阅歌德短诗"既诈而伪"。这一问题早在古代提出，到了18世纪人们偏爱作肯定的答复。——拉松版

补充(言论自由)　现代世界的原则要求每一个人所应承认的东西,对他显示为某种有权得到承认的东西。此外,每一个人还愿意参加讨论和审议。如果他尽了他的职责,就是说,发表了他的意见,他的主观性就得到了满足,从而他会尽量容忍。在法国,一直显得言论自由要比默不作声危险性少得多,因为后面一种情形,怕的是人们会把对事物的反对意见扼在心头,至于论争则可使他们有一个出口,而得到一方面的满足,何况它又可使事物更容易沿着本身的道路向前推进。

第 318 节

因此,公共舆论又值得重视,又不值一顾。不值一顾的是它的具体意识和具体表达,值得重视的是在那具体表达中只是隐隐约约地映现着的本质基础。既然公共舆论本身不具有区别的标准,也没有能力把其自身中实体性的东西提高到确定的知识,所以脱离公共舆论而独立乃是取得某种伟大的和合乎理性的成就(不论在现实生活或科学方面)的第一个形式上条件。这种成就可以保得住事后将为公共舆论所嘉纳和承认,而变成公共舆论本身的一种成见。

补充(伟大人物和公共舆论)　公共舆论中有一切种类的错误和真理,找出其中的真理乃是伟大人物的事。谁道出了他那个时代的意志,把它告诉他那个时代并使之实现,他就是那个时代的伟大人物。他所做的是时代的内心东西和本质,他使时代现实化。谁在这里和那里听到了公共舆论而不懂得去藐视它,这种人决做不出伟大的事业来。

第 319 节

公开发表的自由——报刊是它的工具之一，其接触面比口述广得多，可是在生动活泼方面比口述差，——想要说话以及把话说了那种刺激性的冲动的满足，一方面，由于警察法规和制度防止并处罚其越轨行动而直接得到保证；另一方面，又由于它的不足为患而间接得到保证，其所以不足为患，主要在于宪法的合理和政府的巩固，其次在于等级会议的公开。后者之所以能使言论自由不足为患，乃因为有关国家利益的纯洁的和成熟的见解都在会议中尽情吐露，致使别人再也没有多大意义的东西可说，尤其使他们不再有这种看法：似乎他们的这种发言有特殊重大意义和特殊作用。最后，言论自由还由于人们对于肤浅而可憎的发言很快地和不可避免地表示漠不关心和予以藐视而得到保证。

附释　有人说出版自由是要说就说，要写就写的自由，这样一个定义相当于把一般自由看成要做什么就做什么的自由。

这种说法表明思想完全未经教化，还是粗鲁的和肤浅的。此外，按事物的本性来说，形式主义在言论自由这一论题上没有比在任何其他地方更为顽固不化、不可理解的了。其实，它的对象是最轻浮的、最特殊的、最偶然的意见，其内容和语调是各色各样无穷无尽的。除了它直接诱致窃盗、杀害、叛乱等等之外，还含有诡谲的、有修养的表达方式。这种表达方式本身是十分笼统而不确定的，但同时隐藏着完全确定的意义，或者引起未经切实明示的种种后果，而这些后果既无从确定是由它所引起的，也无从确定是包含在它那个表达方式中的。素材和形式的这种不确定性，使法律在这些问题上无从达到其所必要的确定性。结果，由于犯过、不法和侵害在这里都采取了最特殊的和**最主观的**形态，所以判决也就成为一种完全**主观的**决断。此外，侵害行为指向别人的思想、意见和意志，而这些就是构成侵害行为达到现实性的要素。可是这个要素乃属于别人自由的范围，所以一种行动应否认为实际发生损害的行为，应由别人来决定。

因此，我们可以批评法律，一方面说它们是不确定的；另一方面说它们使人们有可能创造一些表达的语调和格式，借以规避法律，或认为法官的裁判是主观决断。其次，我们还可以反对把表达作为**侵害行为**来处理，因为它不是一种行为，而只是一种**意见**和**思维**，或者是**清谈**罢了。因此在主张内容和形式都是赤裸裸的主观性这同一口气中，我们一方面要求单纯的意见和清谈**不受处罚**，因为它们是**不重要的**和**无意义的**；另一方面则要求对这种意见——由于它是个人的，特别是**精神**财产，——和对这种清谈——由于它是这种个人财产的表达和使用，——予以**高度尊敬**和**重视**。

可是损害个人名誉，诽谤、诟骂、侮辱政府及其首长和官吏，特别是君主本人，嘲弄法律，唆使叛乱等等，都是各种不同程度的犯罪和犯过，这点乃是而且始终是实体性的东西。诸如此类的行为通过其借以表达的要素所达到的较高度的不可确定性，并不消除它们的那种实体性质；因此，它只产生这种后果，即这些行为的**主观**基础，也决定着**反应**的**本性**和**形态**。

正是犯行的这种基础，使主观性的观点和偶然性等在反应中成为必然的东西，不论这种反应是对犯罪的警察上预防或是真正的刑罚。在这里，形式主义照例注重利用外界现象的个别方面，和从这些方面所汲取的抽象观念，从事争辩，来否认事物的实体性质和具体本性。

至于各种科学，如果是真正科学的话，根本不会出现在意见和主观观点的基地上，同时各种科学的阐明并不在于语调巧妙、指桑骂槐、半吞半吐、闪烁其词，而在于明晰地、确定地和公开地道出其意义和含义，因之它们不属于公共舆论的范畴（第316节）。

除此以外，我们上面已经提到，观点及其表达借以成为实施的行为而达于现实存在的这个要素，就是别人的智力、原则和意见；既然如此，那么行为的这一个方面，即它们对个人、社会和国家（参阅第218节）的真正作用和危险性，也以这些行为发生在哪种性质的基地上为转移，例如，落在火药堆里的一颗火星比掉在硬地上的一颗火星危险得多，掉在硬地上的一颗火星是会无形消失的。

因此，正如科学的表达是在它的素材和内容中获得它的权利和保证一样，不法的表达也可能在它自身所招致的藐视中获得一种保证，或者至少获得容忍。这种行为就其自身说同样是法律上应受处罚的罪行，但是其中一部分可以算做这样一种愤慨的非难，即内在的无能感觉到自身受别人占优势的才能和德行的压迫，于是不得不表示这种非难，以求在这种优势面前肯定自己，并使自己的虚无性重新获得一种自我意识。这就像罗马士兵对他们大将军们所为的、一种比较无伤大雅的非难。罗马士兵由于他们经历艰苦的服役和纪律，尤其由于他们的姓名没有列入凯旋荣誉中，所以在凯旋游行时歌唱讽刺曲，使自己跟这些大将军们保持一种平衡。前一种恶劣的可憎的非难因受人蔑视而丧失其效果，因此，正如引起大众围看的把戏一样，它只限于无意义的戏谑和包含在它内部的自我谴责。

第 320 节

主观性的最外部表现是闹意见和争辩。这种主观性在希求肯定自己的偶然性、从而也就毁灭自己的同时，使巩固存在的国家生活陷于瓦解。但是主观性在它的对立物中即在那种与实体性的意志同一的主观性中，才达到真正现实性，这种主观性构成王权的概念，它作为整体的理想性，到目前我们阐述的阶段为止，还没有达到它的权利和定在。

补充(国家主观性的理想化)　我们前次已经把主观性作为君主这一国家首脑来考察[①]。它的另一方面是公共舆论中的任意表达，这是它的最外部的表现。君主的主观性是自在地抽象的，但它应该是一种具体的东西，这样它才是弥漫于整体中的理想性。国家在和平时期，市民生活的一切部门都稳固地存在着，但是它们这种彼此并立而各别的存在，是源出于整体的理念的。源出于整体的理念这一事实也必然要作为整

① 参阅本书第 279 节以下。——译者

体的理想性而显现出来。

二　对外主权

第 321 节

对内主权(第 278 节)就是这种理想性,意思是精神及其现实性——即国家——的各个环节按其必然性而获得了发展,并作为国家的肢体而稳固地存在着。但是精神在自由中是无限否定的自我相关,同样,在本质上它是自为的存在,这种自为的存在把现存的差别纳入自身中,从而它是排他性的。就这种规定说,国家是具有个体性的,这种个体性本质上就是个人,而现实的直接的个人就是国君(第 279 节)。

第 322 节

个体性作为排他性的自为的存在,表现为它对别国的关系,其中每个国家对别国来说都是独立自主的。现实精神的自为的存在在这种独立性中达到了它的定在,所以独立自主是一个民族最基本的自由和最高的荣誉。

附释　一个集体如果已经构成一个多少是独立自主的国家并具有自己的中心,而说这个集体愿意丧失这个中心和它的独立,以便同其他一个集体组成一个整体,说这种话的人对于集体的本性和一个独立民族所具有的自尊感就知道得很少。因此,国家在历史上最初出现的权力就是这种独立本身,纵然它是完全抽象的、还没有获得进一步的内部发展。所以，例如家长、酋长等个人占据最高地位，正是符合这种原始现象的。

第 323 节

国家的这种否定的自我相关，在定在中表现为一个国家对另一个国家的关系，并且似乎否定的东西是一种外在的东西[①]。因此这种否定关系的实存就具有事故的形态，以及同外来的偶然事变错综交织的形态。但是这种否定关系是国家最特有的环节，国家的现实无限性，其中一切有限的东西都达到了理想性。正是在这个环节中，国家的实体——即对抗一切单一和特殊，对抗生命、财产及其权利，以及对抗其他集团的那国家的绝对权力——使这些有限东西的虚无性出现在定在和意识中。

第 324 节

把个人的利益和权利设定为瞬即消逝的环节这个规定，同时是肯定的东西，即肯定个人的绝对个体性而不是个人的偶然和易变的个体性。因此，这种关系以及它的承认就成为个人的实体性的义务，他有义务接受危险和牺牲，无论生命财产方面，或是意见和一切天然属于日常生活的方面，以保存这种实体性的个体性，即国家的独立和主权。

附释　有一种很误谬的打算，在对个人提出这种牺牲的要求这一问题上，把国家只看成市民社会，把它的最终目的只

① 参阅《哲学全书》，第 96 节到第 98 节。——译者

看成个人生命财产的安全。其实，这种安全不可能通过牺牲应获得安全的东西而达到；情形刚刚相反。

本节所述也包含战争的伦理性的环节。战争不应看成一种绝对罪恶和纯粹外在的偶然性，从而说它本身具有偶然的根据，不论其为当权者或民族的激情，不公正的事由，或任何其他不应有的事都好。本性是偶然的东西才会遭到其他偶然的东西，而这种命运正是必然性。一般说来，概念和哲学会使纯粹偶然性这种观点消失，而在表现为假象的偶然性中识别其本质，即必然性。有限的东西，如生命财产，被设定为偶然的东西，那是必然的，因为这就是有限东西的概念。从一方面看，这种必然性具有自然力的形态，因而一切有限的东西都迟早必死，从而是暂时性的。但是在伦理性的实体即国家中，自然被夺去了这种力量，而必然性也就上升为自由的作品，即一种伦理性的东西。至于那种暂时性则成为所希求的消逝，作为有限东西的基础的否定性也成为伦理性的本质所特有的实体性的个体性。

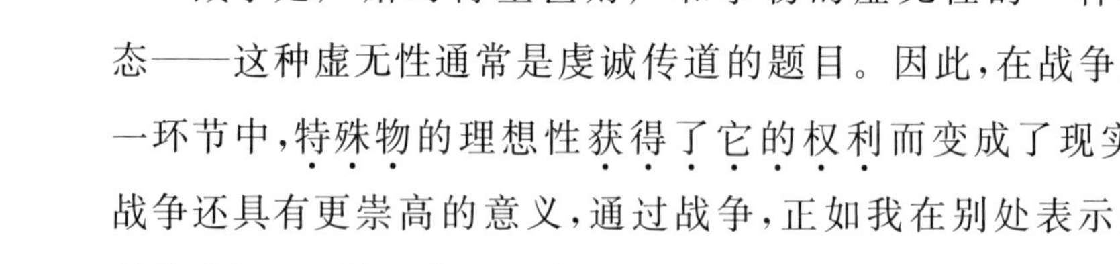

战争是严肃对待尘世财产和事物的虚无性的一种状态——这种虚无性通常是虔诚传道的题目。因此，在战争这一环节中，特殊物的理想性获得了它的权利而变成了现实。战争还具有更崇高的意义，通过战争，正如我在别处表示过的[①]，“各国民族的伦理健康就由于它们对各种有限规定的凝

① 黑格尔：《关于处理自然法的各种科学方法》，载《哲学评论》，第2卷，第2部分，第62页（《全集》，第1卷，第373页）。——拉松版

固表示冷淡而得到保存，这好比风的吹动防止湖水腐臭一样；持续的平静会使湖水发生相反的结果，正如持续的甚或永久的和平[1]会使民族堕落”。

可是，这个只是哲学观念，或如人们所惯说的，是天意的辩护，而实际的战争还需要他种辩护，关于这一点，容俟下述[2]。

在战争中即在一种对外的偶然关系中所含有而显露出来的理想性，与国家内部各种权力成为整体的有机环节这一理想性是相同的。这在历史现象中是以各种不同形态表现出来的，其中一种就是幸运的战争防止了内部的骚动，并巩固了国家内部的权力。其他现象也能说明这一点。例如一国人民由于不愿意忍受或竟害怕对内主权，结果被另一国征服，他们愈是不能首先对内把国家权力组织起来，他们争取独立的事业就愈难有成功和光荣的希望（为了怕死而他们的自由死亡了）。又不依靠武装力量而用其他方法来保障它们自主的那些国家（例如与邻邦相比小得不相称），可以根据一种内部国家制度而巩固地存在，这种国家制度，就其本身而言，是不能保证对内对外和平的。

补充（永久和平）　在和平时期，市民生活不断扩展；一切领域闭关自守，久而久之，人们堕落腐化了，他们的特异性也愈来愈固定和僵化了。但是健康需要躯体的统一，如果一切

① 指康德的建议而言，1795 年他写了一篇短文《永久和平论》。——译者

② 参阅本书第 334 节到第 337 节，又第 343 节。——译者

部分各自变成僵硬，那就是死亡。永久和平这一要求往往是作为一种理想而被提出的，人类似乎必须全力以赴。例如康德曾建议成立一个国君联盟来调停国与国间的争端，人们打算把神圣同盟成为这样一种制度。可是国家是个体，而个体性本质上是含有否定性的。纵使一批国家组成一个家庭，作为个体性，这种结合必然会产生一个对立面和创造一个敌人。由于战争的结果，不但人民加强起来，而且本身争吵不休的各民族，通过对外战争也获得了内部安宁。当然，战争造成财产上的不安全，但是这种实际不安全不外是一种必然的运动。我们听到许多传道者在说教坛上讲世俗事物是不安全的、虚空的和变幻无常的，可是不论我们如何受到感触，每个人都这样想："我至少会保持着自己的东西。"但当这种不安全是以手持晃耀利刃的骠骑那种形态出现，而且真是要干起来的时候，预言一切这种情况而令人伤感的那种说教，就转而咒骂征服者。尽管如此，当事物的本性要求时，战争还是会发生的；种子又一次发芽了，在严肃的历史重演面前，饶舌空谈终于成为哑口无言。

第 325 节

由于为国家的个体性而牺牲是一切人的实体性的关系，从而也是一切人的普遍义务，所以这种关系，作为理想性的唯一的方面以对抗巩固地存在的特殊物的实在性，同时就成为一种特殊关系，而献身于这种特殊关系的人自成一个等级，以英勇著称。

第 326 节

国与国间的争议可以它们关系中任何一个特殊方面为其对象。戮力保卫国家的特殊等级的主要使命也就在于应付这种争议。如果国家本身，它的独立自主，陷于危殆，它的全体公民就有义务响应号召，以捍卫自己的国家。如果在这种情况下，动员全国力量，放弃本身内部生活而全力对外作战，防御战就转化为征服战。

附释　国家武装力量之成为常备军，以及负有卫国使命的特殊职业之成为一个等级，都是一种必然性，正如其他特殊环节、利益和职业之各成为一个身份或等级——婚姻身份、产业等级、政治等级、公务人员等级等等——也都是一种必然性一样。在各种根据上往返徘徊的抽象推论考察了设置常备军还是比较有利或有害这一问题以后，结果竟断定后者为是，这是因为事物的概念总比事物个别的和外在的方面难于捉摸，又因为在市民社会的意识中，特殊性的利益和目的（费用及其后果，更沉重的赋税等等）要比绝对必然的东西被抬举得更高，结果，后者仅仅被看做前者的手段。

第 327 节

英勇本身是形式的德，因为它是从一切特殊目的、财产、享受和生命中抽出的那自由的最高抽象；但是这种外在现实方式的否定性和作为完成英勇行为的那种舍身取义，就其本身说，不具有精神性质；内心情绪可能是这种或那种英勇行为的理由，而它的实际结果也可能不为自己而只是为着别人。

补充(英勇)　军人等级是负责保卫国家的普遍性的等级,它有义务使在它本身中自在的理想性达到实存,即有义务牺牲自己。英勇诚然是各种各样的。动物和强盗的胆量,为荣誉的英勇和骑士式的英勇,都还不是英勇的真实形式。有教化民族的真实英勇在于准备为国牺牲,使个人成为只是多数人中的一个。在这里,重要的不是个人的胆量,而是在于被编入普遍物中。在印度,500 个人战胜了 20 000 个人,其实这 20 000 个人不是都胆怯的,但是他们就没有这种情绪同别人结合,戮力一致。

第 328 节

作为情绪的英勇,它的固有价值包含在真实的绝对的最终目的即国家主权中。这种最终目的的现实性,作为英勇的作品,是以个人现实性的牺牲为其中介。因此这种形态包含着极端尖锐的矛盾:牺牲自己,然而这却是它的自由的实存!个体性具有最高的独立性,然而同时它的实存在外部秩序和服务的机器中起作用;一方面,绝对服从和放弃私见与争辩,就是要做到没有头脑;另一方面,要最强烈地、广泛地做到镇定和当机立断;对个人施加最敌对而且是亲身的行动,然而他对他们,作为个人说来,毫无冤仇,甚且不无好感。

附释　冒生命的危险当然比光怕死要高明,但还是属于单纯否定的东西,它本身既没有规定,也没有价值。肯定的东西即目的和内容才给予这种勇敢以意义。强盗和杀人犯以犯罪为其目的，冒险家以他私见所想象的为其目的，如此等等，他们都有那种拼命的胆量。

现代世界的原则，即思想和普遍物，给英勇以更高的形态，因为英勇的表达看来更加机械式了，它不是这一特殊人的活动，而只是某一整体的一肢的活动。同样，它看来不是指向单个人，而是指向一个敌对的整体，这就使个人勇敢成为一般的无人称的勇敢。现代世界的原则就因而发明了枪炮，这种火器的发明把英勇的个人形态转变为较抽象的形态，乃非偶然。

第 329 节

国家的对外趋向在于它是一个个别主体，因此，它对别国的关系属于王权的范围。正因为这个缘故，王权而且只有王权才有权直接统率武装力量，通过使节等等维持同其他国家的关系，宣战媾和以及缔结条约。

补充（国君） 几乎所有欧洲国家，其王权都属于个人形式的最高当局，他以处理对外关系为职责。在采行等级会议制的国家，可以发生这样一个问题：宣战媾和是否应该由各等级来决定才对，无论如何，特别有关经费事项它们将保持对战与和的决定发生影响，例如，在英国不可能进行不得人心的战争。但如果以为国君和内阁比较国会更易受激情的支配，因而企图把战与和的决定归国会掌握，那就必须指出，往往整个民族可能比它的国君更为兴奋激动。在英国，有过好多次全体人民逼着要进行战争，并且在一定程度上强迫部长们这样做。毕特之所以能得人心[①]，正因为他知道怎样迎合全国人民当时的意向。只是后来[②]人民才冷静下来，开始意识到战争是无用的和不必要的，并且也没有考虑到经费就开始作战的。除此以外，国家不是只同另一个国家而是同许多国家发生关系，这些关系错综复杂，微妙之至，只有最高当局才能加以处理。

第二　国际法

第330节

国际法是从独立国家间的关系中产生出来的，因此国际法中自在自为的东西保存着应然的形式，因为它的现实性是以享有主权的各个不同意志为依据的。

补充（国际法）　国家不是私人，相反地，国家是自在的、完全独立的整体自身，所以它们之间的关系与单纯道德的和私法的关系有别。人们往往要从私法的和道德的观点来看待国家，殊不知私人的地位是这样的：他们处于法院管辖之下，而法院使自在的法成为实在。至于国与国之间的关系的确也应该自在地合乎法，但在尘世中，自在存在的东西还应该拥有权力。由于现在还没有任何权力来对国家作出裁判，决定什

① 1793年。——译者

② 1797年。——译者

么是自在的法，并执行这种裁判，所以就国与国之间的关系说，我们必须一直停留在应然上。国与国之间的关系是独立主体间的关系，它们彼此订约，但同时凌驾于这些约定之上。

第 331 节

作为国家的民族，其实体性的合理性和直接的现实性就是精神，因而是地上的绝对权力。由此可见，一个国家对其他国家来说是拥有主权和独立的。它有权首先和绝对地对其他国家成为一种主权国家，即获得其他国家的承认。但同时这种权能只是形式上的，而要求承认国家，如果仅仅因为它是一个国家，那么其要求是抽象的。事实上，它究竟是不是这样一种自在自为地存在的东西，这一点要决定于它的内容，即国家制度和一般状况；而承认既包含着形式与内容这两者的同一，所以它是以其他国家的观点和意志为依据的。

附释　不同他人发生关系的个人不是一个现实的人（第71节和其他各节[①]），同样，不同其他国家发生关系的国家也不是一个现实的个体（第322节）。一个国家的正统性，或更确切些说，由于国家是对外的，所以也是王权的正统性，一方面是一种完全内部的关系（一个国家不应干涉其他国家的内政）；另一方面，同样是本质的，它必须通过别国的承认才成为完善的。但是这种承认要求一项保证，即别国既应承认它，它也应同时承认别国，就是说尊重别国的独立自主，因此，一国

① 例如第40节。关于承认参阅第349节附释。——译者

内部发生的事，对别国说来不是无所谓的。

例如关于游牧民，或一般说来，关于任何一个具有低级文化的民族，可以发生这样一个问题：在哪种程度上它可以被看成一个国家。宗教观点（如往昔在犹太民族和各回教民族那里）可能引起一个民族和其他民族间更高程度的对立，这种对立排除了承认所必要的一般的同一。

补充（实存的力量）　当拿破仑在康普福米欧和平会议[①]前表示："法兰西共和国不需要承认，正如太阳不需要承认一样"，这句话的含义，不外指事物实存的力量；这种力量已经保证了承认，更不用人们明白表示。

第332节

国家在相互对待中的直接现实性，分为各色各样的关系，它们由双方独立的任性来规定，从而具有一般契约形式的性质。可是这种契约的素材，就其种类说，要比在市民社会中的少得不可以数计，因为在市民社会中个人在很多方面相互倚赖，而各个独立国家主要是自给自足的整体。

第333节

国际法与实定条约的特殊内容有别，它是国家间应该绝对有效的普遍的法；国际法的基本原则在于，条约作为国家彼此间义务的根据，应予遵守。但是因为它们之间的关系以主权为原

① 1797年拿破仑第一次意大利战役结束时。——译者

则，所以在相互关系中它们是处于自然状态中的。它们的权利不是由被组成为超国家权力的普遍意志来实现，而是由它们特殊意志来实现的。因此，国际法的那种普遍规定总是停留在应然上，而实际情况也正是合乎条约的国际关系与取消这种关系的相互更替。

附释 国家之间没有裁判官，充其量，只有仲裁员和调停人，而且也只是偶然性的，即以争议双方的特殊意志为依据的。康德的想法是要成立一种国际联盟，调停每一争端，以维护永久和平。这种联盟将是被每个个别国家所承认的权力，旨在消弭纷争，从而使诉诸战争以求解决争端成为不可能。康德的这种观念以各国一致同意为条件，而这种同意是以道德的、宗教的或其他理由和考虑为依据的，总之，始终是以享有主权的特殊意志为依据，从而仍然带有偶然性的。

第334节

由此可见，如果特殊意志之间不能达成协议，国际争端只有通过战争来解决。但在各国极广大的范围内和它们人民所建立的多方面的关系中，可以很容易和大量发生各种损害，至于哪些损害应看成切实破坏条约或损害国家的主权与荣誉，这一点其本身依然是无法确定的。其所以如此，因为国家可以把每一细小事件都看成涉及它的无限性和荣誉；当一个强有力的个体性愈是经过内部长期和平而被驱使向外寻求和制造活动的题材时，它愈会有这种感受。

第 335 节

除此以外，国家作为一般精神的东西，不以仅仅注意实际上已发生的损害为限。相反地，它还具有对这种损害的表象，认为别国对它有急迫的危险，同时它还会上下盘算盖然性的大小，推测别国的意图，如此等等，这些都构成纷争的原因。

第 336 节

由于各国都是以作为特殊意志的独立主体相互对待（条约的有效性就是以此为依据的），又由于整体的特殊意志完全以它自身的福利为内容，所以福利是国家在对别国关系中的最高法律；如果我们想到国家的理念正在于扬弃其自身中的法（作为抽象的自由）和福利（作为充实抽象自由的特殊内容）的对立，而对国家的最初承认（第 331 节）也正与国家是一种具体的整体有关，尤其见得福利是国家在对别国关系中的最高原则。

第 337 节

国家的实体性的福利，就是作为一个特殊国家在它特定利益和状态中以及同样特殊的对外情况中（包括特殊条约关系在内）的福利。所以政府属于一种是特殊智慧的事而不是普遍天意的摄理（参阅第 324 节附释）。同样，在对其他国家关系中的目的，以及替战争和条约正义性辩解的原则，也不是一种普遍的（博爱的）思想，而是它的特定的和特殊的、实际受到侵害或威胁的福利。

附释 有一个时期，人们好谈道德和政治的对立，并要求后者适合前者。这里只须一般地指出，国家福利具有与个人福利完全不同的合法性。伦理性的实体，即国家，直接在具体而不是抽象的实存中获得它的定在，即它的权利。它的行动和行径的原则，只能是这种具体实存，而不是被看做道德戒律的许多普遍思想中的任何一种思想。在这种所谓对立中政治总是所谓不法的那种观点，乃是建立在对道德、对国家本性和对国家跟道德观点的关系的那肤浅观念之上的。

第 338 节

国家彼此都承认为国家这一事实，即使在那无法无天而由权力和偶然性支配一切的战争状态中，也仍然是一种纽带，在这种纽带的联系中，它们彼此都算做自在自为地存在的东西。因此在战争中，战争本身被规定为一种应该消逝的东西。所以战争包含着下列国际法规定，即和平的可能性应在战争中予以保存，尊重使节，即其一例；又一般说来，战争的矛头不得指向内部制度、和平的家庭生活与私人生活，也不得指向私人。

补充（现代的作战）　因而，现代战争的进行方式是人道的，人与人之间没有刻骨仇恨，个人的敌意，充其量在前哨出现着。但是在军队——作为军队来说——中，敌忾是某种模糊的东西，在一方尊重他方的义务时，敌忾就应让出它的地位。

第 339 节

除此以外，在战争中国家彼此之间的关系（例如，关于战俘问题），以及在和平时期一国对从事私人交易的他国人民所特许的权利等等，主要以国际惯例为依据，国际惯例是在一切情况下被保存着的、行为的内在普遍性。

补充（欧洲的国际法）　欧洲各民族根据它们立法、习惯和文化的普遍原则组成一个家庭。在战争状态中国际法上的行动也根据这一原则而有所修改，否则一切都将受互相为非作恶的心理所支配。国与国之间的关系是摇摆不定的，也没有裁判官来调整这种关系，唯一最高裁判官是普遍的绝对精神，即世界精神。

第 340 节

国家在它们的相互关系中都是特殊物，因此，在这种关系中激情、利益、目的、才德、暴力、不法和罪恶等内在特殊性和外在偶然性就以最大规模和极度动荡的嬉戏而出现。在这种表演中，伦理性的整体本身和国家的独立性都被委之于偶然性。由于各民族作为实存着的个体只有在它们的特殊性中才具有其客观现实性和自我意识，所以民族精神的原则因为这种特殊性就完全受到了限制。各民族在其相互关系中的命运和事迹是这些民族的精神有限性的辩证发展现象。从这种辩证法产生出普遍精神，即世界精神，它既不受限制，同时又创造着自己；正是这种精神，在作为世界法庭的世界历史中，对这些有限精神行使着它的权利，它的高于一切的权利。

第三　世界历史

第 341 节

普遍精神的定在的要素，在艺术中是直观和形象，在宗教中是感情和表象，在哲学中是纯自由思想，而在世界历史中是内在性和外在性全部范围的精神现实性。世界历史是一个法院，因为在它的绝对普遍性中，特殊的东西——即在现实中形形色色的家神、市民社会和民族精神——只是作为理想性的东西而存在，在这个要素中，精神的运动就在于把这一事实展示出来。

第 342 节

其次，世界历史不是单纯权力的判断，就是说，它不是盲目命运的抽象的和无理性的必然性。相反地，由于精神是自在自为的理性，而在精神中理性的自为存在是知识，所以世界历史是理性各环节光从精神的自由的概念中引出的必然发展，从而也是精神的自我意识和自由的必然发展。这种发展就是普遍精神的解释和实现。

第 343 节

精神的历史就是它自己的行为，因此精神仅仅是它所做的事，而它的行为就在于把自己，在这里是作为精神，变成它自己意识的对象，并在对自己解释自己中把握自己。这种把握是它的存在和原则,完成这一把握同时也就是它的外化和过渡。从形式上来表达,重新把握这种把握的精神,或者这样说也是一样,由外化返回到自身的精神,比起它自己处在前一阶段的把握时是更高阶段的精神。

附释 这里发生了人类的完善性和教育的问题。主张这种完善性的人猜测到精神的本性的某些东西,因为它的本性就是以 *Γνῶνι σεαυτὸν*〔知道你自己〕为它存在的规律,并且——由于它把握到它自己是什么——比起曾经构成它的存在的那种形态是一种更高的形态。但是,对那些拒绝接受这种思想的人说来,精神一直是一个空洞的字眼,而历史则是偶然的、所谓单纯人类努力和激情的浅薄嬉戏。即使他们在这方面也谈到天意和神的计划,并表示对一种更高的权力具有信仰,然而他们的观念始终不获实现,因为他们明白表示,神的计划对他们说来是一种不可认识和不可理解的东西。

第 344 节

在世界精神所进行的这种事业中,国家、民族和个人都各按其特殊的和特定的原则而兴起,这种原则在它们的国家制度和生活状况的全部广大范围中获得它的解释和现实性。在它们意识到这些东西并潜心致力于自己的利益的同时,它们不知不觉地成为在它们内部进行的那种世界精神的事业的工具和机关。在这种事业的进行中,它们的特殊形态都将消逝,而绝对精神也就准备和开始转入它下一个更高阶段。

第 345 节

正义和德行、不法、暴力和罪恶、才能及其成就、强烈的和微弱的情欲、过错与无辜、个人生活和民族生活的华美、独立、国家和个人的幸与不幸，所有这些都在已知现实性的领域中有其一定的意义和价值，并在其中找到它们的判决和正当性，虽然只是部分的正当性。世界历史则超出于这些观点之上。世界历史的每一个阶段，都保持着世界精神的理念的那个必然环节，而那个环节就在它的那个阶段获得它的绝对权利，至于生活在那个环节中的民族则获得幸运与光荣，其事业则获得成功。

第 346 节

历史是精神的形态，它采取事故的形式，即自然的直接现实性的形式。因此，它的发展阶段是作为直接的自然原则而存在的。由于这些原则是自然的，所以它们是相互外在的多元性；因而它们又是这样地存在着，即其中每个归属于一个民族，成为这个民族的地理学上和人类学上的实存。

第 347 节

这种环节作为自然原则所归属的那个民族，在世界精神的自我意识的自我发展进程中，有执行这种环节的使命。这个民族在世界历史的这个时期就是统治的民族；它在世界历史中创立了新纪元，但只能是一次的(第 346 节)。它具有绝对权利成为世界历史目前发展阶段的担当者，对它的这种权利来说，其他各民族的精

神都是无权的，这些民族连同过了它们的时代的那些民族，在世界历史中都已不再算数了。

附释 一个世界历史性民族的特殊历史，一方面包含着它的原则的发展，即从它幼年潜伏状态起发展到它全盛时期，此时它达到了自由的伦理性的自我意识而进窥普遍历史；另一方面，它包含着衰颓灭亡的时期，其实，衰颓灭亡标志着在这个民族中出现了一个作为纯粹否定它自己的更高原则。这种情况指出，精神过渡到了那个更高原则，而另一个民族获得了世界历史的意义。从这一新时期开始，先前那个民族就丧失了它的绝对利益。诚然，那时它也会积极地接受更高原则，并按这个原则把自己组织起来。但是它对待这个原则，好像对待螟蛉子一样，缺乏内在的生气和活力。它可能丧失其独立，也可能作为一个特殊国家或一批国家而继续存在或苟延残喘，并偶然地卷入各种各样的内部事业和对外战争中。

第 348 节

居于一切行动也包括世界历史性行动在内的顶点的是个别的人，他们是使实体性的东西成为现实的那种主观性（第 279 节附释）。他们是世界精神的实体性事业的活的工具，所以是直接跟这种事业同一的；但是这种事业又躲避着他们，所以它不可能是他们的客体和目的（第 344 节）。因此他们虽然完成了这种事业，但是他们既得不到同时代人的崇敬和爱戴（同节）、也得不到后世舆论的崇敬和爱戴。相反地，他们在这种舆论中只是由于他们事业的主观形式而享受到一部分不朽光荣。

第 349 节

一个民族最初还不是一个国家。一个家庭、游牧民、部落、群体等等向国家状态过渡，一般说来，就是理念采取民族形式的实在化。如果没有这种形式，民族作为伦理性的实体——它自在地存在着——就缺乏客观性来为自己和为别人在法律——即被思考的规定——中获得一种普遍物或普遍的定在，因而这个民族就不会被承认。由于它没有客观的合法性和自为地固定的合理性，所以它的独立只是形式的而不是具有主权的。

附释　即使普通观念也不会称家长制是一种国家制度，不会称在这种状态中的民族是一个国家，或它的独立是具有主权的。因此在现实历史开始以前的情况，一方面是毫无利害感觉的愚昧的天真；另一方面是为获得形式上承认而斗争的勇气和复仇的勇气（参阅第 331 节和第 57 节附释）。

第 350 节

理念的绝对权利出现在以婚姻和农业为起点（见第 203 节）的法律规定和客观制度中，不论理念的这种现实化表现为上帝的立法和恩赐或是权力和不法都好。这种权利就是英雄创建国家的权利

第 351 节

本于上述同一规定，文明民族可以把那些在国家的实体性环节方面是落后的民族看做野蛮人（如游牧民对待狩猎民，以及农业

民族对待前两者，等等）。文明民族意识到野蛮人所具有的权利与自己的是不相等的，因而把他们的独立当作某种形式的东西来处理。

附释　因此，在这种情况下所发生的战争和争端，是争取对一种特定价值的承认的斗争，这一特征给这些战争和争端以世界历史的意义。

第 352 节

各种具体理念，即各种民族精神，在绝对的普遍性这一具体理念中，即在世界精神中，具有它们的真理和规定；它们侍立在世界精神王座的周围，作为它的现实化的执行者和它的庄严的见证和饰物而出现。作为精神，它不外是它的积极运动，以求绝对知道自己，从而使它的自我意识从自然直接性的形式中解放出来，而达到它自己本身；所以在它解放过程——世界历史的王国——中，这种自我意识形成的原则计有四个。

第 353 节

精神在最初作为直接的启示中，以实体性精神的形态为原则，这种形态是同一性的形态，在这种形态中，个别性依然沉没在它的本质中，而且还没有得到独立存在的权利。

第二个原则是这种实体性精神的知识，因此这种精神既是积极的内容和充实，又是作为精神的活的形式的、自为的存在。这一原则就是美的伦理性的个体性。

第三个原则是能认识的自为的存在在自身中的深入，以达到抽象的普遍性，从而成为在同一过程中被精神所委弃的、客观世界的无限对立面。

第四种形态的原则是精神的上述那种对立的转化，它接受它的真理和具体本质在它的内心生活中，并同客观性融成一片。回复到最初实体性的这种精神，就是从无限对立那里返回的精神，它产生和认识它的这种真理，即思想与合乎规律的现实世界。

第 354 节

按照这四个原则，世界历史可分为四种王国：(1)东方的，(2)希腊的，(3)罗马的，(4)日耳曼的。

第 355 节

(1) 东方王国

这第一个王国是从家长制的自然整体中产生的、内部还没有分裂的、实体性的世界观，依照这种世界观，尘世政府就是神权政治，统治者也就是高级僧侣或上帝；国家制度和立法同时是宗教，而宗教和道德戒律，或更确切些说，习俗，也同时是国家法律和自然法。个别人格在这庄严的整体中毫无权利，默默无闻。外部自然界或者是直接的神物，或者是神的饰物，而现实的历史则是诗篇。朝着风俗习惯、政府国家等不同方面发展起来的差别，不成为法律，而成为在简单习俗中笨重的、繁琐的、迷信的礼仪，成为个人权力的和任性统治的偶然事件，至于等级划分则成为自然凝固起来的世袭种姓。因此在东方国家，其内部没有固定的东西，凡是巩固的东西都已成为化石了；只有在它的对外运动中，它才有生气，而这种运动也会成为原始的怒吼与破坏。它的内部安静是一种私生活的安静，在衰弱疲惫中的沉陷。

附释　在国家形成中还是实体性的自然精神性这一环节，是每个国家在历史上的绝对出发点的形式。在《论自然国家的没落》一书（著者斯图尔博士，1812 年柏林出版）中著者就各个特殊国家，从历史上精深博奥地指出并证明这个环节，这一部著作替合乎理性地考察国家制度的历史以及一般历史铺平了道路。它同时指出主观性和自我意识着的自由的原则是日耳曼民族的原则。但是它的论述仅限于自然国家的没落，因而只谈到下列一点为止：或者这一原则表现为流动不居和人类的任性与败坏，或者在它的特殊形态中表现为心情，总之，它没有发展到自我意识着的实体性的客观性，即有机的法制。

第 356 节

（2）　希腊王国

这种王国具有有限东西与无限东西的那种实体性的统一，但它只是作为神秘的基础而被排挤在模糊的记忆中、在洞穴中和在传统的画像中。这种神秘的基础是从区分自身为个别精神性的精神中和在知识的光辉照耀下产生出来的，并经中和与变形而成为美，成为自由而明朗的伦理性，所以就在这种规定中，出现了个人的个体性这一原则，但它还不是关闭在自身中，而是保持在它的理想的统一中的。其结果，整体分解为一批特殊的民族精神，但是一方面，意志的最后决断并不属于自为地存在的那种自我意识的主观性,而是属于在这种主观性之上和之外的一种权力(参阅第279节附释);另一方面,对特殊需要的满足还没有被纳入自由中,而是专属于奴隶等级的事。

第357节

(3)　罗马王国

在这种王国中各种差别的划分完成了,伦理生活无限地分裂为私人的自我意识和抽象的普遍性这两个极端。这种对立从贵族制的实体性的直觉跟采取民主制形式的自由人格的原则相对立这一点开始,然后发展起来,前者这一方面成为迷信和冷酷的、贪婪的权力的伸张,后者这一方面则堕落为贱民。最后,整体的分解终于造成普遍灾祸和伦理生活的毁灭;民族个体性消亡在一种万神庙的统一中,一切单个人降格为私人,他们一律平等,并且都具有形式的权利,只有把自己推进到惊人地步的那种抽象任性才把他们联系起来。

第358节

(4)　日耳曼王国

精神本身和它的世界一起丧失而陷于无穷苦难[①],以色列民族就是准备受这种痛苦的民族。由于这种情况,被逼退回自身中的精神,就在它的绝对否定性的极端上,即在自在自为地存在的转捩点上,把握住它的这种内部性质的无限肯定性,就是说,把握住

① 指由于耶稣钉死于十字架上而造成的大苦难。——译者

神的本性与人的本性统一的原则，客观真理与自由——表现在自我意识和主观性内部的客观真理与自由——的调和。负有使命完成这种调和的就是北欧日耳曼民族的原则。

第 359 节

这个原则的内在性就是一切矛盾的调和与解决，但这种调和与解决还是抽象的，存在于信仰、爱和希望等感觉中。随后这种内在性舒展它的内容，使这种内容上升为现实性和自我意识着的合理性，上升为根据自由人的心情、忠诚和协作的尘世王国，这种王国在它这种主观性中同时是自为地存在的粗鲁的任性和野蛮习惯的王国。同这种王国相对照的是彼岸世界，即理智的王国，它的内容诚然是原则的精神的上述那种真理，但这种真理还没有经过思考，因而是隐藏在野蛮的观念中的。这种彼岸世界是凌驾于实际心情之上的精神力量，它是作为一种强制性的可怕的力量来对待这种心情的。

第 360 节

这两个王国[①]互有差别，但它们同时根源于单一的统一和理念。在这里它们的差别达到了绝对对立。在它们的残酷斗争中，精神王国从它天国的实存，在现实中和在观念中，降为地上的现世，平庸的尘世；至于尘世王国则把它抽象的自为存在建成为思想，建成为那种合乎理性的存在与认识的原则，即法与法律的合理

① 指中世纪的教会和中世纪的帝国而言。——译者

性。这样一来，它们的矛盾也就自在地消失成为无精髓的形态了。事实的王国蜕去了它的野蛮性和不法任性，至于真理的王国则蜕去了彼岸性色彩和它的偶然权力，于是真实的调和就成为客观的了，这种调和把国家展示为理性的形象和现实。在国家中自我认识在有机发展中找到它的实体性的知识和意志的那现实性；在宗教中它找到它自己这种真理——作为理想本质——的感情和表象；而在哲学科学中它找到对这种真理的那种自由的而被理解的认识，它认识到这种真理在它相互补充的各种表现中，即在国家、在自然界和在理想世界[①]中，原是同一物。

① 艺术、宗教和哲学的世界。——译者

译　后　记

本书译文是依据拉松编德文版《黑格尔全集》第六卷，参考格洛肯纳编德文版《黑格尔全集》第七卷（黑氏逝世百年纪念版）和诺克斯的英译本译出的。

本书第三编第三章第 261 节至第 313 节的正文以及其中一部分的附释和补充，马克思在《黑格尔法哲学批判》一文中曾逐节加以引用。这一部分我们基本上采用了《马克思恩格斯全集》第一卷中文本中的译文。

拉松版将书中各节的补充全部附在卷末，翻阅殊感不便，现仍依照格洛肯纳版分别列在各该节之后。这些补充原由其门人从听讲笔记等材料中整理加上的，马克思亦尝作为黑格尔的言论加以引用。

黑格尔这书的内容涉及范围很广，除了法以外，包括道德、经济和政治等。像他的其他著作一样，在这书中也可发现不少有价值的东西。但比起其他著作来更倾向于保守方面，尤其关于国家的一章是如此。关于这些问题在马克思和恩格斯的经典著作中早有定论，这里可不详述。

本书的序言、导言、第一、第二两篇由范扬译出，第三篇由张企泰译出，并经过我们两人交换校订。因为水平的限制，译文错误之处，尚希读者指正。

译　者

图书在版编目(CIP)数据

法哲学原理:或自然法和国家学纲要/(德)黑格尔著;范扬,张企泰译.—北京:商务印书馆,2017
(汉译世界学术名著丛书:120 年纪念版:珍藏本)
ISBN 978-7-100-14625-8

Ⅰ.①法… Ⅱ.①黑… ②范… ③张… Ⅲ.①法哲学 Ⅳ.①D903②B516.35

中国版本图书馆 CIP 数据核字(2017)第 152542 号

汉译世界学术名著丛书
(120 年纪念版·珍藏本)
法哲学原理
或自然法和国家学纲要
〔德〕黑格尔 著
范 扬 张企泰 译

商 务 印 书 馆 出 版
(北京王府井大街 36 号 邮政编码 100710)
商 务 印 书 馆 发 行
北 京 冠 中 印 刷 厂 印 刷
ISBN 978-7-100-14625-8

2017 年 12 月第 1 版　　开本 710×1000 1/16
2017 年 12 月北京第 1 次印刷　　印张 29¾
定价:145.00 元